Marie-Noëlle Cocton
Coordination pédagogique

Camille Dereeper

Julien Kohlmann

Delphine Ripaud

Couverture : Primo & Primo
Maquette : Primo & Primo
Adaptation maquette des pages MÉMO : Ariane Aubert
Mise en page : Franck Delormeau Atelier DES 2 ORMEAUX
Coordination éditoriale : Fabienne Boulogne
Édition : Clothilde Mabille
Iconographie : Aurélia Galicher
Illustrations : Emmanuel Romeuf (couverture)
Documents iconographiques : Franck Delormeau
Enregistrements audio, montage et mixage : Studio Quali'sons, Jean-Paul Palmyre

« Le photocopillage, c'est l'usage abusif et collectif de la photocopie sans autorisation des auteurs et des éditeurs. Largement répandu dans les établissements d'enseignement, le photocopillage menace l'avenir du livre, car il met en danger son équilibre économique. Il prive les auteurs d'une juste rémunération. En dehors de l'usage privé du copiste, toute reproduction totale ou partielle de cet ouvrage est interdite. »

« La loi du 11 mars 1957 n'autorisant, aux termes des alinéas 2 et 3 de l'article 41, d'une part, que les copies ou reproductions strictement réservées à l'usage privé du copiste et non destinées à une utilisation collective » et, d'autre part, que les analyses et courtes citations dans un but d'exemple et d'illustrations, « toute représentation ou reproduction intégrale, ou partielle, faite sans le consentement de l'auteur ou de ses ayants droit ou ayants cause, est illicite. » (alinéa 1er de l'article 40) – « Cette représentation ou reproduction par quelque procédé que ce soit, constituerait donc une contrefaçon sanctionnée par les articles 425 et suivants du Code pénal. »

© Les Éditions Didier, une marque des éditions Hatier, 2022
ISBN 978-2-278-10828-2 / 978-2-278-10829-9
Dépôt légal : 10828/02 - 10829/03

Achevé d'imprimer en Italie en août 2024 par L.E.G.O. (Lavis).

PAPIER À BASE DE FIBRES CERTIFIÉES

éditions didier s'engagent pour l'environnement en réduisant l'empreinte carbone de leurs livres. Celle de cet exemplaire est de :
1,5 kg éq. CO$_2$
Rendez-vous sur
www.editionsdidier-durable.fr

SOMMAIRE

UNITÉ 1 — Écoute
- SITUATION 1 .... p. 6
- SITUATION 2 .... p. 8
- SITUATION 3 .... p. 10
- MÉMO .... p. 12
- BILAN LINGUISTIQUE .... p. 14
- PRÉPARATION AU DELF .... p. 16

UNITÉ 2 — Travail
- SITUATION 1 .... p. 18
- SITUATION 2 .... p. 20
- SITUATION 3 .... p. 22
- MÉMO .... p. 24
- BILAN LINGUISTIQUE .... p. 26
- PRÉPARATION AU DELF .... p. 28

UNITÉ 3 — Vie
- SITUATION 1 .... p. 30
- SITUATION 2 .... p. 32
- SITUATION 3 .... p. 34
- MÉMO .... p. 36
- BILAN LINGUISTIQUE .... p. 38
- PRÉPARATION AU DELF .... p. 40

UNITÉ 4 — Recyclage
- SITUATION 1 .... p. 42
- SITUATION 2 .... p. 44
- SITUATION 3 .... p. 46
- MÉMO .... p. 48
- BILAN LINGUISTIQUE .... p. 50
- PRÉPARATION AU DELF .... p. 52

UNITÉ 5 — Curiosité
- SITUATION 1 .... p. 54
- SITUATION 2 .... p. 56
- SITUATION 3 .... p. 58
- MÉMO .... p. 60
- BILAN LINGUISTIQUE .... p. 62
- PRÉPARATION AU DELF .... p. 64

UNITÉ 6 — Actualité
- SITUATION 1 .... p. 66
- SITUATION 2 .... p. 68
- SITUATION 3 .... p. 70
- MÉMO .... p. 72
- BILAN LINGUISTIQUE .... p. 74
- PRÉPARATION AU DELF .... p. 76

UNITÉ 7 — Innovation
- SITUATION 1 .... p. 78
- SITUATION 2 .... p. 80
- SITUATION 3 .... p. 82
- MÉMO .... p. 84
- BILAN LINGUISTIQUE .... p. 86
- PRÉPARATION AU DELF .... p. 88

UNITÉ 8 — Aventure
- SITUATION 1 .... p. 90
- SITUATION 2 .... p. 92
- SITUATION 3 .... p. 94
- MÉMO .... p. 96
- BILAN LINGUISTIQUE .... p. 98
- PRÉPARATION AU DELF .... p. 100

UNITÉ 9 — Espace
- SITUATION 1 .... p. 102
- SITUATION 2 .... p. 104
- SITUATION 3 .... p. 106
- MÉMO .... p. 108
- BILAN LINGUISTIQUE .... p. 110
- PRÉPARATION AU DELF .... p. 112

UNITÉ 10 — Égalité
- SITUATION 1 .... p. 114
- SITUATION 2 .... p. 116
- SITUATION 3 .... p. 118
- MÉMO .... p. 120
- BILAN LINGUISTIQUE .... p. 122
- PRÉPARATION AU DELF .... p. 124

Corrigés p. 126 | **Transcriptions** p. 155

APPLICATION PRATIQUE !

1. Dans votre navigateur, saisissez **didierfle.app**

2. Flashez la page avec l'application et accédez aux ressources audios.

LA FABRIQUE
DE CONJUGAISON

*Pour maîtriser sa conjugaison, il n'y a pas de secret : s'entraîner !
Quand on peut et quand on veut.* 🙂

▶ Aidez-vous de la fabrique des formes verbales page 193 du livre élève.

1. Repérer des formes verbales.

– On va partir en Irlande. Je viens avec toi. No s'est tournée vers moi, elle avait le nez rouge, le bonnet enfoncé jusqu'aux yeux, elle n'a pas répondu.
– Demain, on ira prendre le train à Saint-Lazare, pour aller jusqu'à Cherbourg, soit c'est direct, soit il faut changer à Caen. À Cherbourg, on cherchera le port, on achètera les billets, il y a un départ tous les deux jours, si j'avais su, j'aurais regardé les dates, mais bon, c'est pas grave, on attendra. Et du port de Rosslare, il y a des trains jusqu'à Wexford.

Elle a soufflé sur ses doigts pour les réchauffer, elle m'a regardée longtemps, j'ai bien vu qu'elle était sur le point de pleurer.
– Tu veux que je vienne avec toi, oui ou non ?
– Oui.
– Tu veux qu'on parte demain ?
– Oui.
– Tu as assez d'argent ?
– T'inquiète pas pour ça, je t'ai dit.
– Il y a dix-huit heures de ferry, tu me promets que tu vomiras pas pendant le trajet ?

Delphine de Vigan (écrivaine française), *No et moi*, Éditions Lattès, 2007.

a Lisez le texte. Repérez et soulignez les verbes.
b Listez :
a. 6 verbes à l'infinitif : ....
....
....
b. 6 verbes au présent de l'indicatif : ....
....
....
c. 1 verbe à l'impératif : ....
d. 2 verbes à l'imparfait : ....
....
e. 6 verbes au passé composé : ....
....
....
f. 1 verbe au plus-que-parfait : ....
g. 1 verbe au futur proche : ....
h. 4 verbes au futur simple : ....
....
c À quels temps sont les verbes qui restent ?
....

2. Utiliser l'infinitif.

👁 **Observez.**
a. On va **partir**.
b. Il faut **changer** à Caen.
c. …pour **aller** jusqu'à Cherbourg.

⚙ **Réfléchissez et complétez.**
En général, un verbe à l'infinitif se place après un verbe .... et après des prépositions comme ....

✏ **Appliquez. Complétez ces phrases.**
a. J'apprends le français pour…
b. Ce week-end, je vais…
c. Il faut toujours…
d. Elle est en train de…
e. Un jour, j'irai…
f. Nous devrions…

3. Réviser l'impératif (tu/nous/vous).

👁 **Observez.** > Unités 1, 8 livre
a. T'**inquiète** pas !
b. Ne vous inquiétez pas !
c. Inquiétons-nous !

⚙ **Réfléchissez.**
a. Pourquoi est-ce qu'il n'y a pas de « ne » dans la phrase **a.**, extraite du texte ?
....
b. Pourquoi est-ce qu'il y a des pronoms « t' », « vous » et « nous » ?
....

✏ **Appliquez et transformez « Demain… billets » à l'impératif. La personne donne des conseils à No.**

4. Conjuguer l'imparfait.

👁 Observez.   **> Unités 4, 10 livre**

a. Elle *avait* le nez rouge.
b. Elle *était* sur le point de pleurer…

✿ Réfléchissez et complétez.
Pour former l'imparfait, j'utilise le radical du verbe (à la 3ᵉ pers. du plur. au présent) + *ais*, ..., *ait*, *ions*, *iez*, ...

✎ Appliquez et décrivez le contexte. Où étaient les deux personnes ? Comment était ce lieu ? Quelle était l'ambiance ? Utilisez l'imparfait.

5. Conjuguer le passé composé & accorder le participe passé.

👁 Observez.   **> Unités 2, 4, 10 livre**

a. No *s'est tournée* vers moi.
b. Elle n'a pas *répondu*.
c. Elle m'*a regardée*.

✿ Réfléchissez.

a. Pourquoi la phrase **a.** utilise l'auxiliaire *être* ?
....
b. Énumérez les verbes qui utilisent *être*.
....
c. Pourquoi, dans la phrase **c.**, le participe passé porte un « e » ? Quelle est la règle ?
....
....

✎ Appliquez. Écrivez une anecdote au passé composé avec les actions suivantes.
passer les fêtes en famille | manger des huitres | tomber malade | rester à la maison | lire des livres | se raconter des histoires | bien s'amuser

6. Différencier l'imparfait et le passé composé.

👁 Observez.   **> Unités 4, 10 livre**

a. Elle *avait* le nez rouge.
b. Elle n'*a* pas *répondu*.

✿ Réfléchissez.

a. Quelle phrase indique une action accomplie ? ....
b. Quelle phrase indique une description ? ....

✎ Appliquez. Écrivez un souvenir de vacances. Utilisez le passé composé et l'imparfait.

7. Différencier le futur proche et le futur simple.

👁 Observez.   **> Unité 7 livre**

a. On *va partir* en Irlande.
b. Demain, on *ira* prendre le train.

✿ Réfléchissez.

a. Quelle phrase est spontanée ? ......
b. Quelle phrase indique un programme précis ? ......
c. Quel mot appelle le futur simple ? ....

✎ Appliquez. Rédigez un mail à un ami(e).
1. Décrivez le programme précis d'un voyage que vous ferez cet été avec lui / elle.
2. Indiquez ce que vous allez faire d'extraordinaire ce week-end.

8. Utiliser le subjonctif présent.

👁 Observez.   **> Unités 1, 8 livre**

a. Il faut changer à Caen.
b. Tu veux que je *vienne* avec toi ?

✿ Réfléchissez et complétez.

a. *Il faut* est suivi de ....
   Il faut que est suivi de ....
b. Dans la phrase **b.**, pourquoi est-ce que « vienne » est au subjonctif présent ?
....
c. Transformez cette phrase en utilisant « il », « nous », « elles » à la place de « je ».
....
....
....

✎ Appliquez et répondez sous forme de liste à la question : *Que faut-il que vous fassiez si vous partez en voyage ?*

9. Situer le plus-que-parfait.

👁 Observez.   **> Unités 4, 10 livre**

Si j'*avais su*…

✿ Réfléchissez.

a. L'action se situe avant ou après la narration ?
....
b. Comment se forme le plus-que-parfait ?
....
....

✎ Appliquez et écrivez ce qui s'est passé avant : « Nous avons fait le tour du monde ».

10. Utiliser l'hypothèse.

👁 Observez.   **> Unités 5, 7 livre**

Si j'avais su, j'aurais regardé les dates.

✿ Réfléchissez et complétez.

Si + présent ➜ présent / futur simple / impératif = réalisable
Si + imparfait ➜ conditionnel présent = irréalisable
Si + ... ➜ conditionnel passé = irréalisée

✎ Appliquez et faites des listes de cinq actions réalisables, irréalisables, irréalisées dans votre vie.

SITUATION 1 — Donner la parole et un conseil

Comprendre

PORTER SA VOIX, S'AFFIRMER PAR LA PAROLE

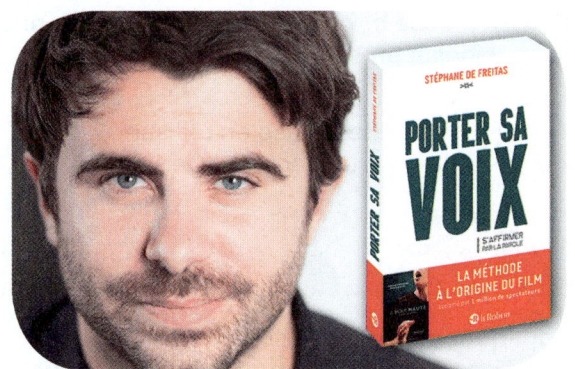

En 2018, le réalisateur du documentaire *À voix haute*, Stéphane de Freitas, a publié un livre pédagogique intitulé *Porter sa voix, s'affirmer par la parole* (Ed. Le Robert). Dans cet ouvrage, il donne les clés pour apprendre à mieux parler et à s'écouter.

« Il faut qu'un bon orateur sache occuper la scène et faire ressentir des émotions », confie-t-il. Même si l'orateur est timide ou ne sait pas parler un très bon français, il doit avoir fait un travail sur lui-même et organiser son propos pour se faire comprendre. Il doit également être convaincant, savoir se défendre, trouver les mots justes et la bonne voix !

1. Lisez le texte et complétez.
   a. Présentez cette personne : ....
   ....
   ....
   b. Présentez ce livre : ....
   ....
   ....
   c. Donnez une définition d'un « bon orateur ».
   ....
   ....
   d. Relevez les structures qui indiquent **un conseil** : ....
   ....
   ....

S'exercer

2. Complétez avec des synonymes des mots liés à la parole de l'article précédent.
   a. parler à voix haute ➔ (faire) porter ....
   b. avoir de bons arguments ➔ être ....
   c. s'exprimer par la parole ➔ s' ....
   d. un discours ➔ un ....
   e. être peureux ➔ être ....

3. Complétez ces chaînes de mots avec un verbe d'action lié à la parole.
   Exemple : parler ➔ français ➔ en public ➔ librement
   a. .... ➔ un sac ➔ des lunettes ➔ sa voix
   b. .... ➔ son bureau ➔ une fête ➔ son propos
   c. .... ➔ la radio ➔ le prof qui parle ➔ un podcast
   d. .... ➔ les oiseaux qui chantent ➔ un bruit ➔ dire que

UNITÉ 1

4. ▶2 | Écoutez et notez les pauses (//) que vous entendez entre chaque groupe de mots.

  a. L'orateur doit convaincre son public.
  b. L'orateur doit s'exprimer avec aisance.
  c. L'orateur doit bien articuler.
  d. L'orateur peut donner des exemples concrets.
  e. L'orateur peut exprimer ses sentiments.

5. ▶3 | Écoutez. Vous entendez combien de groupes de mots ?

  a. Il aime jouer sur les mots. ➜ .....
  b. Depuis deux ans, il fait du théâtre. ➜ .....
  c. Il a enregistré trois albums en cinq ans. ➜ .....
  d. Il s'est lancé dans le cinéma. ➜ .....
  e. Il est connu pour ses rimes et ses textes. ➜ .....

6. Complétez le message suivant. Utilisez le subjonctif présent.

> Bonjour Sophie,
> J'espère que tu vas bien.
> Je cherche un bon orateur pour une conférence sur les émotions. Aurais-tu une idée ? Il faut qu'il .... (parler) distinctement, qu'il .... (réussir) à capter l'attention de son public et qu'il .... (faire) rire. Sinon, on va s'ennuyer ! Évidemment, il faudrait que nous .... (décider) du contenu exact de son discours et que nous .... (anticiper) les questions de son public pour qu'il .... (pouvoir) se préparer.
> Est-ce que tu veux bien m'aider, s'il te plaît ?
> Merci de ta réponse.
> Jeanne

7. Lisez ces quatre situations. Pour chacune, donnez des conseils en utilisant le subjonctif présent.

  a. Votre amie participe au concours *Eloquentia*. Elle est stressée. ➜ ....
  b. Votre ami a un entretien professionnel. Il a besoin d'aide. ➜ ....
  c. Votre frère a son premier rendez-vous amoureux. Il est timide. ➜ ....
  d. Votre collègue rédige un discours de bienvenue. Il n'a pas d'idées. ➜ ....

8. JOUER

a À quoi ne joue-t-on pas ? Trouvez l'intrus.

a.   b.   c.

d.   e.

b Faites des phrases avec le verbe *jouer* et les quatre autres images.

....
....
....
....

Produire

9. Kery James vient dans votre établissement. Votre directeur vous demande de le présenter devant le public avant de lui donner la parole. Enregistrez votre présentation. Parlez avec aisance.

10. Kery James vous propose d'écrire une chanson intitulée « Il faut que le monde change ». Envoyez-lui quelques idées de paroles. Utilisez le subjonctif présent.

Mémoriser : La parole

11. Complétez.
parler .... quelqu'un (= directement)
parler .... quelqu'un (= indirectement)
parler .... quelque chose **avec** quelqu'un

12. Associez un verbe et un complément.
s'exprimer •   • des idées
échanger   •   • avec aisance
discuter   •   • une histoire
raconter   •   • de politique

SITUATION 2 — Expliquer une application et une tendance

Comprendre

1. ▶4 | **Écoutez. Cochez et justifiez vos réponses.**

a. La personne explique comment créer un podcast. ❑ Vrai ❑ Faux
....

b. Pour faire un podcast, un smartphone et un casque sont suffisants. ❑ Vrai ❑ Faux
....

c. Audacity est un logiciel payant mais performant. ❑ Vrai ❑ Faux
....

d. Il n'est pas nécessaire de préparer un podcast. ❑ Vrai ❑ Faux
....

e. Soundcloud est un lieu d'hébergement conseillé. ❑ Vrai ❑ Faux
....

S'exercer

2. À partir de ces définitions, retrouvez des mots liés à l'écoute dans le document précédent.

a. .... = ensemble de sons
b. .... = adjectif relatif aux sons
c. .... = objet que l'on porte pour écouter un document
d. .... = objet qui permet de faire porter sa voix
e. .... = le bruit du téléphone

3. ⓐ Associez un mot à chaque symbole lié à l'écoute.

l'écoute | la lecture | un son | le micro | en boucle

a.	b.	c.	d.	e. ....

ⓑ Écrivez l'action relative à chaque symbole et un conseil.

a. ....
b. ....
c. ....
d. ....
e. ....

UNITÉ 1

4. **ⓐ** Dans ce texte, soulignez les anglicismes.

Après le brainstorm et la confcall de ce matin, j'étais en total burn-out et je me dis que ce sera le sujet de mon podcast de ce soir. En attendant, il faut que je check mes mails et que je forward deux ou trois documents à mon boss. J'ai juste l'impression d'être over-booké mais sinon, tout va bien.

ⓑ Trouvez des équivalents français.

....
....
....

5. ▶5 | Écoutez et répétez en respectant les pauses (**//**).

a. Avec le livre audio, // ma vie a changé.
b. Grâce aux podcasts, // je m'ennuie moins // dans les transports.
c. Ma liseuse // me suit partout : // elle est toujours // dans mon sac !
d. Je suis accro // aux séries policières.
e. Aujourd'hui, // tout est dématérialisé !

6. ▶6 | Écoutez et notez combien de groupes de mots vous entendez.

a. J'ai entendu ! ➔ .....
b. J'ai entendu un bruit. ➔ .....
c. J'ai entendu un bruit étrange. ➔ .....
d. J'ai entendu un bruit étrange et terrifiant. ➔ .....
e. J'ai entendu un bruit étrange, terrifiant et très aigu. ➔ .....

7. ▶7 | Écoutez ces phrases. Transformez-les au subjonctif présent. Utilisez la nécessité ou la volonté.

a. ....
b. ....
c. ....
d. ....
e. ....

8. Conjuguez les verbes au subjonctif présent. Soulignez en bleu les verbes qui indiquent une nécessité et en rouge, ceux qui indiquent une volonté.

a. Je veux que vous .... (arrêter) de parler anglais dans la classe !
b. Il vaut mieux que nous .... (ne pas utiliser) trop d'anglicismes.
c. Il est préférable que les étudiants .... (apprendre) seuls à chercher les définitions dans le dictionnaire.
d. Il est nécessaire que les étudiants .... (acheter) un cahier pour prendre des notes.
e. Pour écouter les documents, le professeur propose que les étudiants .... (télécharger) l'application Onprint.

Produire

9. Expliquez aux auditeurs comment utiliser une application de votre choix. Enregistrez votre présentation. Vérifiez que vous avez utilisé les bonnes structures.

10. Pourquoi est-ce que les livres audio sont populaires ? Expliquez cette tendance dans un article de 160 mots.

Mémoriser : l'écoute

11. Soulignez de la même couleur les mots de la même famille.

un audio | une lecture | un auditeur | un écouteur | un lecteur | une écoute | une audition | écouter | lire

12. Associez.

écouter • • un livre audio
entendre • • un son
percevoir • • un bruit

neuf **9**

Situation 3 — Parler d'une relation et d'une amitié

Comprendre

Mon pote Olivier.

Je le connais depuis cinq ans. On s'est rencontrés dans un café, à l'aéroport. On a discuté pendant plus de trois heures et on ne s'est plus jamais quittés. C'est une personne que je trouve honnête, cool et drôle. Avec lui, les choses n'ont pas besoin d'être exceptionnelles, juste basiques. C'est un mec simple et un vrai frère. Quand il vient chez moi, c'est un peu comme chez lui.

Il me connaît par cœur. On a des goûts vestimentaires très différents. On aime bien faire la fête ensemble. On a le même style de vie et presque le même âge. On a chacun notre caractère. On se dit tout.

Il n'y a aucun sujet tabou entre nous et ça, c'est vraiment agréable.   Yann, 34 ans.

1. Lisez le texte et agissez !
   a. Présentez Olivier : ....
   ....
   b. Indiquez les éléments qui créent leur amitié.
   ....
   ....
   c. Nommez les différences entre Yann et Olivier.
   ....
   ....
   d. Relevez les structures pour **parler d'une amitié** : ....
   ....

S'exercer

2. ⓐ Entourez le mot qui porte le suffixe -able dans le texte précédent.

ⓑ **Utilisez le suffixe -able pour former des adjectifs à partir de ces verbes :**

   vivre ➔ ....
   adapter ➔ ....
   remarquer ➔ ....
   aimer ➔ ....
   admirer ➔ ....

ⓒ **Avec ces mots, rédigez quelques lignes pour parler d'une amitié.**
....
....
....
....

3. Complétez les phrases avec des verbes pour parler d'une amitié.

   a. **Être** des amis d'enfance
      ➔ .... depuis longtemps
   b. **Créer** des liens
      ➔ .... des liens
   c. Aimer **parler** beaucoup
      ➔ aimer ....
   d. **Avoir** des goûts communs
      ➔ se ....
   e. **Être** sur la même longueur d'ondes
      ➔ bien ....

UNITÉ 1

4. Pour chaque phrase, soulignez le ou les indéfini(s) et cochez la bonne réponse.
   a. C'est une amitié que j'entretiens chaque jour.
      ❑ Adjectif   ❑ Pronom
   b. J'ai plusieurs amis mais une seule amitié véritable.
      ❑ Adjectif   ❑ Pronom
   c. C'est une personne que tout le monde adore.
      ❑ Adjectif   ❑ Pronom
   d. Certaines sont plus fortes que d'autres.
      ❑ Adjectif   ❑ Pronom
   e. De vrais amis ? Je n'en ai aucun.
      ❑ Adjectif   ❑ Pronom

5. Pensez à vos ami(e)s et complétez la fiche avec des pronoms indéfinis.

Portrait de mes ami(e)s

Quelques-uns *sont des amis de longue date.*

Aucun ....

Certains ....

D'autres ....

Plusieurs ....

Certaines ....

Tous ....

6. ▶8 | Écoutez et notez si la voix monte (↗) ou descend (↘) sur les syllabes accentuées.
   a. Avec mes amis…., on s'entend bien….
   b. Avec ma femme…., on se dispute parfois….
   c. Avec mes collègues…., on s'est liés d'amitié….
   d. Mes enfants…., je les connais…. par cœur….
   e. Avec ma sœur…., on est pareilles….

7. ▶9 | Écoutez et répétez en respectant l'intonation.
   a. J'aime les mots ↘.
   b. J'aime les mots ↗ et les jeux de mots ↘.
   c. J'aime les mots ↗, les jeux de mots ↗ et les beaux discours ↘.
   d. J'aime les mots ↗, les jeux de mots ↗, les beaux discours ↗ et les bons orateurs ↘.
   e. J'aime les mots ↗, les jeux de mots ↗, les beaux discours ↗, les bons orateurs ↗ et les bonnes oratrices ↘.

8. PRENDRE

a Associez une expression à une image.
   a. •   • prendre à gauche
   b. •   • prendre à cœur
   c. •   • prendre congé
   d. •   • prendre racine
   e. •   • prendre froid

b Attribuez un synonyme à chaque verbe.
   a. prendre à gauche = ...
   b. prendre à cœur = ...
   c. prendre racine = ...
   d. prendre froid = ...
   e. prendre congé = ...

Produire

9. ▶10 | Écoutez ces phrases. Exprimez votre approbation et approfondissez la réflexion en donnant un argument ou un exemple.

10. Vous témoignez d'une amitié spéciale que vous entretenez avec quelqu'un. Rédigez un texte de 160 mots pour parler de cette amitié (rencontre, goûts, caractéristiques…).

Mémoriser : l'amitié

11. Complétez les chaînes de mots.
   a. amour ➔ un amour…….. ➔ une relation amou……..
   b. ami ➔ l'ami…….. ➔ une relation ami……..
   c. aimer ➔ être aim…….. ➔ l'amabi……..

12. Classez ces mots par ordre croissant.
un pote | un copain | un ami | une connaissance | son meilleur ami

.... > .... = ...
> .... > ....

LA FABRIQUE DES MOTS

✓ J'agis

a Je crée un acrostiche pour enrichir mon lexique de la parole et de l'écoute.

Parler ....
Aisance ....
Rythme ....
Oser ....
Libre ....
Exprimer ....

b À partir de l'acrostiche, je crée des phrases-clés sur la parole.
*Exemple : Pour moi, **parler** avec **aisance**, c'est trouver le bon **rythme** et **oser** s'**exprimer librement**.*

....
....
....

c Je lis mes phrases-clés à voix haute plusieurs fois pour les mémoriser.

✓ Je coopère

a Dans la liste suivante, entourez trois mots-clés qui représentent l'amitié.

- la complicité
- le partage
- la bonne entente
- la compréhension
- la liberté
- la franchise
- la sympathie
- la sincérité
- la confiance
- la disponibilité

b Comparez vos mots-clés avec votre voisin(e) et discutez de l'amitié.

c Avec votre voisin(e), ajoutez vos mots-clés.

....
....
....

✓ J'apprends

a Trouvez deux phrases de la page 23 du livre élève pour chaque situation.

➜ Vous demandez à quelqu'un de se taire.
➜ Vous indiquez que vous n'avez pas compris.
➜ Vous faites préciser une idée.

b Complétez ces phrases avec le bon verbe.

- s'entendre / entendre

Je .... très bien avec Victor.

- comprendre / se comprendre

Est-ce que vous .... ces mots ?

- savoir / connaître

Elle me .... par cœur.

c Créez des exemples pour les autres verbes.

Stratégie
Pour retenir des mots proches et comprendre leur différence, il est souvent utile d'écrire un exemple.

✓ Je produis

Entraînez-vous pour « le grand prix de l'éloquence ».
Le sujet : Présentez un audio livre que vous avez écouté récemment.
Durée : 2 minutes

Stratégie
Organisez votre discours ; parlez distinctement ; prenez votre temps.
Enregistrez-vous et réécoutez votre production !

UNITÉ 1

LA FABRIQUE DES TEXTES

✓ J'agis

a Lisez ces phrases. Pour quelle(s) phrase(s) pouvez-vous exprimer une approbation ?
- Qu'est-ce que l'amitié ?
- L'amitié idéale n'existe pas.
- L'amitié.
- Est-ce que l'amitié idéale existe ?
- Quand j'étais à l'école primaire, j'ai rencontré un garçon qui venait de Russie. Nous sommes devenus amis rapidement.

c Rédigez trois opinions sur l'amitié.

....
....
....

b Lisez de nouveau les phrases. Attribuez à chacune une étiquette.

un sujet   un exemple   une opinion   une question fermée   une question ouverte

✓ J'apprends

a Remettez ces éléments dans un ordre chronologique.
- **a.** premièrement | troisièmement | deuxièmement ➜ ....
- **b.** ensuite | tout d'abord | enfin ➜ ....
- **c.** pour conclure | pour commencer | ensuite ➜ ....

b À partir de l'opinion « L'amitié idéale n'existe pas », écrivez trois arguments.
1. ....
2. ....
3. ....

c Classez les trois arguments précédents selon un ordre chronologique.
1. ....
2. ....
3. ....

✓ Je produis

a Lisez ces approbations. Indiquez celles qui peuvent être utilisées dans un texte pour exprimer une opinion.

C'est bien ça.

En effet, …

L'amitié est sans aucun doute…

Il est effectivement question de…

Exactement.

Oui, c'est ça.

b Complétez les arguments de la partie J'apprends par une approbation pour préciser votre opinion.

c Rédigez un texte de 150 mots pour répondre à l'opinion « L'amitié idéale n'existe pas ». Pensez à suivre les étapes précédentes !

Pour introduire votre sujet

➡ Aidez-vous de l'exemple donné page 192, dans le livre élève.

Bilan

LINGUISTIQUE

GRAMMAIRE

1 Conjuguez ces verbes au subjonctif présent.

a. Je veux que vous .... (venir) tous à la répétition !
b. Il est indispensable que nous .... (savoir) notre texte.
c. Il faut qu'il .... (être) à l'heure !
d. Nous souhaitons que chacun .... (faire) un petit discours.
e. Il est important que les candidats .... (avoir) le sourire.

2 Transformez ces phrases au subjonctif présent. Utilisez des structures variées.

a. Tu dois t'entraîner ! ➜ ....
b. Nous devons parler plus fort. ➜ ....
c. Les candidats doivent convaincre le jury. ➜ ....
d. Le jury doit prendre des notes. ➜ ....
e. Nous ne devons pas finir derniers. ➜ ....

3 Choisissez la proposition qui convient.

a. La plupart des Bretons parlent français, mais *quelques-uns / beaucoup* parlent uniquement breton.
b. Je ne connais *une / aucune* personne aussi sympa que Lucie.
c. J'ai acheté *peu / beaucoup* de livres audio jusqu'à maintenant, seulement deux ou trois.
d. J'ai trouvé un livre rare en bon état mais il lui manque *plusieurs / aucune* pages.
e. Toutes mes amies ont reçu une invitation et *toute / chacune* m'a répondu.

4 ▶ 11 | Écoutez ce témoignage. Relevez les cinq indéfinis. Placez-les dans la bonne colonne selon leur nature.

adjectif	pronom
....	....
....	....
....	....

LEXIQUE

1 Indiquez le nom et son article (féminin / masculin) sous chaque symbole.

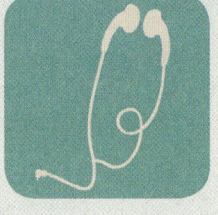    

a. .... b. .... c. .... d. .... e. ....

UNITÉ 1

2 Associez un mot à sa définition.

articuler • • gagner l'approbation de quelqu'un
un orateur • • une personne qui parle facilement
l'éloquence • • un propos, une conversation
convaincre • • ouvrir grand la bouche
un discours • • s'exprimer d'une belle manière

3 Proposez un mot de la même famille.

a. un ami ➜ ....
b. un audio ➜ ....
c. une sonnerie ➜ ....
d. lire ➜ ....
e. un lien ➜ .... d'amitié

4 Complétez ce témoignage d'amitié avec cinq mots de l'unité.

Mon meilleur .... s'appelle Samuel. Je le connais par .... : je sais ce qu'il aime et ce qu'il déteste. Nous passons beaucoup de bons moments ensemble. Il ne parle pas beaucoup : il est un peu .... Et comme moi, au contraire, je suis plutôt .... , nous ne nous ressemblons pas. C'est ce qui fait que nous nous .... très bien.

5 ▶12| Écoutez ces dialogues et écrivez les expressions avec *prendre* et *jouer*.

1. ....
2. ....
3. ....

PHONÉTIQUE

1 ▶13| Écoutez et classez ces phrases dans le tableau.

1 groupe de mots	2 groupes de mots	3 groupes de mots

2 ▶14| Écoutez. Cochez si c'est le milieu de la phrase (la voix monte ↗) ou la fin de la phrase (la voix descend ↘).

	a.	b.	c.	d.	e.
Milieu de la phrase	☐	☐	☐	☐	☐
Fin de la phrase	☐	☐	☐	☐	☐

3 ▶15| Écoutez et notez si la voix monte (↗) ou descend (↘).

a. On a ri...., on a pleuré...., on s'est bien amusés.... !
b. On s'est rencontrés.... et on s'est tout de suite.... bien entendus.... .
c. On se ressemble beaucoup.... avec mon père.... .
d. On a tissé.... des liens très forts.... pendant ce voyage.... .
e. Quand on s'est rencontrés...., on a bavardé.... toute la nuit.... .

PRÉPARATION au DELF

Compréhension de l'oral
15 points

Répondez aux questions en cochant ☑ la bonne réponse.

Exercice 1 — 6 points

▶ 16 | **Lisez les questions, écoutez le document puis cochez la bonne réponse.**

1. Pauline explique qu'aujourd'hui, … — 1 point
- ❏ Lucie et elle sont très amies.
- ❏ Lucie et elle ne sont plus amies.
- ❏ Lucie et elle ne partagent plus la même amitié.

2. Cela s'explique parce que… — 1 point
- ❏ Lucie et elle ne sont plus voisines.
- ❏ Lucie et elle ne partagent plus vraiment le quotidien.
- ❏ Lucie et elle se sont fâchées.

3. Leur amitié a commencé… — 1 point
- ❏ parce que leurs parents se connaissaient bien.
- ❏ parce qu'elles étaient voisines.
- ❏ parce qu'elles allaient dans la même école.

4. Pauline et Lucie sont toutes les deux mariées et elles ont des enfants. — 1 point
- ❏ Vrai   ❏ Faux

5. Selon Pauline, c'est difficile de… — 1 point
- ❏ se faire des amis.
- ❏ rester amis.
- ❏ conserver une amitié à distance.

6. Pauline et Lucie seront toujours amies dans leur cœur. — 1 point
- ❏ Vrai   ❏ Faux

Exercice 2 — 9 points

▶ 17 | **Lisez les questions, écoutez le document puis répondez.**

1. Qu'est-ce que « Fizzer » ? — 1 point
- ❏ Une application.
- ❏ Un podcast.
- ❏ Un site de vacances.

2. Fizzer sert à… — 1 point
- ❏ trouver de belles photos.
- ❏ faire et envoyer des cartes postales.
- ❏ envoyer des cartes postales.

UNITÉ 1

3. D'après l'homme, pourquoi est-ce que c'est bien ? — 1,5 point
- ❏ Fizzer est complexe à utiliser.
- ❏ Fizzer est simple d'utilisation.
- ❏ Fizzer propose de personnaliser l'enveloppe.
- ❏ Fizzer propose de personnaliser le timbre.
- ❏ C'est moins cher qu'une carte postale traditionnelle.
- ❏ C'est le même prix qu'une carte postale traditionnelle.
- ❏ C'est plus cher qu'une carte postale traditionnelle.

4. Remettez les étapes dans l'ordre. — 3,5 points

- **a.** personnaliser un timbre
- **b.** ajouter un destinataire
- **c.** choisir une photo
- **d.** signer
- **e.** écrire un texte
- **f.** envoyer
- **g.** sélectionner un modèle de carte

1	2	3	4	5	6	7

5. L'homme envoyait des cartes postales en lien avec ses vacances. — 1 point
- ❏ Vrai ❏ Faux

6. La carte postale est envoyée avec une enveloppe. — 1 point
- ❏ Vrai ❏ Faux

Production écrite

15 points

Dans son prochain numéro, le journal *Le Parisien* lance un appel à témoignages sur le thème suivant « Faut-il continuer à résumer des livres pour ceux qui n'ont pas le temps de lire ? », comme le propose l'application KOOBER avec des résumés écrits / audio de livres non fictionnels.

Vous décidez de participer. Vous donnez votre avis en vous appuyant sur votre expérience et vos observations. Vous présentez vos idées de façon organisée et donnez des exemples concrets (160 mots minimum).

SITUATION 1 — Présenter une entreprise et son travail

Comprendre

1. ▶18 | **Écoutez et complétez.**

a. Léopold travaille chez Auto-School.
   Il est le .... de l'entreprise.

b. Auto-School est une ....

c. Son rôle est de ....
   ....

d. Auto-School propose des prix peu élevés car ....
   ....

e. Le projet de cette entreprise est de ....
   ....

S'exercer

2. **a** Dans les phrases ci-dessus, soulignez les expressions utilisées pour **présenter le travail** de Léopold **et son entreprise**.

b Parmi ces adjectifs, lequel ne correspond pas aux **qualités** de l'**entreprise** Auto-School ?

transparente | innovante | traditionnelle | responsable | dynamique

c Retrouvez les **noms** à partir de ces adjectifs.

a. transparent ➜ ....
b. innovant ➜ ....
c. traditionnel ➜ ....
d. responsable ➜ ....
e. dynamique ➜ ....

3. Complétez la grille avec des mots désignant des **qualités** et des **compétences**.

Horizontalement
1. Être libre tous les jours de 7h à 22h.
3. Être créatif et imaginatif.
6. Être calme, même quand les choses ne vont pas assez vite.

Verticalement
2. Aimer quand les choses sont parfaites.
4. Être actif.
5. Faire attention aux détails, aimer quand les autres sont précis dans leur travail.

UNITÉ 2

4. Utilisez les adjectifs ci-dessous pour décrire la photo. Attention à l'**accord des adjectifs**.

sérieux | lumineux | bien décoré | créatif | nouveau

Ma .... collègue Asma est .... et ....
Nous travaillons ensemble dans des bureaux .... et ....

5. Remettez les mots dans l'ordre. Attention à la **place de l'adjectif**.

a. travail / a / intéressant / Julien / un
➡ ....
b. nouvel / entreprise / le / C'est / de / employé / mon
➡ ....
c. travaille / une / Elle / petite / dans / association
➡ ....
d. Pierre et Lucien / compétents / des / sont / collaborateurs
➡ ....
e. collaborons / des / internationales / Nous / avec / entreprises
➡ ....

6. ▶19 | Écoutez. Cochez si les phrases sont dites avec assurance ou avec **hésitation**.

	assurance	hésitation
a.		
b.		
c.		
d.		
e.		

7. ▶20 | Écoutez. Soulignez les mots où il y a une **hésitation**.

a. Mon entreprise s'appelle Voyage ensemble.
b. Alors, moi, mon métier, c'est chef de projet.
c. Mon objectif, c'est de trouver de nouveaux clients.
d. Chez nous, on est très *corporate*.
e. Je voudrais poser une journée de congé.

8. METTRE
Associez chaque phrase et un synonyme de *mettre*.

a. Avant de travailler, le cuisinier met un tablier ● ● enfiler
b. Je vais mettre les dossiers dans le placard. ● ● jeter
c. Faites le tri, mettez vos papiers inutiles à la poubelle ! ● ● poser
d. Il a mis son CV dans l'enveloppe avec sa lettre de motivation. ● ● ranger
e. Où est-ce que j'ai mis mon portable ? ● ● joindre

Produire

9. Le site *Welcome to the Jungle* recherche des personnes présentant leur travail. Vous êtes l'une des personnes ci-dessous. Enregistrez une présentation orale de 2 minutes pour **parler de votre travail et de votre entreprise**.

Hôtesse de l'air Air Solidaire | Serveur Café Maxime | Monitrice d'auto-école Auto-School

10. Vous êtes intéressé(e) par un poste chez Auto-School. Vous écrivez à Sandra pour vous présenter et parler de vos **qualités** et de vos **compétences**. Rédigez un mail de 100 mots environ.

Mémoriser : Le travail

11. Complétez.
a. Je travaille .... Auto-School.
b. Je suis secrétaire. = Je travaille .... secrétaire. = Je travaille .... secrétaire.
c. Mon rôle est .... mettre en relation des clients et des enseignants. = Je suis chargé .... mettre en relation des clients et des enseignants.

dix-neuf 19

SITUATION 2 — Décrire une photo et son environnement de travail

Comprendre

Travail et vous Magazine

Pour notre reportage sur le bien-être au travail, nous avons demandé à des salariés de photographier leur espace de travail.

« Cette photo montre notre immense espace
5 de coworking au mobilier moderne et aux couleurs neutres. Dans notre coin détente, les fauteuils beiges, tous identiques, sont accordés à la moquette beige elle aussi. À gauche, on distingue nos bureaux. Dans le
10 fond, on remarque trois plantes qui donnent une touche de vie à ce lieu assez impersonnel. Une impression d'harmonie et de sérénité se dégage de cette image. J'aime arriver au bureau tôt le matin, lorsque tout est vide et ordonné. C'est d'ailleurs le moment que j'ai choisi pour prendre
15 cette photo. »

Loïc, chargé de communication d'une grande entreprise suisse.

a.

b.

c.

1. À laquelle de ces trois photos correspond le texte ci-dessus ? Justifiez votre choix.
....

2. Dans le texte, soulignez les expressions utilisées pour décrire une photo.

S'exercer

3. Dans le texte, retrouvez les adjectifs correspondant à ces définitions.

a. .... = de très grande dimension

b. .... = marron très clair

c. .... = tout à fait semblables

d. .... = sans particularité

e. .... = en ordre

4. 🔊 21 | Écoutez ces personnes qui parlent de leur environnement de travail. Associez chaque photo à un témoignage.

personne n°..............

personne n°..............

personne n°..............

personne n°..............

UNITÉ 2

5. Complétez la grille avec les qualités issues de ces **adjectifs**. Découvrez un synonyme du mot « avantage » en gris.

a. sage
b. authentique
c. optimiste
d. prudent
e. honnête

6. 🎧 22 | Écoutez. Soulignez les mots où il y a une **hésitation**.

a. Je suis artisan boulanger.
b. Je me réveille tous les jours à 4 heures.
c. J'ai trois employés dans mon équipe.
d. Je porte des vêtements légers.
e. Il fait très chaud avec les fours.

7. 🎧 23 | Écoutez et répétez en respectant les **hésitations**.

Je suis coiffeur pour euh le cinéma. Je travaille euh en indépendant pour des productions françaises. Je m'occupe en fait euh des coiffures des comédiens avant les tournages.

8. Cochez la bonne définition. Attention à la **place de l'adjectif**.

a. Noé est un curieux collègue.
   ❏ Noé pose beaucoup de questions.
   ❏ Noé est un collègue étonnant.
b. Voici mon ancien bureau.
   ❏ Voici le bureau où je travaillais avant.
   ❏ Voici mon bureau de style ancien.
c. Comment j'ai trouvé ce travail ? Ah, c'est une drôle d'histoire !
   ❏ C'est une histoire amusante.
   ❏ C'est une histoire étonnante, incroyable.
d. Pour être pompier ou pompière, il faut être une personne brave.
   ❏ Il faut être une personne courageuse.
   ❏ Il faut être une personne honnête.
e. Ma chère montre est tombée en panne.
   ❏ Ma montre est un objet précieux pour moi.
   ❏ Ma montre est un objet d'un prix élevé.

9. Complétez cette description avec les adjectifs proposés. Attention à la **place** et à l'**accord de ces adjectifs**.

Travail et vous Magazine

Je suis documentaliste dans une [grand / universitaire] .... bibliothèque .... au cœur du [latin] .... quartier .... à Paris.
À vrai dire, je travaille dans un [exceptionnel] .... environnement .... !
Dans mon travail, j'apprécie d'être en contact avec des étudiants, notamment avec les [étranger] .... étudiants .... qui sont souvent des [très respectueux] .... personnes .... malgré leur [jeune] .... âge ....

*Marianne, documentaliste
à la bibliothèque Sainte-Geneviève*

Produire

10. Un(e) étudiant(e) vient effectuer un stage sur votre lieu de travail. Vous l'accueillez, vous lui **présentez votre environnement de travail** et quelques-unes de vos tâches. Enregistrez-vous.

11. Prenez une photo de votre environnement de travail ou d'études. **Décrivez cette photo** dans un petit texte de 100 à 120 mots.

Mémoriser : Les situations professionnelles

12. Choisissez.

a. Je suis employé. = Je suis *salarié / salaire*.
b. Je cherche du travail. = Je suis *chômage / chômeur*.
c. Je ne travaille plus. = Je suis *retraite / retraité*.

Situation 3 — Parler de son parcours

Comprendre

Elena raconte comment elle a changé de vie.

1. ▶24| Écoutez et complétez le profil d'Elena.

Formation et expérience professionnelle
2002 - 2006 :   Formation dans une ....
2006 - 2018 :   Emploi de cadre dans une ....
2018 - 2019 :   Formation pour obtenir un ....
2019 à aujourd'hui :   Emploi de ....
Qualités   ....

S'exercer

2. Associez les images avec les rubriques du **CV**.

compétences | expérience professionnelle | profil | formation | centres d'intérêt

a. .... b. .... c. .... d. .... e. ....

3. Remplacez l'adjectif par un **complément du nom**.

Exemple : une maison familiale
➜ *une maison de famille*

a. des études artistiques
➜ ....

b. une spécialité provençale
➜ ....

c. un cours scientifique
➜ ....

d. un poisson marin
➜ ....

e. une tradition africaine
➜ ....

4. ▶25| Écoutez et soulignez les mots répétés qui marquent une **hésitation**.

a. J'ai intégré le monde du travail à 25 ans.
b. J'ai obtenu un diplôme de marketing en 2019.
c. J'ai fait mon premier stage dans cette entreprise.
d. J'ai choisi le métier d'artisan.
e. Je suis actuellement au chômage.

UNITÉ 2

5. 🎧26 | **L'hésitation** : écoutez cette présentation et soulignez les mots répétés.

Bonjour, je m'appelle Paul et j'ai 25 ans. J'ai fait des études de commerce dans une école prestigieuse et j'ai ensuite fait deux stages dans une grande entreprise. Mais, en ce moment, je suis en recherche d'emploi. En fait, je suis au chômage. Les entreprises ne me recrutent pas parce que je n'ai pas assez d'expériences. J'aimerais qu'ils me laissent une chance d'essayer et de montrer mes compétences.

6. 🎧27 | Écoutez et écrivez les six verbes au passé composé. Attention à l'**accord du participe passé**.

→ *Je me suis inscrite*, ...
....
....
....
....
....

7. Conjuguez les verbes au passé composé. Attention à l'**accord du participe passé**.

a. La plateforme *Vendredi* .... (permettre) aux salariés de concilier travail et engagement social.
b. En 2015, Bertrand et Jérémy .... (se lancer) dans la création de leur site *Welcome to the Jungle*.
c. La photo que Youen .... (décrire) représente des ouvrières dans une usine en Chine.
d. Le journaliste Arthur Frayer-Laleix .... (passer) trois jours à bord d'un bateau de pêche en Bretagne.
e. La marque Maison Château Rouge, c'est Youssouf Fofana qui l' .... (créer) avec son frère Mamadou.

8. **AVOIR**
Complétez les phrases avec les expressions suivantes. N'oubliez pas de conjuguer le verbe *avoir*.

avoir envie | avoir tort | avoir la chance | avoir l'impression | avoir l'habitude

a. Il est musicien professionnel, il .... de faire un métier qui lui plaît.
b. D'après Luc, la plupart des gens .... que les journalistes ont beaucoup de pouvoir.
c. Elle est infirmière à l'hôpital, elle .... de travailler de nuit.
d. Julienne pense que les gens .... de toujours voir le chômage comme quelque chose de négatif.
e. J'ai 18 ans. Je vais intégrer le monde du travail car j' .... d'être indépendant financièrement.

Produire

9. « Avoir des diplômes est indispensable pour réussir dans la vie ». **Que pensez-vous de cette affirmation ? À l'oral, exprimez votre opinion** en donnant des exemples.

10. Vous voyez cette annonce dans un magazine. Pour y répondre, écrivez un message de 150 mots environ dans lequel vous **présentez votre parcours**.

> Pour préparer un article sur la diversité des parcours professionnels, le magazine *Emploi(s)* recherche des témoignages de non-francophones (étudiants, personnes en activité, chômeurs ou retraités).
> Merci d'adresser vos réponses à :
> pierre.moulin@magazine-emplois.fr

Mémoriser : La recherche d'emploi

11. Complétez.

Perdre son travail	→	Chercher du travail	→	Postuler à un emploi	→	Être recruté	→	Recevoir un salaire
= être l _ _ _ _ _ _		= être au c _ _ _ _ _ _		= être c _ _ _ _ _ _ _ à un emploi		= être e _ _ _ _ _ _ _		= être r _ _ _ _ _ _ _

LA FABRIQUE DES MOTS

✓ J'agis

Complétez cette grille liée au travail.

Personne	Lieu	Synonyme de travail	Verbe	Qualité
Patron	P..............	P..............	(se) P..............	P..............
E..............	E..............	E..............	E..............	E..............
R..............	R..............	X	R..............	R..............

✓ Je coopère

a Entourez les étapes qui font partie de votre parcours.

École Primaire   Stage   Période de chômage   Études secondaires   Année sabbatique

Université / Études supérieures   Études à l'étranger   Formation   Emploi   Congé parental

b Présentez votre parcours à votre voisin(e). Écoutez votre voisin(e) présenter son parcours et posez-lui des questions.

✓ J'apprends

a ▶28| Que répondez-vous quand on vous dit … ? Écoutez et écrivez une expression de la page 39 du livre élève pour répondre.

1. ....
2. ....
3. ....

b Associez les synonymes.

Postuler • • Être candidat
Recruter • • Quitter son travail
Se faire virer • • Être licencié
Démissionner • • Embaucher

✓ Je produis

a Complétez la carte mentale « Mon travail idéal ».

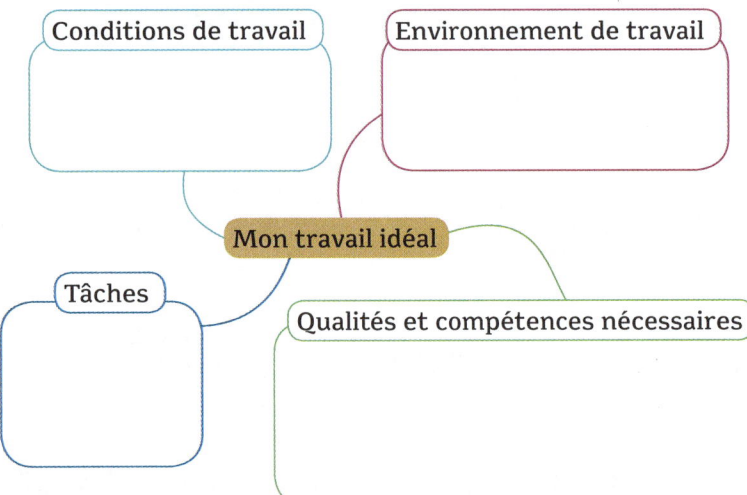

b Présentez votre travail idéal.

Le sujet : Faites une petite présentation orale de ce qu'est le travail idéal, pour vous. À l'aide de la carte mentale, faites un brouillon pour organiser vos idées.
Durée : 2 minutes

Stratégie

N'écrivez pas tout votre texte. Vous risquez de le lire et cela ne sera pas naturel.
Enregistrez-vous, puis écoutez-vous.

LA FABRIQUE DES TEXTES

✓ J'agis

a Parmi les phrases ci-dessous, soulignez celles qui affirment un point de vue.

- Les Français ont cinq semaines de congés payés par an.
- Qu'en penses-tu ?
- Je trouve que le bénévolat est une bonne chose.
- Les gens voient souvent le chômage comme quelque chose de négatif.
- D'après moi, le plus important est de s'épanouir dans son travail.
- Est-ce que vous aimez votre travail ?
- Il me semble que l'on devrait consacrer moins de temps au travail.
- À mon avis, le métier de journaliste est passionnant.

b En une phrase, exprimez votre point de vue à propos de cette affirmation : « Il est nécessaire de travailler pour être heureux ».

....
....
....

c Trouvez trois arguments pour appuyer votre point de vue.

....
....
....
....

✓ J'apprends

a Dans le texte ci-dessous, soulignez les mots et expressions utilisés pour ajouter une idée.

Comment améliorer le bien-être des salariés ?
D'abord, il est important que les salariés soient intéressés par leur travail. On sait qu'un salarié motivé est plus efficace. De plus, de bonnes relations entre collègues ainsi qu'avec la hiérarchie sont très importantes pour assurer le bien-être des employés. De même, un espace de travail agréable permet de lutter contre le stress. Les employeurs peuvent par exemple aménager une salle de repos et des espaces conviviaux. Par ailleurs, un bon équilibre entre vie personnelle et vie professionnelle favorise également le bien-être des salariés.

b Complétez la chaîne des expressions qui ajoutent une idée et qui sont placés au début d'une phrase.

De plus, ➔ .... ➔ ....

c Complétez la chaîne des mots qui ajoutent une idée et qui sont placés à l'interieur de la phrase.

ainsi que ➔ .... ➔ ....

d Reprenez vos trois arguments de la partie J'agis **c** et reliez-les avec des expressions pour ajouter des idées.

....
....
....

✓ Je produis

a Réfléchissez à des exemples pour illustrer vos trois arguments.

b Rédigez un texte de 160 mots pour répondre à cette question : « Est-il nécessaire de travailler pour être heureux ? ». Appuyez votre point de vue sur des arguments illustrés par des exemples.

Pour ajouter des arguments

➔ Aidez-vous de l'exemple donné page 192, dans le livre élève.

Bilan

LINGUISTIQUE

GRAMMAIRE

1 **Remettez les mots dans l'ordre.**

a. jeté / portable / J'ai / mon / ordinateur / ancien

....

b. dossiers / Apportez-moi / deux / ces / autres / rouges

....

c. portent / Ils / des / marine / uniformes / bleu

....

d. travaille / de / collègues / jeunes / espagnols / Je / avec

....

e. un / vraies / collaborateur / C'est / avec / compétences / sympa / de

....

2 **Écrivez des expressions comme dans l'exemple.**

Exemple : métier, passionnant / rémunération, bon ➜ un métier passionnant avec une bonne rémunération

a. cheffe, compréhensif / patience, grand ➜ ....

b. candidate, motivé / qualités, nombreux ➜ ....

c. immeuble, beau / bureaux, spacieux ➜ ....

d. usine, gros / cheminées, immense ➜ ....

e. emploi, autre / conditions de travail, meilleur ➜ ....

3 **Accordez les participes passés quand c'est nécessaire.**

a. Mme Lambert a licencié..... un employé pour raisons économiques.

b. La DRH a appelé Marion et elle l'a convoqué..... à un entretien d'embauche.

c. J'ai écrit à tous mes collaborateurs et je leur ai annoncé..... que je prenais un congé sans solde.

d. Après avoir démissionné, Céline s'est tourné..... vers une formation d'infirmière.

e. Il a rédigé des dizaines de lettres de motivation qu'il a envoyé..... dans toutes les entreprises de transport de la région.

4 **Conjuguez les verbes au passé composé. Attention à l'accord du participe passé.**

Sandrine et Aurélie .... (accueillir) la jeune stagiaire ce matin.
Elles l' .... (recevoir) dans leur bureau puis elles lui ....
(montrer) les locaux. Elles l' .... (présenter) à toute l'équipe. Le midi, elles
.... (aller) ensemble à la cafétéria.

UNITÉ 2

LEXIQUE

1 Trouvez les mots qui correspondent à ces définitions.

a. Fonction d'une personne → _ _ _ _ _

b. Employé → _ _ _ _ _ _ _

c. Personne ou entreprise avec laquelle on est associé → _ _ _ _ _ _ _ _ _ _

d. Somme des ventes de produits ou de services → _ _ _ _ _ _ _ _ _' _ _ _ _ _ _ _ _

e. Collègue, personne avec laquelle on travaille → _ _ _ _ _ _ _ _ _ _ _ _

2 Complétez avec le verbe qui convient.

renvoyer | recruter | démissionner | postuler | bosser

a. Tous les matins, je pars ……………………… à 8 heures.

b. Il a commis une faute grave, il est possible que son chef décide de le ……………………… .

c. Il a vu une annonce pour un emploi de serveur et il va ……………………… .

d. Je crois que je vais ………………………, je n'en peux plus de ce boulot !

e. Notre entreprise a besoin de talents pour se développer à l'étranger, nous allons ……………………… six collaborateurs.

3 Remettez les lettres dans l'ordre pour trouver les qualités.

a. T – T – V – R – C – E – A – I – I – É → ………………………………………

b. I – N – N – I – O – G – A – A – S – R – T – O → ………………………………………

c. I – I – E – É – S – S – L – B – T – N – I → ………………………………………

d. U – R – D – C – E – P – E – N → ………………………………………

e. T – I – N – E – E – A – P – C → ………………………………………

4 Associez.

un cabinet • • d'entreprise
un restaurant • • de droit
un entretien • • d'avocats
des études • • d'embauche

PHONÉTIQUE

1 ▶29 | Écoutez. Ces phrases sont-elles dites avec assurance ou avec hésitation ?

	a.	b.	c.	d.	e.
Assurance	☐	☐	☐	☐	☐
Hésitation	☐	☐	☐	☐	☐

2 ▶30 | Écoutez. Quel type d'hésitation entendez-vous : « euh » ou une répétition ?

a. ☐ euh ☐ répétition
b. ☐ euh ☐ répétition
c. ☐ euh ☐ répétition
d. ☐ euh ☐ répétition
e. ☐ euh ☐ répétition

PRÉPARATION au DELF

Compréhension des écrits

15 points

Répondez aux questions en cochant ☑ la bonne réponse.

Lisez les annonces et répondez aux questions.

Léo cherche un emploi en CDD pour l'été. Il a fait trois ans d'études en hôtellerie-restauration dans la région rennaise. Lorsqu'il était étudiant, il travaillait dans une crêperie familiale le week-end et il a donc deux ans d'expérience en tant que serveur. Il préfère travailler dans une petite structure d'environ quinze salariés. Il est bilingue en allemand et il s'exprime bien en anglais. Il a vu les deux annonces suivantes sur Internet.

Serveur-Barman (H/F) Logé - 1850€

L'Hôtel L'Eglantine**** (82 chambres) situé à Megève, station mythique de Haute-Savoie, complète son équipe pour la saison hivernale.

Vos missions :
- Vous assurez la mise en place du bar pour chaque service ;
- Vous connaissez votre carte et conseillez les clients ;
- Vous savez créer une atmosphère chaleureuse adaptée à l'hôtel et à la clientèle.

Votre profil :
- Souriant et chaleureux, votre savoir-être est votre meilleur atout ;
- Vous avez suivi une formation en hôtellerie-restauration ;
- Vous disposez d'une expérience d'un an minimum sur un poste similaire dans un établissement haut de gamme ;
- Anglais indispensable, seconde langue étrangère appréciée.

CDD saisonnier 39 h / semaine – Nourri et Logé – Salaire selon profil

---

Réceptionniste (H/F)

Sur une plage de Méditerranée, l'Hôtel des Rochers*** accueille les visiteurs dans ses 8 chambres à la décoration personnalisée.

VOS FUTURES MISSIONS :
Accueillir les clients au téléphone et à l'accueil,
Présenter l'hôtel et l'ensemble de ses prestations,
Répondre efficacement aux demandes des clients durant la totalité du séjour.

VOTRE PROFIL :
Autonomie, rigueur, sens du contact
Expérience en hôtellerie ou restauration
Formation en hôtellerie exigée

Langues Requises :
Anglais maîtrisé
Une 2e langue étrangère serait appréciée

CDD – Juillet / Août – Salaire proposé selon expérience – Nourri et possibilité de logement

UNITÉ 2

1. Dans le tableau, cochez ce qui convient ou ce qui ne convient pas à la recherche de Léo.

10 points

	Annonce 1		Annonce 2	
	convient	ne convient pas	convient	ne convient pas
Emploi en CDD pour l'été				
Études				
Expérience				
Petite structure				
Langues				

2. **Pour quelle annonce Léo va-t-il postuler ?** 5 points

❑ Serveur-barman.

❑ Réceptionniste.

Production orale

15 points

▶ **PARTIE 1 — Entretien dirigé**

Vous vous présentez à l'examinateur. Vous lui parlez rapidement de votre parcours et vous répondez à cette question : « Avez-vous l'occasion d'utiliser le français dans votre vie professionnelle ? »

▶ **Partie 2 — Exercice en interaction**

Votre ami a un poste à responsabilités dans un magasin de vêtements. Il vous fait part de son envie de quitter son travail. Vous exprimez votre opinion.

▶ **Partie 3 — Expression d'un point de vue**

Présentez le thème soulevé par le document ci-dessous. Présentez votre opinion sous la forme d'un petit exposé de trois minutes environ. L'examinateur pourra vous poser quelques questions.

Se battre pour une mixité des métiers

Les filles aiment le rose, jouent à la maman, et veulent être maîtresses alors que les garçons préfèrent le bleu, jouent au ballon et veulent devenir pompiers. Et si on arrêtait avec ces clichés qui influencent dès l'enfance le parcours de chacun selon son sexe ?

En effet, le choix d'études n'est pas le même selon le sexe :

- les filles sont en majorité dans les écoles paramédicales et sociales ainsi que dans les études artistiques, littéraires et culturelles ;

- elles sont moins représentées dans les études d'informatique, d'ingénierie ou dans les formations militaires. Pourtant, elles sont nombreuses à rêver de ces métiers.

Arrêtons de voir certains métiers comme masculins et d'autres comme féminins, pour laisser plus de liberté d'orientation aux jeunes.

SITUATION 1 — Choisir de ralentir

Comprendre

1. a Regardez la couverture du livre. Quel animal symbolise la lenteur ?

....

b ▶31 | Écoutez et complétez.

a. L'auteure montre que nous courons après nos vies tout en ....

b. En ralentissant, on ....

c. Elle utilise des exemples simples de personnages célèbres comme ....

d. Le constat est clair : nous avons gagné du temps mais ....

c Selon cette discussion, qu'est-ce que signifie « choisir de ralentir » ?
❏ Se déplacer moins vite.
❏ Prendre du recul par rapport au rythme de la société.
❏ Faire les choses plus lentement.

S'exercer

2. a Complétez la grille.
1. Avoir trop de choses à faire = Être …
2. Grande fatigue.
3. Épuisement professionnel, déprime.
4. Remettre au lendemain.
5. Absence, lacune.

b Tous ces mots expriment le **bien-être** ou le **mal-être** ?

....

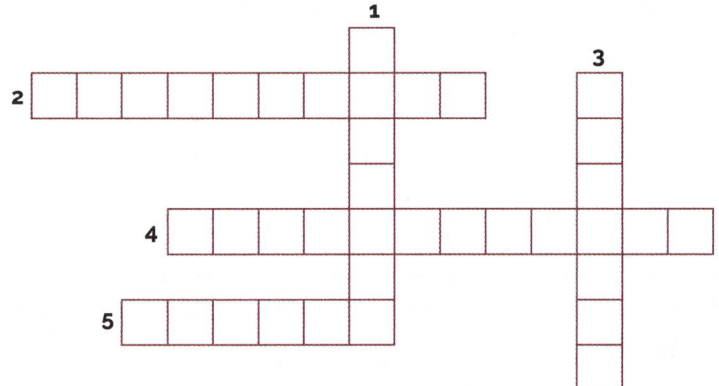

3. Associez chaque expression relevant du **bien-être** à sa définition.

lâcher prise | recharger ses batteries | libérer son esprit | se détendre | habiter l'instant

a. vivre le moment présent = ...
b. se détacher de l'envie de maîtriser
= ....
c. retrouver de l'énergie = ...
d. se vider la tête = ...
e. faire partir la pression = ...

4. ▶32 | Écoutez ces phrases et retrouvez le mot avec un **suffixe en *-logie*** qui correspond.

Phrase a. • • méthodologie
Phrase b. • • généalogie
Phrase c. • • écologie
Phrase d. • • biologie
Phrase e. • • chronologie

UNITÉ 3

5. **Complétez ces phrases en utilisant le gérondif.**

a. Il travaille toujours en .... (rire)

b. Fais attention aux bouchons en .... la ville. (traverser)

c. Elle est toujours élégante même en .... pas cher. (s'habiller)

d. Nous avons du temps tout en .... l'impression de ne pas en avoir assez. (avoir)

e. En .... bien, on peut être mieux dans sa peau. (manger)

6. **Observez ces images et leurs mots-clés. Construisez une phrase avec le gérondif pour les relier.**

a. ....

  conduire / téléphoner

b. ....

  manger / regarder la télé

c. ....

  faire attention / traverser la rue

d. ....

  se casser la jambe / skier (faire du ski)

e. ....

  économiser / acheter une maison

7. ▶33 | **La phrase déclarative : écoutez et soulignez les syllabes où la voix descend.**

a. J'ai fait un burn-out. Mais maintenant ça va mieux.

b. Je manque d'énergie. Je vais prendre des vacances.

c. Je suis débordée en ce moment. J'ai un projet à présenter.

d. Il ne faut pas procrastiner. Ça fait perdre du temps.

e. Je crois que j'ai touché le fond. Mais ce n'est qu'un passage.

8. ▶34 | **La phrase déclarative : écoutez et cochez si la phrase est terminée.**

a. J'ai bien rechargé mes batteries... ❏
b. C'est un vrai moment de détente... ❏
c. Il faut vivre dans l'instant présent... ❏
d. Tu dois accepter de lâcher prise... ❏
e. On a vaincu le mal du siècle... ❏

Produire

9. Vous avez entendu parler de l'association « Le Rire médecin » qui propose des thérapies par le rire aux enfants malades. Vous décidez de faire un don à cette association et vous tentez de convaincre votre ami(e) d'en faire un en utilisant le gérondif. Vous lui expliquez pourquoi vous avez choisi ce projet.

10. Voici trois images qui proposent chacune une émotion différente. Choisissez-en une et donnez-lui un titre. Enregistrez votre présentation de 2 minutes pour décrire en quoi la personne a l'air bien ou mal.

Mémoriser : Le bien-être

11. Trouvez l'intrus qui n'est pas une expression avec « être bien dans ».

sa peau | son corps | sa tête | son ventre | ses baskets

SITUATION 2 — Organiser un plan d'action et sa to-do-list

Comprendre

PsychoMag

ET VOUS ? COMMENT VOUS ORGANISEZ-VOUS ?

MAUD 37 ans, directrice des ressources humaines

« Ah les listes ! J'en ai toujours fait beaucoup mais à force, je ne savais plus quelle était la plus urgente. Alors je me suis renseignée un peu sur Internet et, tout en gardant ma manière de faire, j'ai suivi quelques conseils pour garder le contrôle : par exemple, choisir un code couleur pour mieux visualiser les urgences. Une liste peut être un faux ami mais lorsqu'elle est bien faite, on peut l'utiliser tout en continuant à nous occuper de notre tâche en cours. Après, il faut savoir dire stop : ce n'est pas parce que c'est sur ma liste qu'il faut se tuer à la tâche ! »

GILLES 33 ans, community manager

« Depuis que je me fais des to-do-list, je suis beaucoup plus organisé ! Classer les éléments par ordre d'importance, suivre les objectifs que je me suis fixés en arrêtant de toujours chercher ce que j'étais en train de faire, ça m'a changé la vie. Avec toutes mes responsabilités, cela me permet de ne rien laisser au hasard et par exemple, quand j'ai un rendez-vous de dernière minute, je peux m'y rendre en me remémorant ce qui était prévu à l'origine. »

HUGUES 48 ans, restaurateur

« Dans mon métier, on est obligé d'être extrêmement organisé, d'avoir toujours en tête un plan d'action et de ne rien laisser au hasard. Les fournisseurs, les clients, les salariés, tout cela m'a poussé à faire des listes. Parfois, mes enfants se moquent de moi car même à la maison je fais des listes. Alors régulièrement, on en fait ensemble, que ce soit en partant en vacances, en allant à l'école, en organisant un anniversaire. Et à la fin de la journée, on compare nos listes ! C'est vraiment amusant tout en les responsabilisant. »

1. a Lisez l'article et associez le but de l'organisation pour chaque personne.

- Pour nous aider à rester concentré sur nos tâches en cours. •
- Pour ne rien laisser au hasard. •
- Pour réaliser les objectifs que l'on s'est fixés. •

• Hugues
• Maud
• Gilles

b Qui dit quoi ?

	Maud	Gilles	Hugues
a. La liste peut être un faux ami.	☐	☐	☐
b. La liste peut devenir un jeu.	☐	☐	☐
c. Ma vie a changé.	☐	☐	☐

S'exercer

2. ▶35 | Écoutez ces phrases. Dites si les personnes décrivent un bien-être ou un mal-être.

	Bien-être	Mal-être
Phrase a.	☐	☐
Phrase b.	☐	☐
Phrase c.	☐	☐
Phrase d.	☐	☐
Phrase e.	☐	☐

UNITÉ 3

3. Rédigez un exemple pour chacune de ces émotions de mal-être ou de bien être.

Exemple : Être libéré ➔ J'ai enfin terminé. Je me sens libéré maintenant.

a. Être serein ➔ ....
....
b. Être léger ➔ ....
....
c. Être déçu ➔ ....
....
d. Être inquiet ➔ ....
....

4. ▶36 | **La phrase déclarative** : écoutez et notez si la voix monte (↗) ou descend (↘) à la fin de la phrase.

a. Il faut que tu t'organises ....
b. Ne nous dispersons pas ....
c. Tu devrais faire une liste ....
d. On doit établir un plan précis ....
e. Si tu priorises, tu réussiras ....

5. ▶37 | **La phrase déclarative** : écoutez et entourez les syllabes sur lesquelles la voix descend.

a. C'est en s'organisant qu'on est efficace. Faites une liste !
b. C'est en pratiquant qu'on devient meilleur.
c. En souriant tout le temps, on se fait des amis.
d. En lisant, on s'instruit et on s'évade. C'est mieux que la télévision.
e. En procrastinant, on stresse beaucoup. Mieux vaut s'organiser.

6. Précisez si le gérondif indique une simultanéité, la manière, la cause ou la condition.

a. En souriant plus souvent, tu verras que la vie paraît plus agréable. ➔ ....
b. Tu ne devrais pas regarder ton téléphone en t'endormant. ➔ ....
c. Il a fait un burn-out en travaillant trop. ➔ ....
d. En acceptant de lâcher prise, tu te sentiras plus épanoui. ➔ ....
e. En repoussant tout au lendemain, tu augmentes ton stress. ➔ ....

7. Réécrivez les phrases en utilisant le gérondif.

a. Tu seras moins stressée. Fais une liste.
➔ ....
b. Organise mieux ton temps. Tu seras plus détendu.
➔ ....
c. Ils ont craqué. Ils n'ont jamais pris de vacances.
➔ ....
d. Elle arrive à toujours finir à temps. Elle écrit tous les matins un plan.
➔ ....
e. Il a failli toucher le fond. Il travaille trop.
➔ ....

8. CHARGER

a Associez pour chacune de ces images un dérivé du verbe *charger* ci-dessous.

se charger de | recharger | décharger | surcharger | se décharger

a. .... b. .... c. ....

d. .... e. ....

b ▶38 | Vérifiez vos choix en écoutant ces dialogues.

Produire

9. Un(e) ami(e) se plaint très souvent de ne pas avoir le temps de tout faire. Vous lui écrivez un mail pour l'aider à organiser son temps.

10. Vous êtes en charge de la communication de votre entreprise et vous devez présenter des conseils pour organiser un plan d'action sous forme de vidéo de 2 minutes pour vos collaborateurs.

Mémoriser : Vivre

11. Barrez l'intrus.

a. Faire : *un plan / une liste / une récompense*
b. Se fixer : *des tâches / une idée / un délai*
c. Manquer : *d'instant / de temps / d'énergie*
d. Être : *débordé / en burn-out / lâcher-prise*

Situation 3 — Expliquer une qualité

Comprendre

Pourquoi sourions-nous ?

Combien de fois sourions-nous par jour ? Impossible de le dire, tant cela dépend des personnalités et des instants choisis. Mais sourions-nous toujours pour exprimer le plaisir ? « Le sourire provient d'une vibration qui associe la joie et la terreur, l'émerveil-
5 lement et l'effroi », écrit Patrick Drevet dans son essai *Le Sourire* (Gallimard).

Complexe, il révèle ce que nous sommes […] À quand remonte le premier ? À la naissance, il n'existe pas. Il apparaît chez le bébé entre son 30e et son 45e jour, au plus tard à 3 mois, pour exprimer
10 un contentement à la vue d'une personne familière, à l'écoute d'un son mélodieux ou après un repas. L'apprentissage par imitation va ensuite jouer son rôle et donner tous ses sens au sourire. Le psychologue Paul Ekman en a recensé dix-neuf différents, dont ceux empreints de peur, de mépris ou d'ironie : les rictus […]

Si quinze muscles sont nécessaires pour rire, il en faut autant pour amorcer ce que le dictionnaire définit trop
15 simplement par « un léger mouvement des yeux et des lèvres ». Mais à chaque type de sourire ses muscles spécifiques ! […]

Le sourire est un autre langage, un moyen de traduire ce qui, en nous, reste muet. Loin d'être un « sous-rire », il ouvre sur de multiples univers : il y a le sourire épanoui de l'amoureux, le gêné du timide, le conquérant du séducteur, le serein de Bouddha.

Alexia Guggémos, Psychologies.com, 24/10/2019.

1. Lisez et dites si les propositions sont correctes ou incorrectes en justifiant par une citation de l'article.

	Vrai	Faux
a. Il est facile de dire combien de fois nous sourions par jour.	❑	❑
Justification :		
b. Le sourire est toujours associé à un plaisir.	❑	❑
Justification :		
c. Le bébé sourit vers son 40e jour.	❑	❑
Justification :		
d. Selon le dictionnaire, un sourire est « un léger mouvement des yeux et des lèvres ».	❑	❑
Justification :		
e. Il n'existe qu'un seul type de sourire.	❑	❑
Justification :		

S'exercer

2. ▶39 | Écoutez et associez ces images aux phrases du quotidien familial qui correspondent.

a

Phrase n° : ....

b

Phrase n° : ....

c

Phrase n° : ....

d

Phrase n° : ....

e

Phrase n° : ....

UNITÉ 3

3. Soulignez les abréviations et écrivez le mot correspondant.

   a. C'est un ado, il est encore jeune, il a beaucoup à apprendre. ➜ ....

   b. Après mon bac, je voudrais aller en fac d'histoire. ➜ .... ; ....

   c. Ça te dit d'aller au ciné ce soir ? Il y a un bon film qui vient de sortir. ➜ ....

   d. Mince ! J'ai oublié mon ordi à la maison ! ➜ ....

   e. Je viens de chercher le mot « vite » dans le dico, ça veut dire quoi « adv. » ? ➜ .... ; ....

4. Dites si les mots en gras expriment une cause ou une conséquence.

   a. Ce sont souvent les petites choses qui **sont à l'origine** des disputes. ➜ ....

   b. **Puisque** tu as réussi ce travail, nous te donnerons une prime. ➜ ....

   c. Tu es autonome, **par conséquent**, tu n'as rien à devoir à personne. ➜ ....

   d. **Comme** ils se disputent tout le temps, ils n'arrivent plus à se parler. ➜ ....

   e. Être économe **facilite** l'autonomie. ➜ ....

5. Complétez avec les conjonctions de cause ou de conséquence qui conviennent. Parfois, plusieurs réponses sont possibles.
comme | grâce à | parce que | car | du coup

> **Tchat en cours...**   — X
>
> Pour ma part, depuis que j'ai 18 ans, j'ai dû me débrouiller seul .... mes parents n'avaient pas d'argent pour payer mes études. J'ai été obligé de faire plusieurs petits boulots .... je n'avais pas de qualifications. .... mon diplôme, j'ai réussi à trouver un emploi qui me convenait. Mais .... j'étais jeune, on me donnait à faire ce que les autres ne voulaient pas. .... j'ai décidé d'économiser pour pouvoir ensuite lancer mon propre projet.

6. 🎧 40 | La phrase déclarative : écoutez et cochez si c'est le milieu de la phrase.

   a. J'enchaîne les petits boulots. ☐
   b. Je suis indépendante financièrement. ☐
   c. Je vais faire des heures supplémentaires. ☐
   d. Il touche encore le SMIC. ☐
   e. Elle lui verse une pension alimentaire. ☐

7. 🎧 41 | La phrase déclarative : écoutez et entourez la syllabe sur laquelle la voix monte.

   a. Il faut enchaîner les courses, les lessives et le travail.
   b. J'ai continué à travailler grâce à ma famille.
   c. J'ai dû faire une pause à cause de ma maladie.
   d. Je suis économe parce que je ne gagne pas beaucoup d'argent.
   e. Grâce à mes enfants, je trouve toujours de l'énergie.

8. ENTRAÎNER

🎧 42 | Écoutez ces phrases et associez-les à celles qui leur correspondent.

Phrase a. • • Ses mensonges entraînent toujours des problèmes.

Phrase b. • • Il est important de s'entraîner chaque jour pour réussir.

Phrase c. • • Je me suis entraîné tous les jours pour réussir cet examen.

Phrase d. • • Lorsque j'oublie des choses à faire à la maison, cela entraîne souvent des tensions.

Phrase e. • • Je me suis laissé entraîner à une soirée avec tous ses amis.

Produire

9. Votre petit frère vous écrit parce qu'il est déprimé de ne pas avoir trouvé de petit boulot pour l'été. Vous lui expliquez qu'il faut rester positif et lui parlez de vos expériences en 160 mots.

10. Un webmagazine souhaite publier des vidéos de gens qui expliquent en quoi un mensonge a changé leur vie, en bien ou en mal. Vous envoyez une vidéo d'1 minute 30 en expliquant les raisons de votre mensonge et ses conséquences.

Mémoriser : La vie de famille

11. Trouvez les contraires.

   a. manquer d'air ≠ ....
   b. mentir ≠ ....
   c. être autonome ≠ ....
   d. être dépensier ≠ ....
   e. être riche ≠ ....
   f. avoir un travail stable ≠ ....

LA FABRIQUE DES MOTS

✓ J'agis

a Pour définir le bien-être et le mal-être, je choisis deux mots-clés qui me concernent.

Bien-être	Mal-être
a.	c. ....
b.	d. ....

b Pour chacun, je trouve une situation qui l'illustre.

a. .... c. ....
b. .... d. ....

c Je trouve une solution pour atténuer mes deux exemples de mal-être.

c. ....
d. ....

✓ Je coopère

a Je souhaite organiser une réunion de famille. Je fais une to-do-list pour ne rien oublier.

b Comparez votre liste avec votre voisin(e) et discutez de ce que vous y avez écrit.

c Ensemble, rédigez une nouvelle to-do-list plus complète.

to-do-list

....
....
....
....
....

✓ J'apprends

a Terminez ces phrases par une des expressions de la page 55 du livre élève.

1. Bon maintenant que je me suis bien reposé, je vais pouvoir finir mon mémoire. ....
....

2. Ça suffit ! Ça fait 50 fois qu'il me demande de refaire cette présentation. ....
....

3. Ah, quelle satisfaction d'avoir fini de préparer cette réunion de famille ! ....
....

4. Je suis épuisé, j'ai vraiment besoin d'une bonne nuit de sommeil. ....
....
....

5. Je devais le faire hier, il faut que je m'y mette maintenant. ....
....

b Lisez maintenant l'intégralité de chaque phrase en insistant sur l'intonation et sur l'expression de votre visage.

✓ Je produis

Parlez de votre dernier repas de famille !

Le sujet : Votre dernier dîner en famille a été très mouvementé ! Vous avez parlé politique, carrière, vie de famille, argent... Faites la liste des sujets abordés et précisez ceux qui vous ont plu ou déplu en disant pourquoi.

Durée : 2 minutes

Stratégie

Pour présenter un sujet, l'important est de le mettre en contexte.

Enregistrez-vous et réécoutez-vous !

LA FABRIQUE DES TEXTES

✓ J'agis

a Relevez les opinions qui n'ont pas d'exemple pour les illustrer.

- Ralentir permet de lâcher prise. Par exemple, lorsqu'on éteint son téléphone, nous nous détendons plus.
- Le burn-out est la maladie du siècle. Le terme vient de l'anglais, il touche toutes les couches sociales.
- La famille est le premier endroit pour apprendre la vie en société, avant même d'aller à l'école.
- Être indépendant favorise l'estime de soi. C'est comme si, lorsque nous sommes capables de nous débrouiller par nous-mêmes, nous nous sentions moins attachés au regard des autres.
- Le sourire a beaucoup de bienfaits. Mais tous les sourires ne veulent pas dire la même chose.

b Parmi celles qui n'en ont pas, choisissez-en une et trouvez-lui un exemple.

....
....

c Choisissez un de ces articulateurs et rédigez votre exemple.

En effet | C'est comme | Par exemple | entre autres | pour illustrer | Pour preuve | notamment

....
....

✓ J'apprends

a Associez les idées qui s'opposent.

a. Choisir de ralentir permet de mieux profiter de la vie.	**1.** Dans la vie, il y a de nombreuses situations où nous devons être sérieux.
b. Le cerveau ne fait pas la différence entre un vrai rire et un rire forcé ; c'est donc une bonne attitude.	**2.** Nous sommes obligés de nous adapter au rythme du travail ou de la vie de famille.
c. Parfois, nous avons besoin de remettre des choses au lendemain afin de ne pas nous épuiser.	**3.** Nous devons travailler parce que cela nous motive et apprendre à développer nos qualités. L'argent passe après.
d. Les listes peuvent nous aider à mémoriser les choses que l'on a à faire.	**4.** Procrastiner peut devenir une mauvaise habitude. Du coup, on ne respecte pas les délais imposés.
e. Les problèmes d'argent sont souvent, dans nos sociétés modernes, synonymes de frustration.	**5.** Si on utilise toujours un support, on ne fait pas travailler notre mémoire et on perd du temps à faire des listes.

b Soulignez les connecteurs qui marquent l'opposition.

mais | aussi | cependant | notamment | en revanche | contrairement à | alors que | en effet

c Reliez à l'oral les phrases que vous avez associées en **a** à l'aide de ces connecteurs.

✓ Je produis

Lisez l'opinion ci-contre. Écrivez un texte de 150 mots environ dans lequel :
– vous chercherez au moins deux opinions qui s'opposent ;
– vous illustrerez chaque opinion par au moins un exemple.

> « Remettre à plus tard est souvent vu comme négatif. Mais parfois, nous ne pouvons pas faire autrement. »

Pour exprimer l'opposition

➡ Aidez-vous de l'exemple donné page 192, dans le livre élève.

Bilan

LINGUISTIQUE

GRAMMAIRE

1. Complétez avec les verbes au gérondif.

a. En .... (finir) ce livre, je suis déjà transformé.

b. Le yoga du rire est tellement bénéfique tout en .... (être) simple à pratiquer.

c. Il est difficile de tout gérer à la fois en .... (travailler) et en .... (prendre) soin de soi.

d. Grâce à mes listes, je peux me rassurer tout en .... (faire) tout ce que je dois faire.

e. Se faire plaisir tout en .... (économiser), ce n'est pas toujours évident.

2. Reformulez ces phrases à l'aide du gérondif.

a. Il s'occupe de son père, en même temps qu'il travaille.

➜ ....

b. Je rêve d'une vie plus simple et je refuse de me priver des choses que j'aime.

➜ ....

c. On arrive à se sentir plus heureux quand on s'organise mieux.

➜ ....

d. Si tu économises plus, tu pourras t'acheter la maison de tes rêves.

➜ ....

e. À partir du moment où on est sincère, les ennuis disparaissent.

➜ ....

3. Soulignez la réponse correcte.

a. Il est arrivé en retard *parce que / donc* il avait fini tard hier soir.
b. *À cause de / D'où* leur dispute, ils ne se parlent plus depuis deux semaines.
c. Mon mari m'aide tous les jours *si bien que / puisque* je peux me reposer en rentrant.
d. *C'est pourquoi / Puisque* tu n'es plus au SMIC, tu vas pouvoir te faire plaisir.
e. Il a beaucoup menti *du coup / car* plus personne ne le croit.

4. Associez puis dites si les phrases expriment la cause ou la conséquence.

a. Il a enfin changé de boulot, • • 1. puisqu'il en connaît la valeur.
b. Il est très fatigué • • 2. du coup, il est plus heureux.
c. Il gère bien son argent • • 3. car tu n'es pas assez motivé.
d. Tu procrastines trop • • 4. car tu l'as bien mérité.
e. Repose-toi, • • 5. c'est pourquoi il préfère ne pas sortir.

	Cause	Conséquence
Phrase a :	❏	❏
Phrase b :	❏	❏
Phrase c :	❏	❏
Phrase d :	❏	❏
Phrase e :	❏	❏

UNITÉ 3

LEXIQUE

1 Barrez l'intrus.
   a. recharger ses batteries | se libérer l'esprit | toucher le fond | se détendre | lâcher prise
   b. débordé | surchargé | dépassé | noyé | libéré
   c. être épuisé | habiter l'instant | toucher le fond | faire un burn-out | craquer
   d. j'en ai marre | j'en peux plus | j'en ai ras-le-bol | je suis soulagé | je suis à bout
   e. je suis détendu | je suis reposé | ça m'épuise | ça me fait du bien | ça me tranquillise

2 Associez.

donner •   • la vérité
dire •   • une maladie
vaincre •   • de l'amour
faire •   • sous le même toit
vivre •   • les courses

3 Trouvez les expressions synonymes.
   a. Dépenser tout son argent = ...
   b. Ne pas gagner beaucoup = ...
   c. Avoir le salaire minimum = ...
   d. Être autonome = ...
   e. Travailler plus que 35 heures = ...

4 Complétez avec les formes de *(s)'entraîner* et de *charger* qui conviennent.
   a. J'aurais dû .... plus souvent pour atteindre un meilleur niveau.
   b. On a beaucoup ri hier soir. Elle m'a .... dans un endroit super.
   c. Je ne pourrai pas venir ce week-end. Je suis ...., j'ai beaucoup de choses à faire.
   d. Rien de mieux que le sport pour .... ses batteries.
   e. Je me .... trop sur lui. Je dois faire attention, il est épuisé maintenant.

PHONÉTIQUE

1 ▶43| Écoutez et cochez si la phrase est terminée ou non.

	a.	b.	c.	d.	e.
phrase non terminée (↗)					
phrase terminée (↘)					

2 ▶44| Écoutez et notez ↗ quand la voix monte et ↘ quand elle descend.
   a. J'essaye de faire atten<u>tion</u> .... parce que je suis dépen<u>sier</u> ..... Et ce n'est pas facile tous les <u>jours</u> ....
   b. Je ne me fais jamais de ca<u>deau</u> .... parce que je suis éco<u>nome</u> ....
   c. Je suis fati<u>gué</u> .... à cause de mon traite<u>ment</u> .... . Mais, je le termine bien<u>tôt</u> .... .
   d. Je suis éner<u>vé</u> .... à cause de cette dis<u>pute</u> .... .
   e. Je suis fati<u>gué</u> .... à cause du tra<u>vail</u> ...., de mes activi<u>tés</u> .... et de mes en<u>fants</u> .... .

PRÉPARATION au DELF

Compréhension de l'oral   15 points

Répondez aux questions en cochant ☑ la bonne réponse.

Exercice 1   6 points

▶ 45 | **Lisez les questions, écoutez le document puis cochez la bonne réponse.**

1. Pourquoi Julie parle de la procrastination ?   1 point
- ❏ Parce que Nordine est très paresseux.
- ❏ Parce que c'est un des mots les plus recherchés sur Internet.
- ❏ Parce qu'elle ne veut pas travailler.

2. Le mot est très utilisé depuis :   1 point
- ❏ le 16ᵉ siècle.
- ❏ le 19ᵉ siècle.
- ❏ le 20ᵉ siècle.

3. Combien de français avouent procrastiner au travail ?   1 point
- ❏ 1 sur 2.
- ❏ 1 sur 3.
- ❏ 1 sur 4.

4. Quelle est la première raison mentionnée ?   1 point
- ❏ Les gens n'aiment pas leur travail.
- ❏ Ils procrastinent pour recharger leurs batteries.
- ❏ Ils se défendent contre le patron.

5. Pourquoi Nordine va sur les réseaux sociaux ?   1 point
- ❏ Parce qu'il s'ennuie.
- ❏ Pour voir ce que ses amis ont publié.
- ❏ Pour ne pas s'endormir au bureau.

6. Pourquoi Julie trouve que la procrastination est aussi une bonne chose ?   1 point
- ❏ Ça lui permet de travailler plus.
- ❏ Ça lui évite d'organiser ses événements.
- ❏ Ça lui a permis de trouver une bonne idée.

Exercice 2   9 points

▶ 46 | **Lisez les questions, écoutez le document puis cochez la bonne réponse.**

1. Quel est le métier de Cécile Pralant ?   1 point
- ❏ Médecin.
- ❏ Assistante sociale.
- ❏ Psychologue.

2. Quel est son constat ?   2 points
- ❏ Élever un enfant est une chance.
- ❏ Élever seule un enfant est difficile.
- ❏ Les enfants ont besoin de faire beaucoup d'activités.

3. Qu'est-ce qu'il est important de planifier ?   2 points
- ❏ Les sorties au restaurant.
- ❏ Un horaire quotidien.
- ❏ Les heures de travail.

4. De quoi ont besoin les enfants ?   2 points
- ❏ De s'ennuyer.
- ❏ De faire plus d'activités extrascolaires.
- ❏ D'aider à faire les courses.

5. À quoi servent les rituels ?   2 points
- ❏ À ne pas s'ennuyer.
- ❏ À aller se coucher toujours à la même heure.
- ❏ À partager des moments ensemble.

Production écrite

UNITÉ 3

15 points

Vous recevez un mail d'un / une ami(e) qui vient de fêter les 18 ans de son dernier enfant. Cette personne n'a plus l'habitude de faire des activités pour elle-même. Elle souhaite organiser son temps pour se faire plus plaisir maintenant qu'elle est plus libre. Vous lui faites des propositions d'activités de bien-être et lui proposez de l'accompagner (160 mots).

À : mon-mail@youpi.fr
De : charlotte-safran@email.com
Objet : Conseils

Bonjour Léa,

Je t'écris car nous venons de fêter l'anniversaire de Théo qui vient d'avoir 18 ans. Il part étudier dans une autre ville et je vais avoir plus de temps pour moi ! J'aimerais bien me lancer dans de nouvelles activités et je sais que tu as un emploi du temps chargé, alors je voulais avoir des conseils de ta part. Réponds-moi vite ! Bises.

Charlotte

SITUATION 1 — Expliquer une initiative

Comprendre

LE GREEN FRIDAY   PARTICIPER   CONSOMM'ACTEUR   ACTUALITÉS

Le Green Friday, c'est quoi ?

Contre le Black Friday et sa course à la consommation kamikaze

Depuis plusieurs années, le dernier vendredi de novembre, appelé « Black Friday », est devenu une grande messe du consumérisme, au cours de laquelle de nombreuses enseignes commerciales cassent les prix sur une large gamme de produits. Tradition commerciale importée des États-Unis, elle est peu à peu devenue le symbole d'une consommation
5 galopante et débridée qui promeut un modèle de production insoutenable [...] Chaque année, l'industrie textile jette 4 millions de tonnes de vêtements et en vend 5 millions. Quand on sait que la production d'un seul jean peut représenter jusqu'à 11 000 litres d'eau, ces chiffres donnent le tournis ! Les hommes ne sont pas non plus épargnés par cette course à la consommation, en témoigne le drame du Rana Plaza, qui, en 2013, a fait plus de 1000 morts au Bangladesh lors de l'effondrement d'une usine de production textile [...]

10 **Ensemble, reprenons le pouvoir de l'achat !**

Face à ces chiffres inquiétants, que faire ? Refusant l'immobilisme, le collectif Green Friday a décidé d'agir en rappelant que l'acte d'achat est un choix fort, avec des conséquences concrètes sur l'environnement lorsqu'il est motivé par des causes justes et durables. Le but n'est pas de culpabiliser, mais bien de sensibiliser les citoyens à une consommation plus responsable [...]
15 Réparer ou donner plutôt que de jeter, allonger les durées de vie, acheter local, choisir des produits labellisés, autant de bonnes pratiques qui font une vraie différence.

greenfriday.fr

1. Lisez le texte et répondez.

a) Cochez.   Vrai   Faux   On ne sait pas
   a. L'opération « Green Friday » est née aux États-Unis.   ☐   ☐   ☐
   b. Chaque année, 5 millions de tonnes de vêtements sont jetées.   ☐   ☐   ☐
   c. La surproduction a un impact négatif sur l'environnement et sur les Hommes. ☐   ☐   ☐
   d. Green Friday souhaite responsabiliser les consommateurs.   ☐   ☐   ☐

b) Expliquez le problème posé par le Black Friday.

....
....

S'exercer

2. Complétez le schéma avec des verbes liés au lexique des déchets.

....

UNITÉ 4

3. Associez une photo et un mot avec le **préfixe sur-**.

surconsommation • surpoids • suremballage • surproduction • surpopulation

a. b. c. d. e.

4. Écrivez une seule phrase en utilisant les **pronoms relatifs qui, que, où**.

a. Je vais souvent dans un magasin. On vend des produits en vrac dans ce magasin.
➔ Je vais souvent dans un magasin ....
....

b. Cette ferme propose des paniers. Ces paniers sont livrés chez vous.
➔ Cette ferme propose des paniers ....
....

c. Le Green Friday est une initiative citoyenne. Je trouve cette initiative intéressante.
➔ Le Green Friday est une initiative citoyenne
....
....

5. Complétez ces définitions avec **qui, que, où** et devinez le mot correspondant.

a. Matière .... l'on utilise pour fabriquer de nombreux objets quotidiens : P_ _ _ _ _ _ _ _
b. Animal marin .... est une des premières victimes de la pollution des océans : T_ _ _ _ _
c. Sandales légères .... l'on porte à la plage : T_ _ _ _
d. Lieu .... l'on peut acheter des produits à des marchands indépendants : M_ _ _ _ _
e. Groupe d'îles de la mer des Caraïbes .... fait partie des Antilles françaises : G_ _ _ _ _ _ _ _ _

6. ▶47 | Écoutez et cochez si vous entendez une **liaison**.

a. Voilà un projet écologique ambitieux. ☐
b. Je fais mes courses dans une coopérative. ☐
c. On a essayé les magasins en vrac. ☐
d. On vous présente une initiative intéressante. ☐

7. ▶48 | Écoutez et notez les **liaisons**.
Ils ont lancé une initiative pour participer au développement durable. Les clients apportent leur propre emballage et ils achètent leurs produits en vrac. Les entreprises proposent en plus de recycler elles-mêmes les déchets en les réutilisant.

8. TROUVER
Associez le synonyme du verbe *trouver* avec la phrase qui convient.

découvrir • • Cette plage se trouve au sud de la Guadeloupe.
penser • • Je trouve que cette idée est très bonne !
se situer • • Elle se trouve trop grande pour porter des talons.
se considérer • • On a trouvé un trésor !

Produire

9. Vous êtes scientifique et vous venez d'inventer un nouveau matériau pour remplacer le plastique. Vous présentez votre découverte en 1 minute 30. Utilisez des **pronoms relatifs**. Enregistrez-vous.

10. Dans un paragraphe de 100 à 120 mots, **expliquez les problèmes** liés à la surconsommation et dans quelle mesure vous êtes un consommateur responsable.

Mémoriser : Préserver l'environnement

11. Trouvez le verbe.

S_ _ _ _ _ _ r ➔ les petits producteurs
➔ une cause

L_ _ _ _ r ➔ une opération
➔ une initiative

R_ _ _ _ _ e ➔ ses déchets
➔ sa consommation de plastique

SITUATION 2 — Décrire une œuvre d'art

Comprendre

1. 🔊49 | **Écoutez. Cochez et justifiez vos réponses.**

a. Pour l'artiste, la fleur symbolise la nature polluée.   ❏ Vrai ❏ Faux
....

b. Pour l'artiste, la bouteille en plastique est un objet inutile. ❏ Vrai ❏ Faux
....

c. Il est très difficile de recycler le plastique.   ❏ Vrai ❏ Faux
....

d. On produit 2 millions de tonnes de plastique par an.   ❏ Vrai ❏ Faux
....

e. Les emballages représentent 40 % des produits plastiques.   ❏ Vrai ❏ Faux
....

S'exercer

2. Entourez les verbes qui peuvent être construits avec le préfixe *dé-* ou *dés-*.

- fabriquer
- coller
- bloquer
- coiffer
- conduire
- accorder

3. Complétez cette grille avec des mots liés aux déchets et au plastique.

1. Éléments minuscules, microscopiques.
2. Transformer pour réutiliser.
3. Nocif, mauvais pour l'organisme.
4. Qui ne peut pas être détruit.
5. Pollués.

4. 🔊50 | **Écoutez et répétez en prononçant les liaisons.**

a. Ces œuvres d'art sont innovantes.
b. Ils sont rangés dans des entrepôts.
c. Ils ont trouvé une issue à ce problème.
d. Le collectif dont on parle se trouve à Marseille.
e. Le projet dont ils rêvent va bientôt se réaliser.

5. 🔊51 | **Écoutez et notez les liaisons.**

a. Ce sont des objets décoratifs.
b. Il recycle les déchets en œuvres d'art.
c. Ces artistes travaillent le bois.
d. Ils aiment participer à des expositions.
e. Jette les ordures dans la poubelle !

UNITÉ 4

6. Complétez cette définition avec *qui*, *que*, *où*, *dont*.

> Une bouteille en plastique, c'est un objet .... est souvent rejeté dans les océans et .... il est très difficile de recycler. C'est un objet .... on n'a pas besoin mais .... la production ne cesse d'augmenter. La consommation d'eau en bouteille est la plus importante dans les pays .... l'eau du robinet est potable !

7. Transformez les phrases en utilisant *dont*, comme dans l'exemple.

Exemple : L'écologie est un sujet d'actualité. Les médias parlent régulièrement de ce sujet.
➜ *L'écologie est un sujet d'actualité **dont** les médias parlent régulièrement.*

a. J'ai fait une série de photos de paysages. Je suis très contente de cette série de photos.
➜ ....

b. De nombreuses sculptures de déchets plastiques existent dans le monde. Parmi ces sculptures, il y a la baleine Skyscraper.
➜ ....

c. La pollution par le plastique est un problème. Peu de personnes sont conscientes de ce problème.
➜ ....

d. Ils ont acheté une maison écologique. Le prix de cette maison était raisonnable.
➜ ....

e. Les maladies respiratoires sont généralement liées à la pollution. Ce médecin s'occupe de ces maladies.
➜ ....

TROUVER

8. ▶52 | Écoutez et reliez chaque situation avec la photo qui correspond. Puis, écrivez l'expression avec le verbe *trouver*.

Situation 1 : • • a.
Il ....
....

Situation 2 : • • b.
Il ....
....

Situation 3 : • • c.
Il ....
....

Situation 4 : • • d.
Il ....
....

Situation 5 : • • e.
Il ....
....

Produire

9. Vous êtes guide à l'exposition de l'artiste K-ro. D'après la photo page 44, **décrivez ses œuvres** et le problème que cette artiste dénonce. Faites une présentation de cette artiste d'1 minute 30 et enregistrez-vous.

10. Répondez à cette annonce en 150 mots.

> Pour notre dossier spécial « Le plastique dans notre quotidien », nous recherchons des auteurs amateurs.
> Choisissez trois objets en plastique que vous utilisez tous les jours, **décrivez ces objets** et réfléchissez à une façon durable et écologique de remplacer ces objets.

Mémoriser : Décrire un objet

11. Complétez.

La matière ➜ C'est .... bois.
La taille ➜ Ça .... 1 mètre.
= Ça .... 1 mètre.

Le poids ➜ Ça .... 30 kilos.
= Ça .... 30 kilos.
L'utilité ➜ Ça .... à décorer.

SITUATION 3 — Raconter une expérience

Comprendre

Le Magazine Vert
Comment je suis devenu végétarien ?

Témoignage : À 25 ans, Julien est devenu végétarien. Il nous explique les raisons de ce choix.

Quand êtes-vous devenu végétarien ?

Je suis fils d'agriculteurs et j'ai grandi parmi les animaux. Mais, dans ma famille, on mangeait fréquemment de la viande ! Je suis devenu complètement végétarien il y a deux ans. C'est une idée que j'avais en tête depuis l'adolescence. Progressivement, j'avais réduit ma consommation de viande et de poisson mais je n'avais jamais sauté le pas. Et puis, il y a 2 ans, j'ai rencontré ma compagne, qui est végétarienne. Alors je l'ai suivie dans son choix de vie !

Pourquoi êtes-vous devenu végétarien ?

Il y a plusieurs raisons à cela. La première raison est d'ordre écologique. On sait que la production de viande et de poisson est très consommatrice de ressources naturelles. J'ai vu que la moitié des céréales produites sur Terre sert à nourrir les animaux d'élevage et non pas les Hommes. La culture de ces céréales est très gourmande en eau et est responsable de la déforestation dans certaines parties du globe. En étant végétarien, je diminue considérablement mon impact négatif sur l'environnement. Ensuite, ces dernières années, beaucoup de vidéos d'abattoirs ont circulé sur Internet et j'ai été choqué par la maltraitance animale. Je trouve qu'on ne respecte pas suffisamment les animaux. Enfin, depuis que je ne mange plus de viande, j'ai perdu 3 kilos et je suis en meilleure santé. ■

1. a Lisez le texte et présentez Julien (âge, environnement familial).

....
....
....
....
....

b Choisissez les raisons pour lesquelles Julien est devenu végétarien.

❏ Parce que ses parents étaient végétariens.
❏ Parce que sa petite amie est végétarienne.
❏ Parce que c'est bon pour l'environnement.
❏ Parce que c'est bon pour la santé.
❏ Parce qu'il aime les animaux.
❏ Parce que la viande et le poisson sont chers.

S'exercer

2. a Dans le document, entourez les cinq adverbes en –ment.

b Choisissez un de ces adverbes pour remplacer les mots soulignés.

a. J'essaie de changer mes habitudes <u>petit à petit</u>. ➜ ....
b. Il a réduit sa consommation de viande mais il mange <u>souvent</u> des œufs. ➜ ....
c. Nous sommes <u>tout-à-fait</u> convaincus qu'il faut protéger l'environnement. ➜ ....
d. Le marché des produits bio s'est <u>beaucoup</u> développé. ➜ ....
e. On ne recycle pas <u>assez</u> les plastiques.
➜ ....

3. SUIVRE

Trouvez le verbe synonyme de *suivre*.

a. Cette personne m'a suivi dans la rue.
➜ .... *derrière quelqu'un.*
b. Il a réduit ses déchets de moitié, c'est un exemple à suivre.
➜ *un exemple à* ....
c. Il suit un cours de biologie tous les jeudis matins. ➜ .... *à un cours.*
d. Pour aller au marché, tournez à droite et suivez la rivière. ➜ .... *la rivière.*
e. Nous suivons ce match important à la télé.
➜ .... *un match.*

UNITÉ 4

4. Remettez les actions liées à la **culture de la terre** dans l'ordre chronologique.

a. récolter | **b.** entretenir les plantes | **c.** semer des graines | **d.** avoir de jeunes pousses | **e.** préparer la terre

5. 🎵 53 | Écoutez et cochez si vous entendez une **liaison**.
- **a.** Voici quatre outils en bois. ❑
- **b.** Voici quatre bons outils. ❑
- **c.** Voici beaucoup d'œuvres incroyables. ❑
- **d.** Voici beaucoup de belles œuvres. ❑
- **e.** Voici un vase en aluminium. ❑

6. Soulignez les mots où la **liaison** est interdite.
- **a.** Ce sont des expériences intéressantes.
- **b.** J'aime cueillir des baies et des fleurs.
- **c.** Il y a eu un changement important.
- **d.** Je cultive des légumes et des fruits.

7. Complétez ces phrases en mettant le verbe entre parenthèses au **plus-que-parfait**.
- **a.** Elle m'a rendu le livre que je lui ……………… ……………… (prêter) le mois dernier.
- **b.** Quand j'ai revu Julien, il m'a annoncé qu'il ……………… (devenir) végétarien.
- **c.** Lorsqu'ils ont décidé de devenir maraîchers, ils en ……………… (discuter) longtemps ensemble.
- **d.** Avant de venir en France, nous ……………… ……………… (jamais partir) à l'étranger.
- **e.** Le boulanger a préparé sa première fournée à 4 heures du matin. Pour cela, il ……………… ……………… (se lever) à 3 h 30.

8. Imaginez ce qui s'est passé avant. Utilisez des verbes au **plus-que-parfait**.
- **a.** Au printemps 2019, l'artiste K-ro a exposé ses bouquets de fleurs. En 2018, ……………… ………………………………………………………
- **b.** Mon amie Anne-Lise est devenue végétarienne. L'année dernière, ……………… ………………………………………………………
- **c.** L'été dernier, Anthony est parti pour faire un tour du monde écologique. L'hiver précédent, ……………………………………………………… ………………………………………………………

Produire

9. Vous êtes Youtubeur. Le thème de vos vidéos est l'écologie et votre objectif est d'inciter vos suiveurs à protéger l'environnement. Vous préparez une vidéo de 2 minutes dans laquelle vous **racontez une expérience** liée à l'écologie.

10. Le maire de votre ville a décidé de laisser construire un hypermarché près de chez vous, sur une place où il y a actuellement un marché tous les matins. Vous lui écrivez une lettre de 150 mots environ dans laquelle vous **exprimez votre désaccord**.

Mémoriser : La culture de la terre

11. Entourez l'intrus.
- **a.** un verger | un maraîcher | un champ | un potager
- **b.** une graine | une semence | une serre | une pousse
- **c.** échanger | cueillir | récolter | ramasser

LA FABRIQUE DES MOTS

✓ J'agis

a Pour chaque symbole, nommez des actions faciles à mettre en place au quotidien.

....	....	....	....
....	....	....	....
....	....	....	....

b Nommez également trois actions qui sont, pour vous, difficiles à mettre en place au quotidien. Expliquez pourquoi à votre voisin(e).

✓ Je coopère

a Faites des recherches sur un artiste (peintre, sculpteur ou plasticien) dont vous appréciez le travail.

Notez son nom : ....

Précisez les matériaux qu'il utilise :

....

Notez le nom d'une de ses œuvres :

....

Identifiez le thème de cette œuvre :

....

b Présentez le travail de cet artiste à la classe.

✓ J'apprends

a Que dites-vous ? Choisissez deux phrases de la page 71 du livre élève pour chaque situation.

Vous ne vous intéressez pas à l'écologie.

- ....
- ....

Vous voulez convaincre qu'il faut agir.

- ....
- ....

b Ces conseils ont été effacés. Complétez avec les lettres manquantes.

a. Pensez à bien é_ _ _ dre les ap _ _ _ _ _ _ _ électriques !

b. C _ _ _ _ _ _ ez des produits bio_ _ _ _ _ _ _ _ !

c. N'oubliez pas de bien _ _ _ mer le ro_ _ _ _ _ !

d. Pour vous d _ _ _ _ _ _ _, prenez votre _ _ _ _ !

e. Arrêtez d'_ _ _ _ _ ser des _ _ _ _ _ _ ages plastiques !

✓ Je produis

Faites la liste des gestes écologiques que vous pouvez trouver dans ce livre.

Le sujet : Enregistrez un chapitre de ce livre ; par exemple, le chapitre sur les transports, sur l'alimentation ou sur les déchets… Attention, votre enregistrement doit comprendre au moins quatre pronoms relatifs !

Durée : 2 minutes

Stratégie
Organisez votre discours, après une petite présentation, illustrez chacun de vos conseils par un exemple.
Enregistrez-vous, puis écoutez votre enregistrement !

LA FABRIQUE DES TEXTES

✓ J'agis

a Lisez ces opinions et soulignez celles avec lesquelles vous n'êtes pas d'accord.

- Il faudrait un jour comme le « Black Friday » tous les mois. C'est bon pour la consommation et pour l'économie.
- Il faut interdire les voitures dans tous les centres-villes tous les jours de l'année.
- Le plastique est un matériau qui n'est pas si polluant qu'on le dit.
- Il faut profiter de la vie et arrêter de s'inquiéter pour l'environnement.
- Si chaque personne adopte des petits gestes écologiques, à long terme, l'environnement sera préservé.

b Choisissez une de ces opinions. Exprimez votre désaccord à l'écrit en donnant un argument illustré d'un exemple.

....
....
....
....
....
....
....
....

✓ J'apprends

a Soulignez d'une couleur les expressions de cause et d'une autre les expressions de conséquence.

| ... parce que... | C'est pourquoi... | ... à cause de... | Donc, ... | ... alors... | Grâce à... |

| Par conséquent, ... | Comme... | ... car... | C'est pour cela que... |

b Justifiez ces opinions et ces comportements à l'aide d'une expression de cause ou de conséquence. Plusieurs réponses sont parfois possibles.

– J'achète rarement des produits bio .... c'est trop cher.
– Je crois que les hypermarchés ont un impact très négatif sur l'environnement .... je fais mes courses dans les petits commerces.
– .... mon sac en tissu, je n'utilise jamais de sacs en plastique.
– Les gestes écologiques devraient être des réflexes. .... je pense qu'il faut éduquer les jeunes enfants à l'écologie.
– .... les voitures sont la première source de pollution en ville, je me déplace à vélo.

✓ Je produis

a Reprenez l'opinion que vous avez choisie dans la partie J'agis **b**. Justifiez votre désaccord à l'aide d'un argument introduit par une expression de cause ou de conséquence.

b Lisez l'opinion ci-contre.
Écrivez un texte de 150 mots environ dans lequel :
- vous réagissez en exprimant votre désaccord ;
- vous justifiez votre opinion à l'aide de deux arguments.

> « Pour sauver la planète, tout le monde doit devenir végétarien. »

Bilan LINGUISTIQUE

GRAMMAIRE

1 **Soulignez le pronom relatif qui convient.**
   a. C'est un marché *que / où* j'aime beaucoup.
   b. Je vais te montrer un restaurant végétarien *que / où* j'aime déjeuner avec mes collègues.
   c. Mon frère est la personne *qui / que* m'a le plus influencé dans mes choix de vie.
   d. L'association *que / dont* je t'ai parlé s'appelle France Nature Environnement.
   e. Cette entreprise a créé un portable *qui / dont* peut être entièrement recyclé quand il ne fonctionne plus.

2 **Complétez avec *qui, que, où, dont*.**

Les abeilles sont des insectes .... vivent dans une colonie .... il y a toujours une reine. C'est une espèce .... les pesticides mettent en danger et .... il faut donc protéger. Ce sont des insectes utiles .... nous récoltons le miel.

3 **Entourez les cinq verbes conjugués au plus-que-parfait.**
   a. ils ont trouvé
   b. tu avais décidé
   c. elle était venue
   d. nous allons aller
   e. il s'était inscrit
   f. vous n'allez pas faire
   g. ils ne sont pas venus
   h. il n'avait pas essayé
   i. je ne me suis pas trompée
   j. elles ne s'étaient jamais promenées

4 **Conjuguez les verbes entre parenthèses au plus-que-parfait.**

À la fin de l'année, Julie et Sandro ont atteint leur objectif de réduire leurs déchets de 80 %. Comment ? Tout d'abord, au mois de janvier, ils .... (décider) d'éviter au maximum le suremballage.
Puis, en voyant que cela ne suffisait pas, Sandro .... (arrêter) d'aller au supermarché et il .... (aller) régulièrement faire ses courses au marché et dans des magasins en vrac.
Au printemps, ils .... (prendre) l'habitude d'acheter des vêtements dans des vide-greniers. Après l'été, Julie .... (se lancer) dans la fabrication de produits de beauté « maison ».

LEXIQUE

1 **Soulignez le mot qui n'est pas lié aux déchets.**
   a. réparation | reconditionnement | réservation
   b. collecter | collectionner | ramasser
   c. cultures | saletés | ordures
   d. réduire | défaire | diminuer
   e. tirer | répartir | trier

UNITÉ 4

2 Associez un préfixe *dé-*, *dés-* ou *sur-* à chaque verbe pour en former de nouveaux. ☆☆☆☆☆

- dé- •
- dés- •
- sur- •

- • bloquer
- • chauffer
- • emballer
- • organiser
- • brancher

3 Dans la grille ci-dessous, retrouvez les cinq mots liés à la culture de la terre. ☆☆☆☆☆

a. M _ _ _ _ _ _ _ _ _
b. O _ _ _ _ _
c. V _ _ _ _ _
d. S _ _ _ _ _ _ _
e. C _ _ _ _

M	Q	W	E	A	R	O	P	J	Q
L	A	P	W	P	D	M	S	J	V
O	O	R	Z	T	A	E	U	P	E
I	U	F	A	H	D	L	W	R	R
K	O	T	C	I	R	U	R	K	G
R	D	L	I	F	C	E	U	S	E
Q	O	D	V	L	G	H	P	R	R
P	B	R	B	D	S	V	A	Z	J
S	E	M	E	N	C	E	S	G	V
W	D	V	V	Z	W	S	W	G	E

4 À partir des adjectifs suivants, formez l'adverbe en *–ment* correspondant. ☆☆☆☆☆

a. sérieux ➜ ....
b. récent ➜ ....
c. attentif ➜ ....
d. personnel ➜ ....
e. vrai ➜ ....

PHONÉTIQUE

1 Lisez ces phrases. La liaison est-elle obligatoire ou interdite ? ☆☆☆☆☆

a. Ils vivent <u>dans un environnement</u> naturel. ❏ obligatoire ❏ interdite
b. Il travaille avec des <u>matériaux innovants</u>. ❏ obligatoire ❏ interdite
c. Elle crée de <u>magnifiques œuvres</u>. ❏ obligatoire ❏ interdite
d. Ils photographient <u>des objets</u> recyclés. ❏ obligatoire ❏ interdite
e. Elles <u>participent au</u> développement durable. ❏ obligatoire ❏ interdite

2 ▶54 | Écoutez, notez les liaisons et répétez. ☆☆☆☆☆

a. Ils achètent en vrac.
b. On aime composter nos déchets.
c. Elles ont créé un projet écologique.
d. Ils utilisent des outils originaux.
e. Nous avons envie de favoriser le commerce local.

cinquante et un **51**

PRÉPARATION au DELF

Compréhension des écrits

15 points

Vous lisez cet article dans la presse française. Répondez aux questions en cochant ☑ la bonne réponse.

La consommation des plus riches est la moins écoresponsable

Si les classes supérieures ont une sensibilité environnementale plus développée, en revanche leur empreinte écologique est plus élevée malgré leurs petits gestes du quotidien […]

En 2018, l'impact d'un consommateur sur l'environnement – ce qu'on appelle son empreinte écologique –, notamment à travers ses émissions de gaz à effet de serre, dépend clairement du revenu et des diplômes : les personnes qui disposent à la fois de fortes ressources et sont très diplômées ont un score d'empreinte écologique élevé de 46,4, contre 40,2 seulement, pour les personnes ayant de faibles ressources et étant peu diplômées. Autrement dit, les plus privilégiés polluent davantage que les autres !

Non que les classes supérieures ne soient pas au courant des enjeux sur la protection de la planète. Au contraire. Elles ont même une sensibilité environnementale bien plus poussée que les autres classes sociales. Et elles effectuent bien, au quotidien, toute une série de « petits gestes » écolos, comme acheter des fruits et légumes issus de l'agriculture biologique, des produits alimentaires vendus en vrac et privilégient les circuits courts. Les achats d'occasion sur Internet, comme le phénomène du covoiturage, ou le fait de manger moins de viande, participent eux aussi de pratiques respectueuses de l'environnement chez les classes supérieures.

Mais alors, où est le problème ? Si les « CSP+ » (catégories socioprofessionnelles supérieures) sont les moins vertueuses c'est parce qu'elles utilisent par ailleurs de très nombreux équipements numériques qui consomment beaucoup d'énergie et qui sont constitués avec des matériaux polluants. Et, surtout, ils multiplient les voyages en voiture ou – pire encore – en avion.

Odile Plichon, leparisien.fr, 14/03/2019.

1. Cochez les trois propositions correctes. 9 points

❏ Les plus riches se sentent plus concernés par les questions environnementales que les autres.
❏ Les plus riches se sentent moins concernés par les questions environnementales que les autres.
❏ Les plus riches polluent plus que les autres.
❏ Les plus riches polluent moins que les autres.
❏ Au quotidien, les plus riches adoptent beaucoup de petits gestes verts.
❏ Au quotidien, les plus riches adoptent peu de petits gestes verts.

2. Quelles sont les deux habitudes de vie des riches qui polluent ? 6 points

❑ Ils achètent des fruits et légumes bio.
❑ Ils achètent beaucoup sur Internet.
❑ Ils achètent des produits d'occasion.
❑ Ils utilisent le covoiturage.
❑ Ils utilisent beaucoup d'appareils numériques.
❑ Ils voyagent beaucoup.
❑ Ils ne voyagent qu'en avion.

Production orale 15 points

▶ PARTIE 1 — Entretien dirigé

Vous vous présentez à l'examinateur. Vous lui parlez rapidement de votre cadre de vie et vous répondez à cette question : « Où allez-vous généralement faire vos courses ? Pour quelles raisons ? »

▶ PARTIE 2 — Exercice en interaction

Votre ami(e) pense que les jeunes ne s'intéressent pas du tout à l'écologie. Vous exprimez votre désaccord.

▶ PARTIE 3 — Expression d'un point de vue

Présentez le thème soulevé par le document ci-dessous. Présentez votre opinion sous la forme d'un petit exposé de trois minutes environ. L'examinateur pourra vous poser quelques questions.

> *L'Ademe chiffre à environ 16 milliards d'euros le gaspillage alimentaire en France, gâchis qui représente aussi 3 % des émissions de CO_2 du pays.*
>
> Selon l'Agence de l'environnement et de la maîtrise de l'énergie (Ademe), près de 10 millions de tonnes de nourriture encore consommable sont gaspillées en France chaque année, soit l'équivalent de 150 kg par habitant et par an […]
>
> La nourriture jetée n'a pas qu'un coût économique. Le gaspillage alimentaire représente aussi un coût écologique important : pas moins de 3 % des émissions de CO_2 annuelles totales en France […]
>
> Il existe aussi un coût éthique et social au gaspillage alimentaire : dans la perspective d'une crise alimentaire mondiale, jeter de la nourriture est inacceptable, mais aussi dans le contexte social actuel propre à la France où l'on estime qu'1 personne sur 10 a du mal à se nourrir.
>
> Si on ne peut agir sur le gaspillage des collectivités (restauration collective, supermarchés…) ou des producteurs, chacun peut s'efforcer de réduire le gaspillage dans sa cuisine […]
>
> Priscille Tremblais, lanutrition.fr, 24/05/2019.

SITUATION 1 — Introduire des faits scientifiques

Comprendre

PETIT CURIEUX !
LE MAGAZINE QUI RÉPOND À TOUTES TES QUESTIONS

À quoi servent les scientifiques ?
Question de Mathis, 11 ans.

Les métiers scientifiques sont nombreux et très variés : mathématicien, chimiste, astronome, ingénieur mais aussi archéologue ou historien… Tous ces métiers relèvent du domaine des sciences. Les scientifiques observent le monde qui les entoure et se posent des questions auxquelles ils essaient de répondre. C'est ce qu'on appelle la recherche scientifique.
Après avoir choisi leur question, les scientifiques imaginent des hypothèses, c'est-à-dire des suppositions, des réponses qu'ils pensent être vraies. Pour vérifier ces suppositions, ils se livrent à des expériences. Ils réalisent les expériences plusieurs fois, pour voir s'ils obtiennent toujours le même résultat. Et si ça ne fonctionne pas, les scientifiques imaginent de nouvelles hypothèses. Lorsqu'ils sont sûrs d'eux, ils élaborent une théorie, c'est-à-dire la vraie réponse à leur question. Cette nouvelle connaissance est ensuite diffusée dans le monde entier. C'est comme cela que les scientifiques font avancer les connaissances et inventent parfois de nouvelles technologies.

---

1. a À qui s'adresse ce document ?
❑ À des enfants.
❑ À des étudiants.
❑ À des scientifiques.

b Quel est le sujet du document ?
❑ Les mystères de la science.
❑ Les buts du métier de scientifique.
❑ Les questions posées par les scientifiques.

2. À l'aide du texte, remettez les étapes de la découverte scientifique dans l'ordre.

.....	élaborer une théorie
.....	faire une hypothèse
1	poser une question
.....	réaliser des expériences
.....	diffuser une connaissance

S'exercer

3. Complétez le texte sur le savoir avec les verbes manquants.
enrichir | améliorer | comprendre | progresser | développer

Savoir, ça sert à :
– Mieux .... le monde et .... ses connaissances
– Faire .... les sciences
– .... de nouveaux outils pour .... la vie des gens

4. ▶ 55 | **Écoutez ces informations. Dites si elles sont certaines ou incertaines en cochant la case correspondante.**

	Fait certain	Fait incertain
a.		
b.		
c.		
d.		
e.		
f.		

UNITÉ 5

5. SERVIR
▶ 56 | Écoutez. Pour chaque photo, écrivez l'expression avec le verbe *servir*.

a. → ....
b. → ....
c. → ....
d. → ....
e. → ....

6. ▶ 57 | **Question** ou **affirmation** ? Écoutez et cochez la bonne réponse.
a. ❏ question ❏ affirmation
b. ❏ question ❏ affirmation
c. ❏ question ❏ affirmation
d. ❏ question ❏ affirmation
e. ❏ question ❏ affirmation

7. ▶ 58 | **La phrase interrogative** : écoutez et dites si la voix monte (↗) ou descend (↘) sur les syllabes soulignées.
a. Tu préfères partir dans l'es<u>pace</u>.... ou à la <u>mer</u>.... ?
b. Tu utilises la trotti<u>nette</u>.... ou le vé<u>lo</u>.... ?
c. Tu voudrais rencontrer un astro<u>naute</u>.... ou un scienti<u>fique</u>.... ?
d. Tu veux regarder le match de <u>foot</u>.... ou de bas<u>ket</u>.... ?
e. Tu préfères voyager en a<u>vion</u>.... ou en <u>train</u>.... ?

8. ▶ 59 | Écoutez et dites si ces phrases sont au **discours direct** ou **indirect**.

	Discours direct	Discours indirect
Exemple :	☒	❏
a.	❏	❏
b.	❏	❏
c.	❏	❏
d.	❏	❏
e.	❏	❏
f.	❏	❏

9. Transformez ces petits dialogues en textes au **discours indirect**.
a. **Manon et Paul** : Papi, on voudrait ton livre sur les oiseaux pour notre exposé.
Papi : Vous pouvez l'emprunter sans problème !

....
....
....

b. **Léon** : Je sais combien de planètes il y a dans le système solaire !
Pierre : Moi aussi, je sais ! Il y en a huit !

....
....
....

Produire

10. Vous êtes journaliste au magazine *Neon*. Imaginez trois savoirs inutiles dans le domaine des sciences et, pour chacun, écrivez un texte de 25-30 mots. N'oubliez pas d'utiliser des expressions pour **introduire des faits incertains**.

11. Vous participez à l'émission « La boîte à questions ». Vous lisez d'abord chaque question à voix haute, puis vous y répondez. Utilisez des mots du lexique de la **connaissance**. N'oubliez pas de vous enregistrer et de vous réécouter !

1. Quels sont les trois premiers mots français que vous avez appris ?
2. Comment avez-vous appris ces mots ?
3. Il paraît que c'est difficile d'apprendre le français. C'est vrai ?

Mémoriser : Les connaissances

12. Barrez l'intrus.
a. éducatif | enseignant | instructif
b. apprendre par cœur | vulgariser | mémoriser
c. se souvenir | se poser des questions | s'interroger
d. connaisseur | spécialiste | amateur

Situation 2 — Se poser des questions

Comprendre

1. a ▶60 | **Écoutez et cochez.**

a. Les chaînes de vulgarisation sur YouTube sont apparues il y a dix ans environ. ❑ Vrai ❑ Faux
b. La majorité des vidéos de vulgarisation traitent du monde des sciences. ❑ Vrai ❑ Faux
c. Ces vidéos s'adressent aux 10-15 ans. ❑ Vrai ❑ Faux
d. Certains Youtubeurs ont plus d'un million d'abonnés. ❑ Vrai ❑ Faux

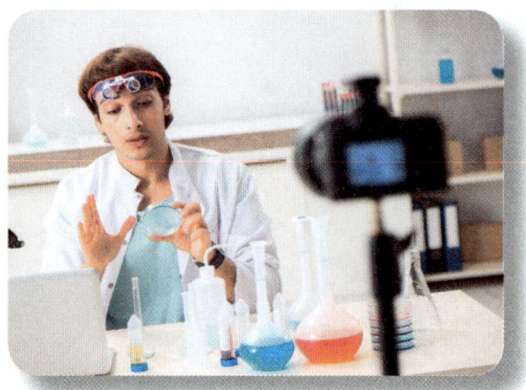

b Quelles sont les trois raisons du succès des chaînes de vulgarisation sur YouTube ?

....
....
....

S'exercer

2. À l'aide des définitions, complétez cette grille sur le lexique du savoir.

1. éducatif
2. faire passer
3. qui s'intéresse à beaucoup de choses
4. rendre accessible
5. spécialiste

3. Associez les noms et les verbes pour former des expressions sur le savoir.

poser • • une expérience
transmettre • • un spécialiste
être • • des questions
réaliser • • des connaissances
s'interroger sur • • le monde

4. Complétez l'article avec les verbes introducteurs du discours indirect. Conjuguez-les.

dire | préciser | paraître | vouloir savoir | répondre

Nature et Sciences Magazine

Jamy présente son Tour de France des curiosités naturelles et scientifiques.

Vous vous demandez si les volcans d'Auvergne peuvent se réveiller. Vous .... pourquoi le soleil est rouge quand il se lève. Dans son premier livre, Jamy .... à ces questions et à bien d'autres encore !
Pour choisir les étapes de son Tour de France, Jamy .... simplement qu'il est parti de ses souvenirs d'enfance.
Il .... par exemple, qu'il a décidé d'écrire un chapitre sur le savon de Marseille car sa grand-mère l'emmenait avec elle au lavoir. Un livre plein d'émotions et de révélations ! Et il .... qu'un second tome est en préparation...

UNITÉ 5

5. ▶61 | Écoutez et cochez si la voix monte (↗) ou descend (↘) à la fin de la question.
- a. ☐ ↗   ☐ ↘
- b. ☐ ↗   ☐ ↘
- c. ☐ ↗   ☐ ↘
- d. ☐ ↗   ☐ ↘
- e. ☐ ↗   ☐ ↘

6. ▶62 | La phrase interrogative : écoutez et notez quand la voix monte (↗) et quand elle descend (↘).
- a. C'est un connaisseur…. ?
- b. Est-ce que…. tu l'as appris par cœur…. ?
- c. Tu préfères la biologie…. ou la physique…. ?
- d. Tu veux regarder un film…. ou un documentaire…. ?
- e. Il y a eu combien…. de téléspectateurs…. ?

7. Transformez les questions de ces enfants en questions indirectes au présent. Pensez à varier les verbes introducteurs.
- a. Soumia : « Pourquoi est-ce que Paris est la capitale de la France ? »
  → ……………………………………………………………
- b. Thomas : « Est-ce que les perroquets savent parler ? »
  → ……………………………………………………………
- c. Héloïse : « Pourquoi est-ce que je ne peux pas voler comme un oiseau ? »
  → ……………………………………………………………
- d. Hanaé : « Où est-ce que j'étais avant ma naissance ? »
  → ……………………………………………………………
- e. Robin : « Est-ce que je peux m'envoler quand il y a beaucoup de vent ? »
  → ……………………………………………………………

8. ▶63 | Écoutez. Transformez le dialogue entre Lila et son enseignante au discours indirect au présent.

L'enseignante demande à Lila ………………
……………………………………………………………
……………………………………………………………
……………………………………………………………
……………………………………………………………
……………………………………………………………

Produire

9. Vous voyez cette annonce dans le magazine *Nature et Sciences*. Vous y répondez en 120 mots environ. Utilisez des expressions pour se poser des questions.

Nature et Sciences Magazine

Vous vous posez des questions sur des lieux et des phénomènes de votre pays ? Vous voulez participer au prochain livre de Jamy intitulé *Le Tour du monde des curiosités naturelles et scientifiques* ? Écrivez-lui un message dans lequel vous posez trois ou quatre questions. Précisez les lieux et phénomènes qui vous intéressent.

10. Choisissez un domaine de connaissances qui vous intéresse (sciences, histoire, art, politique…). Imaginez trois questions dans ce domaine. Faites une vidéo de 2 minutes environ pour votre chaîne YouTube dans laquelle vous reprenez au discours indirect les trois questions posées et vous y répondez.

Mémoriser : Le savoir

11. Complétez.

transmettre   partager   (se) poser   répondre à   développer   entretenir

des c _ _ _ _ _ _ _ _ _ _ _ _   des q _ _ _ _ _ _ _ _   la c _ _ _ _ _ _ _ _

Situation 3 — Mettre en valeur une découverte

Comprendre

1. ▶64 | Écoutez et cochez.

a Qu'est-ce que la sérendipité ?
- ❏ Le fait de ne pas croire aux innovations scientifiques.
- ❏ Le fait de faire une découverte par hasard.
- ❏ La science qui étudie le hasard et les probabilités.

b D'après la présentatrice :
- ❏ le hasard ne suffit pas, il faut aussi que le scientifique comprenne qu'il vient de faire une découverte.
- ❏ il ne faut pas laisser de place au hasard car les sciences sont un domaine sérieux.
- ❏ il est quelquefois utile de faire des erreurs.

S'exercer

2. ▶65 | Écoutez et notez le numéro de l'extrait correspondant à chaque image. Écrivez ensuite le nom de l'**événement historique**.

→ N° ……
………………………… (1939-1945)

→ N° ……
………………………… (2002)

→ N° ……
………………………… (1792)

→ N° ……
………………………… (1914)

→ N° ……
………………………… (1805)

→ N° ……
………………………… (1968)

3. Associez le nom avec le **complément du nom**, puis complétez avec la préposition *à* ou *de*.

- Invention de la brosse • — • …… glace
- Apparition des robes • — • …… dents
- Invention du patin • — • …… velcro
- Invention des chaussures • — • …… voile
- Invention de la planche • — • …… mariée blanches

4. ▶66 | Écoutez. Par quel verbe pouvez-vous remplacer le verbe *(se) dire* dans chaque phrase ?

signifier | ajouter | penser | affirmer | raconter

a. …………………………………………
b. …………………………………………
c. …………………………………………
d. …………………………………………
e. …………………………………………

5. ▶67 | Écoutez et cochez si vous entendez un **accent d'insistance**.

a. C'est un monument extraordinaire ! ❏
b. C'est une œuvre remarquable ! ❏
c. C'est un véritable connaisseur. ❏
d. C'est un scientifique surprenant ! ❏
e. C'est une expérience complètement folle ! ❏

6. ▶68 | Écoutez et soulignez la syllabe où il y a un **accent d'insistance**.

a. Ce qui est incroyable, ce sont ces résultats !
b. La découverte de cette grotte est surréaliste !
c. Sa curiosité est exceptionnelle !
d. Sa démonstration est vraiment remarquable !
e. C'est un projet complètement dingue !

7. Complétez les réactions de ces internautes lors de l'incendie de Notre-Dame de Paris avec des expressions de **mise en relief** : *ce qui, ce que* ou *ce dont*.

> **Pascal Tessier**
> @Ptessier
>
> .... est terrible, c'est que #Notre-DameDeParis n'est pas seulement un monument historique. C'est comme si toute la ville de Paris disparaissait. .... je souhaite maintenant, c'est que la cathédrale soit rapidement reconstruite.

> **Linda H.**
> @lilih
>
> Les heures passent, les flammes sont toujours là. .... est le plus émouvant, c'est la foule des passants qui pleurent ! .... tout le monde a peur maintenant, c'est que la cathédrale #NotreDameDeParis s'effondre.

> **Solveig**
> @solveigm
>
> Les promesses de dons financiers sont nombreuses mais .... il ne faut pas oublier, c'est que cette cathédrale était un trésor inestimable… Et tout l'argent du monde ne suffira pas pour lui rendre sa valeur passée. #NotreDame-deParis

8. Lisez le récit de Marcel Ravidat qui a découvert la grotte de Lascaux. Transformez les phrases pour **mettre en relief** les éléments soulignés. Utilisez *ce qui, ce que, ce dont*, comme dans l'exemple.

Exemple : <u>Il faut savoir</u> qu'en Dordogne, il y a beaucoup d'histoires de trésors cachés. ➜ Ce qu'il faut savoir, c'est qu'en Dordogne, il y a beaucoup d'histoires de trésors cachés.

a. <u>Je me souviens</u> de notre chien qui est tombé dans un trou. ➜ ....
....
....

b. Ça <u>m'a étonné</u>, il y avait un autre trou plus large à côté. ➜ ....
....
....

c. À l'intérieur, il y avait des peintures partout sur les murs, <u>c'était incroyable</u>.
➜ ....
....
....

d. <u>Nous avons trouvé</u> un véritable trésor.
➜ ....
....
....

Produire

9. Vous avez vu une annonce du magazine *Histoire* pour un dossier sur les « Monuments du monde » et vous y répondez en 160 mots. Dans votre texte, vous présentez un monument historique que vous aimez. Utilisez trois expressions de **mise en relief**.

10. Racontez un événement historique qui vous a marqué(e) et expliquez pourquoi cet événement est important pour vous. Faites une présentation vivante et convaincante. Utilisez des expressions de **mise en valeur** et insistez à l'oral sur certains mots. Enregistrez-vous et réécoutez-vous.

Mémoriser : L'histoire

11. Complétez avec un verbe.

M _ _ _ _ _ _ ➜ l'histoire ➜ la mémoire ➜ l'esprit
S _ _ _ _ _ _ _ _ _ _ ➜ un site ➜ un monument ➜ le patrimoine
R _ _ _ _ _ _ _ ➜ un événement ➜ une histoire ➜ un récit
C _ _ _ _ _ _ _ _ _ ➜ une victoire ➜ une guerre ➜ un événement

LA FABRIQUE DES MOTS

✓ J'agis

a Créez un acrostiche pour enrichir votre lexique du savoir !

Science, ...
Apprendre, ...
V ....
O ....
I ....
R ....

b À l'oral, ajoutez un complément à tous les verbes de votre liste.
Exemple : apprendre par cœur

✓ Je coopère

a Sur cette frise chronologique, placez trois événements de l'histoire de votre pays qui vous ont marqué(e).

b Présentez ces événements à votre voisin(e). Expliquez-lui pourquoi ces événements sont importants à vos yeux. Précisez si des commémorations sont organisées pour ces événements.

✓ J'apprends

a ▶69 | Écoutez et réagissez. Que répondez-vous ? Choisissez deux expressions de la page 87 du livre élève pour chaque extrait.

1. ....
2. ....
3. ....

b Lisez vos réactions à voix haute en insistant sur l'intonation et sur l'expression de votre visage.

✓ Je produis

Souvenez-vous... Lorsque vous étiez petit(e), étiez-vous un(e) enfant curieux(euse) ? Quels domaines vous intéressaient ? Y a-t-il une connaissance que vous avez acquise par l'expérience ?

Le sujet : Racontez une de vos expériences pendant l'enfance.
Durée : 2 minutes

Stratégie

Jouez avec le volume de votre voix et avec l'intonation pour insister sur certains éléments. Utilisez également des expressions de mise en valeur pour que vos auditeurs retiennent les éléments importants.
Enregistrez-vous, et réécoutez votre enregistrement !

LA FABRIQUE DES TEXTES

J'agis

a Associez les deux phrases.

1. Dans la plupart des pays, les élèves suivent des cours d'histoire.
2. Si votre enfant vous pose une question à laquelle vous ne savez pas répondre, dites-lui que vous allez vous informer et lui répondre plus tard.
3. Les chaînes YouTube de vulgarisation ont beaucoup de succès.
4. Les monuments historiques sont les témoins de notre passé et doivent être sauvegardés.

a. Cela prouve que les jeunes ont soif de connaissances.
b. Il est donc possible d'affirmer que des lois de protection du patrimoine devraient exister dans tous les pays.
c. De la même manière, il est important de commémorer les grands événements d'un pays.
d. De façon générale, on peut dire qu'il est important de répondre à toutes les questions des enfants.

1	2	3	4

b Soulignez les expressions permettant de développer un argument.

J'apprends

Développez les arguments proposés pour répondre aux questions.

a Pensez-vous que les jeunes d'aujourd'hui ne s'intéressent plus à rien ?

- Les jeunes sont ouverts sur le monde.
  ....
  ....
  ....
- Les enfants et les jeunes sont curieux.
  ....
  ....
  ....
- Beaucoup de jeunes s'engagent dans la politique.
  ....
  ....
  ....

b Est-il nécessaire de sauvegarder tous les bâtiments anciens ?

- Notre patrimoine, c'est une part de notre identité.
  ....
  ....
  ....
- L'histoire doit être enseignée aux enfants.
  ....
  ....
  ....
- Les monuments attirent les touristes.
  ....
  ....
  ....

Je produis

Choisissez l'une des deux questions ci-dessus et écrivez un texte de 150 mots environ.
Dans ce texte :
- vous exprimez votre opinion ;
- vous justifiez votre opinion à l'aide de trois arguments que vous développez.

Bilan

LINGUISTIQUE

GRAMMAIRE

1 **Transformez les phrases au discours indirect au présent.**

a. « 4 tonnes de frites sont servies chaque année pendant le Tour de France », paraît-il.
➜ ....

b. « Sur le Tour, il y a 2 400 véhicules pour 200 coureurs », dit un journaliste.
➜ ....

c. « Je n'ai jamais été un expert du sprint », affirme Raymond Poulidor, ancien champion cycliste.
➜ ....

d. « Chaque année, 10 millions de spectateurs viennent voir les coureurs sur le bord de la route », affirme un site spécialisé.
➜ ....

e. « Mon coureur préféré, c'est Thibaut Pinot. J'espère qu'il va gagner cette année. », dit Tristan, fan de cyclisme.
➜ ....

2 **Choisissez la question indirecte au présent qui a le même sens.**

a. Enzo demande à sa grand-mère : « Pourquoi est-ce que tu portes des lunettes ? »
➜ Enzo demande à sa grand-mère pourquoi *elle porte* / *tu portes* des lunettes.

b. Nina se demande : « Quand est-ce que je serai plus grande que maman ? »
➜ Nina se demande quand *je vais être* / *elle va être* plus grande que sa mère.

c. Simon demande : « Est-ce que les adultes connaissent toutes les choses de l'univers ? »
➜ Simon demande *que* / *si* les adultes connaissent toutes les choses de l'univers.

d. Marie demande à son père : « Est-ce que tu peux me lire une histoire ? »
➜ Marie demande à son père *si elle peut lui lire* / *s'il peut lui lire* une histoire.

e. Assia voudrait savoir : « Les hommes préhistoriques savaient bien dessiner ? »
➜ Assia voudrait savoir *si* / *ce que* les hommes préhistoriques savaient bien dessiner.

3 **Associez l'expression de mise en relief avec la fin de la phrase.**

- Ce qui •
- Ce que •
- Ce dont •

- • me surprend, c'est que les enfants posent toujours plein de questions.
- • j'aime, c'est feuilleter un dictionnaire illustré.
- • je rêve, c'est de savoir parler toutes les langues du monde.
- • j'ai envie, c'est de continuer à apprendre, même quand je serai âgé.
- • est incroyable, c'est la quantité d'informations que notre cerveau retient.

4 **Complétez les phrases avec une expression de mise en relief : *ce qui*, *ce que* ou *ce dont*.**

a. .... me surprend, c'est qu'on puisse faire de grandes découvertes par hasard.
b. .... j'apprécie vraiment, c'est d'apprendre en m'amusant.
c. .... je rêve maintenant ? C'est de dormir !
d. .... il est fier, c'est d'avoir appris le japonais tout seul.
e. .... a changé le monde, c'est l'invention d'Internet.

UNITÉ 5

LEXIQUE

1 **Associez ces expressions liées au lexique du savoir.**

entretenir la curiosité • • rendre accessible des savoirs
apprendre par cœur • • donner le goût d'apprendre
se poser des questions • • partager des savoirs
transmettre des connaissances • • mémoriser parfaitement
vulgariser des connaissances • • s'interroger

2 **Complétez les phrases avec le verbe introducteur qui convient.**

répond | demande (x2) | paraît | affirme

a. Ce scientifique .... qu'il fait trop chaud pour atterrir sur la planète Vénus.
b. Le téléspectateur .... si Thomas Pesquet va retourner dans l'espace.
c. Thomas Pesquet .... qu'il va refaire un voyage spatial dans les prochaines années.
d. Il .... qu'il y a de l'eau sur Mars.
e. Un autre téléspectateur .... à quoi sert le travail de spationaute.

3 **Complétez ce texte avec les mots et expressions liés au lexique de l'histoire.**

guerre | commémoration | monument | rendre hommage | souvenir

Si vous visitez Paris, vous irez certainement à l'Arc de Triomphe. Sous ce ....
se trouve la tombe du soldat inconnu où brûle la flamme du .... Elle a
été installée en 1920, après la première .... mondiale.
Chaque année, le 11 novembre, ont lieu des cérémonies de .... pendant
lesquelles le président de la République se rend sur cette tombe afin de ....
à tous les soldats morts pour la France.

4 **Complétez les compléments du nom avec à, de ou d'.**

a. Je ne vais pas prendre de dessert, je préfère une assiette ..... fromages.
b. La grotte ..... Lascaux est située en Dordogne.
c. Dans mon sac, j'ai toujours une bouteille ..... eau.
d. Le moteur ..... essence a été inventé dans les années 1860.
e. Quand je fais un gâteau, je mets souvent une cuillère ..... café de sucre vanillé.

PHONÉTIQUE

1 **70 | Écoutez et notez quand la voix monte ↗ et descend ↘ sur ces questions.**

a. Tu veux poser une question.... ?
b. Pourquoi.... il y a des nuages.... ?
c. Il y a combien.... d'étoiles.... ?
d. À quoi.... ça sert, cet outil.... ?
e. Les astronautes partent sur Mars.... ou sur la Lune.... ?

2 **71 | Écoutez et soulignez les syllabes avec un accent d'insistance.**

a. C'est tout à fait prodigieux !
b. Ce livre est phénoménal !
c. Cette émission est fantastique !
d. C'est un monument colossal !
e. C'est une œuvre gigantesque !

PRÉPARATION au DELF

Compréhension de l'oral   15 points

Répondez aux questions en cochant ☑ la bonne réponse.

Exercice 1   8 points

▶72 | **Vous écoutez une conversation. Lisez les questions. Écoutez le document puis cochez la bonne réponse.**

1. Le neveu de François a :   2 points
- ❏ 5 ans.
- ❏ 15 ans.
- ❏ 16 ans.

2. Chaque volume de *Histoire dessinée de la France* a été réalisé par :   2 points
- ❏ un groupe d'historiens.
- ❏ un groupe de dessinateurs.
- ❏ un duo historien-dessinateur.

3. Le sujet de la BD *Les enfants de la Résistance* est :   2 points
- ❏ la première guerre mondiale.
- ❏ la seconde guerre mondiale.
- ❏ l'enfance à travers l'histoire.

4. François va :   2 points
- ❏ chercher des conseils sur Internet.
- ❏ demander à son neveu ce qu'il préfère.
- ❏ demander conseil à un libraire.

Exercice 2   7 points

▶73 | **Lisez les questions, écoutez le document puis répondez aux questions.**

1. Ce document est :   1 point
- ❏ un reportage.   ❏ un entretien.   ❏ un débat.

2. Marie-Ève Dutour est :   1 point
- ❏ maman de deux enfants.   ❏ médecin spécialiste des enfants.   ❏ enseignante.

3. Cochez.   5 points

	Vrai	Faux
a. Tous les enfants de 2 ou 3 ans ont peur du Père Noël.	❏	❏
b. Les parents peuvent dire aux enfants qu'il faut être sage pour avoir des cadeaux.	❏	❏
c. Vers 7 ans, les enfants commencent à douter de l'existence du Père Noël.	❏	❏
d. D'après Marie-Ève Dutour, il faut absolument répondre aux questions des enfants.	❏	❏
e. 9 ans est l'âge limite pour croire au Père Noël.	❏	❏

Production écrite

15 points

UNITÉ 5

La mairie de votre village a décidé de fermer la bibliothèque municipale. Vous êtes enseignant(e) et vous y venez régulièrement avec vos élèves. Vous écrivez un mail au maire pour lui faire part des questions que vous vous posez. Vous exposez également deux arguments en faveur de la réouverture de la bibliothèque. Votre message comptera 160 mots environ.

SITUATION 1 — Informer à l'écrit et à l'oral

Comprendre

1. ▶74 | Écoutez et répondez.

a Il s'agit : ❏ du lancement d'un journal.
❏ de la conclusion d'un journal.

b Associez chaque titre à une rubrique.

Titre 1 • • Culture et Société
Titre 2 • • Politique
Titre 3 • • Écologie

c Relevez dans le document audio les mots de la même famille que les mots suivants.
a. déplacer → ....
b. mobiliser → ....
c. reproduction → ....
d. pollution → ....

S'exercer

2. ▶75 | Écoutez ces définitions liées aux **médias** et retrouvez les mots qui correspondent.

a. une ....
b. un ....
c. une ....
d. une ....
e. en ....

3. Complétez avec ces mots liés au **changement**.
arrivée | création | avènement | lancement | développement

a. L'.............................. de l'informatique a changé notre façon de communiquer.
b. Le gouvernement est favorable à la .... de nouveaux emplois.
c. L'Europe poursuit le .... de ses projets spatiaux.
d. Le .... de ce projet crée la polémique.
e. L'.............................. du président en Ukraine a été saluée.

4. a Associez pour retrouver les terminaisons des **noms**.

a. assister : assist… • • …ion
b. diffuser : diffus… • • …cation
c. abonner : abonne… • • …ance
d. modifier : modifi… • • …age
e. passer : pass… • • …ment

b Quel est le **genre de ces noms** ?
a. ....
b. ....
c. ....
d. ....
e. ....

UNITÉ 6

5. Transformez ces phrases verbales en **phrases nominales**.

a. Un cambrioleur est arrêté à Meudon.
....
....

b. La police appelle au calme pendant les manifestations.
....
....

c. La France réforme le système des retraites.
....
....

d. Le président est élu avec 65 % des voix.
....
....

e. Le nouveau film d'Arnaud Desplechin sort en salle.
....
....

6. LANCER

a Qu'est-ce qu'on ne peut pas *lancer* ? Entourez l'intrus.

un SOS   un projet   un concours   une boisson   une alerte

b Écrivez un titre de presse avec les autres mots.
....
....
....
....

7. ▶76| Écoutez ces **phrases déclaratives**. Notez quand la voix stagne (→) et quand elle descend (↘).

a. Le téléphone crée une dé**pen** .... **dance** .... .

b. Les jeunes sont accros au **smart** .... **phone** .... .

c. Les jeunes s'informent sur les **ré** .... **seaux** .... .

d. Il suit les fils d'actua**li** .... **té** .... .

e. Elle anime un JT **ra** .... **ppé** .... .

8. ▶77| Écoutez ces **phrases exclamatives**. Notez quand la voix monte (↗) et quand elle descend (↘).

a. Quelle **bonne** .... nou**velle** .... !

b. Quelle **triste** .... actua**lité** .... !

c. Quel **beau** .... spec**tacle** .... !

d. Quel **bon** .... ac**teur** .... !

e. Quel **décor** .... éto**nnant** .... !

Produire

9. Vous êtes journaliste pour une radio francophone. Enregistrez un podcast sur un sujet d'actualité pour **informer à l'oral** vos auditeurs.

10. Vous travaillez pour un magazine francophone qui veut publier un article sur les cinq plus grandes innovations du XXIe siècle. Réalisez une frise chronologique en utilisant la **nominalisation**.

Mémoriser : Le genre des noms

11. Associez.

environnement •
édition •   • masculin
reportage •   • féminin
journal •
universalité •

12. Complétez avec *un* ou *une*.

a. C'est .... sujet d'actualité.

b. C'est .... publication remarquable.

c. C'est .... festival de théâtre.

d. C'est .... liberté fondamentale.

SITUATION 2 — Raconter un fait divers

Comprendre

MARSEILLE

Un retraité placarde des affiches pour retrouver son portable perdu, Twitter s'en mêle

Les bons, et les mauvais côtés des réseaux sociaux.

Gérard, un retraité de 70 ans, s'aperçoit le 14 novembre que son téléphone a disparu après avoir pris le métro à la station de Bougainville à Marseille […] Gérard décide alors de coller plusieurs affiches dans le quartier afin de retrouver le téléphone. Ou plutôt, ce qu'il contient. « J'ai des photos […] sur le téléphone, ce sont des souvenirs très chers à mon cœur. » […]

« Faites tourner »

[…] Une internaute a repéré l'affiche avant de la poster sur Twitter samedi avec cette indication : « Faites tourner, j'ai pas les mots à quel point ça déchire le cœur, l'affiche est à Bougainville ». Depuis la publication du post, il a été partagé plus de 26 000 fois et « aimé », plus de 21 000 fois.

Sans permettre pour autant à Gérard de récupérer son téléphone, bien au contraire […] Comme cet homme qui l'a appelé dimanche soir. « Il m'a demandé quel était mon fond d'écran, je lui ai répondu que c'était mon chien. Il m'a donné la race exacte du chien, du coup je me suis dit qu'il avait mon téléphone. Je devais le retrouver à la gare Saint-Charles ce lundi matin mais personne n'est venu », regrette-t-il.

Déjà dépité d'avoir perdu des souvenirs chers à ses yeux, Gérard se désole de tels comportements : « Ce sont des gamins, mais franchement s'amuser avec ça, avec les sentiments des gens, ça ne se fait pas ». Espérons que des gens mieux attentionnés pourront rendre le sourire à Gérard.

Adrien Max, 20minutes.fr, 03/12/2019.

1. Lisez l'article.

a Complétez les phrases.

   a. Pour retrouver son téléphone, Gérard a :
   ❏ collé des affiches.
   ❏ écrit un tweet.

   b. Pour l'aider, une internaute a :
   ❏ publié l'affiche.
   ❏ partagé le tweet.

   c. Sur les réseaux sociaux, le tweet :
   ❏ est passé inaperçu.
   ❏ a été relayé.

   d. Depuis ce tweet, Gérard :
   ❏ a retrouvé son téléphone.
   ❏ subit de mauvaises plaisanteries.

b Numérotez ces phrases dans l'ordre chronologique.

   a. Gérard perd son téléphone. ➔ n°..........
   b. Il prend le métro. ➔ n°..........
   c. Il colle des affiches. ➔ n°..........
   d. Son histoire est partagée sur les réseaux sociaux. ➔ n°..........

c Relevez les mots et les expressions qui permettent de raconter une histoire.

....
....
....
....

S'exercer

2. Retrouvez les noms de la nouveauté et du changement liés aux verbes soulignés.

   a. Le smartphone <u>est entré</u> dans notre univers. ➔ ....
   b. L'iPhone d'Apple <u>est né</u> en 2007. ➔ ....
   c. Le mot <u>est apparu</u> quelques années plus tôt. ➔ ....
   d. Le « téléphone intelligent » a tout <u>changé</u>. ➔ ....
   e. Voici donc le premier smartphone qui <u>sort</u> en 2002. ➔ ....

UNITÉ 6

3. Retrouvez les mots des médias correspondant à ces définitions.

a. transmettre une information : ....

b. la presse, le cinéma, la radio et la télévision : ....

c. un bulletin d'informations : ....

d. transmettre par la radio ou la télévision : ....

e. support qui projette des images : ....

4. ▶78| Prononciation identique ou différente ? Écoutez ces phrases déclaratives et exclamatives et cochez ce que vous entendez.

	a.	b.	c.	d.	e.
=					
≠					

5. ▶79| Phrases déclaratives ou exclamatives ? Écoutez et complétez avec « . » ou avec « ! ».

a. Les jeunes sont accros aux écrans….
b. Un nouveau smartphone vient de sortir….
c. Les manifestants sont nombreux dans les rues….
d. Les syndicats ont appelé à la grève….
e. Ce film est exceptionnel….

6. ▶80| Écoutez et retrouvez la nominalisation des verbes suivants.

a. diffuser : ....
b. paraître : ....
c. changer : ....
d. sortir : ....
e. apparaître : ....

7. Travaillez la nominalisation : retrouvez les verbes correspondant aux noms soulignés.

a. Grand succès pour le lancement de la marque *Design*. ➔ ....

b. Diffusion en avant-première du dernier film de Xavier Dolan. ➔ ....

c. Des chercheurs ont mis en évidence des changements génétiques. ➔ ....

d. La France contre la réforme des retraites. ➔ ....

e. Les manifestations continuent au Liban. ➔ ....

8. Complétez la grille avec le lexique des médias.

1. Vous suivez l' … ?
2. C'est un journal … .
3. Tu as lu ce fait … ?
4. C'est passé aux … hier soir.
5. Ils diffusent le match en … .

Produire

9. Faites des recherches sur Internet et racontez l'histoire de l'ordinateur avec cinq dates-clefs. Enregistrez-vous !

10. Vous travaillez dans la presse People. Imaginez la une du magazine avec trois personnalités et trois anecdotes. Utilisez la nominalisation !

Mémoriser : Raconter une histoire

11. Associez les expressions synonymes.

à partir de maintenant, • • aujourd'hui
de nos jours, • • depuis
ça fait… • • désormais

12. Complétez les phrases.

Aujourd'hui, ...
Depuis 10 ans, ...
Désormais, ...

SITUATION 3 — Exprimer un intérêt

Comprendre

1. ▶81 | **Écoutez et répondez aux questions.**

a. Les critiques des spectateurs sont :
❏ positives. ❏ négatives. ❏ mitigées.

b. Qu'est-ce que le film de Marie Pergame a remporté ?
....

c. Que signifie l'adjectif « excellentissime » ?
....

d. Écrivez la phrase à la **forme passive** que vous entendez.
....
....

S'exercer

2. ⓐ Associez les adjectifs pour exprimer une critique à leur synonyme.

génial • • inventif
émouvant • • extraordinaire
joyeux • • honnête
créatif • • gai
sincère • • touchant

ⓑ Rédigez une petite critique de film en utilisant trois de ces adjectifs.

....
....
....
....
....

3. Soulignez la bonne nuance de couleur.

a. Un pull couleur vert *pomme / herbe / arbre*.

b. Un costume rose *sucette / bonbon / fleur*.

c. Un chapeau jaune *œuf / poussin / soleil*.

d. Un décor rouge *baiser / Noël / vernis*.

e. Des accessoires noirs *nuit / taureau / corbeau*.

UNITÉ 6

4. ▶82 | **Forme active** ou **forme passive** ? Écoutez et cochez ce que vous entendez.

	Forme active	Forme passive
a.	☐	☐
b.	☐	☐
c.	☐	☐
d.	☐	☐
e.	☐	☐

5. Transformez à la **forme passive**.

a. J. J. Adams a réalisé le dernier *Star Wars*.
....
....

b. Georges Lucas a créé la saga *Star Wars*.
....
....

c. Adam Driver joue le rôle de Benjamin.
....
....

d. Les spectateurs attendent la sortie du film.
....
....

e. Les journalistes écrivent beaucoup d'articles.
....
....

6. ▶83 | **Question** ou **exclamation** ? Écoutez et cochez ce que vous entendez.

a. ☐ C'était nul ?   ☐ C'était nul !
b. ☐ C'était si beau ?   ☐ C'était si beau !
c. ☐ C'était trop long ?   ☐ C'était trop long !
d. ☐ C'était bien ?   ☐ C'était bien !
e. ☐ C'était coloré ?   ☐ C'était coloré !

7. ▶84 | **Question** ou **exclamation** ? Écoutez et cochez ce que vous entendez.

	a.	b.	c.	d.	e.
question					
exclamation					

8. DONNER

a Associez ces expressions synonymes.

donner envie / le goût • • mettre au monde
donner le jour • • mettre tout en œuvre
tout donner • • faire son maximum
donner les moyens • • susciter l'intérêt

b Complétez avec les expressions suivantes.

donné envie | donné le jour | tout donné | donné le goût | donné les moyens

a. Les acteurs ont .... pour cette représentation.
b. Ils ont .... à cette belle petite fille en janvier.
c. Ce livre m'a .... de lire tous les romans de cet auteur.
d. Il s'est .... de réussir son examen.
e. Ce professeur lui a .... de la géographie.

Produire

9. Vous êtes critique de théâtre à la radio. Donnez votre avis sur la dernière pièce que vous avez vue en **exprimant vos critiques positives et négatives**. Enregistrez-vous !

10. Vous travaillez pour le Festival de Cannes et vous êtes chargé(e) de décrire les films en compétition. Rédigez un court descriptif de trois films en utilisant **la forme passive** (150 mots).

Mémoriser : Les spectacles

11. Complétez les familles de mots.

a. applaudir ➜ des applaud............
b. ovationner ➜ une ovat............
c. un costume ➜ un bal costum............
d. une scène ➜ une présence scén............
e. un décor de théâtre ➜ une décor............ d'intérieur

LA FABRIQUE DES MOTS

J'agis

a Je trouve des mots en lien avec l'actualité qui riment avec les mots suivants.

vérité ➔ ....
événement ➔ ....
partage ➔ ....
cadeau ➔ ....

b Je crée des slogans sur l'actualité et les médias avec les mots trouvés.
Exemple : L'actualité n'est pas la vérité !

....
....
....

Je coopère

a Replacez les mots suivants dans les bonnes colonnes.

le texte | le scénario | la réalisation | la mise en scène | le jeu des acteurs | le jeu des comédiens | les personnages | le décor | les costumes | la musique | la bande son

Spectacle	Film	Spectacle et film
....	....	....
....	....	....
....	....	....

b Comparez vos réponses avec celles de votre voisin(e).

c À deux, choisissez trois éléments et trouvez un adjectif pour les décrire.

....
....
....

J'apprends

a Écrivez deux phrases de la page 103 du livre élève pour chaque situation.

➔ Vous avez une nouvelle importante à annoncer.

....
....

➔ On vous demande comment ça va, mais vous n'avez pas de nouvelle à annoncer.

....
....

b Complétez la chaîne de mots.

savoir = c.................. = être informé(e)
= être au c.................. = être au jus (*familier*)

c Complétez les phrases avec le bon verbe : *passer* ou *se passer*.

Qu'est-ce qui va .... demain ?
Ça vient de .... aux infos !

Stratégie
Quand vous notez un verbe pour le mémoriser, pensez à écrire toutes les constructions que vous connaissez !

Je produis

Entraînez-vous à présenter un fait d'actualité.
Le sujet : Choisissez un sujet d'actualité. Rédigez une partie informative avec les faits. Associez chaque fait à un mime, une musique ou une image. Trouvez un titre accrocheur.
Durée : 2 minutes

Stratégie
Pour organiser votre présentation : réalisez le schéma de votre narration, sous la forme d'un storyboard.
Enregistrez-vous et faites votre montage !

LA FABRIQUE DES TEXTES

✓ J'agis

a **Lisez ces réactions. Soulignez celles qui expriment une protestation.**
- C'est un scandale ! Le Premier ministre ne devrait pas démissionner.
- Je me demande qui va s'abonner à ce réseau social...
- Vous plaisantez ? C'est la pire nouvelle que j'ai jamais entendue !
- C'est pas normal ! On devrait interdire les applis de ce genre !
- Le manque de réactivité de notre gouvernement m'inquiète.
- Cette situation est inacceptable : le président devrait réagir au plus vite.

b **Réagissez à cette phrase en protestant :**
« Une pétition européenne pour interdire les pesticides a été refusée. »

c **Trouvez trois raisons pour justifier votre réaction.**

....
....
....
....
....

✓ J'apprends

a **Classez ces expressions dans le tableau en fonction de leur sens.**

ainsi · c'est-à-dire · en d'autres termes, · en effet, · preuve en est · comme · de fait · notamment · par exemple,

reformuler	donner un exemple	donner une preuve
....	....	....
....	....	....
....	....	....

b « Smartphone : un jeune sur quatre présente des signes de dépendance. » **Expliquez la phrase avec les informations suivantes.**
- 23 % des jeunes entretiennent une relation problématique avec leur smartphone.
- La nomophobie est le nom qui désigne la peur d'être séparé de son téléphone.
- Quand ils sont éloignés de leur téléphone, les jeunes sont paniqués et anxieux.
- On note une baisse des inscriptions aux activités sportives.
- Une étude révèle que la dépendance au smartphone est comparable à une véritable addiction.

Choisissez un connecteur pour chaque information : est-ce qu'elle permet de reformuler, de donner un exemple ou une preuve ?

....
....
....
....
....
....
....
....

✓ Je produis

a **Réfléchissez à d'autres faits pour expliquer le phénomène d'addiction des jeunes au smartphone.**

b **Rédigez un texte de 160 mots pour donner votre opinion sur l'addiction des jeunes au smartphone. Appuyez votre opinion en expliquant les faits de manière détaillée.**

Pour expliquer une idée
➡ Aidez-vous de l'exemple donné page 192, dans le livre élève.

Bilan

LINGUISTIQUE

GRAMMAIRE

1 Retrouvez les noms de la même famille que les verbes suivants.

a. arrêter : une ....

b. commencer : un ....

c. lancer : un ....

d. parier : un ....

e. débuter : un ....

2 Complétez ces phrases avec le nom correspondant au verbe entre parenthèses.

a. .... du journal à 20 heures. (diffuser)

b. .... du premier smartphone en 2002. (sortir)

c. .... des jeunes aux réseaux sociaux. (dépendre)

d. .... de la loi à l'unanimité. (voter)

e. .... du nouveau président par les électeurs. (ovationner)

3 Transformez à la forme active.

a. Le président a été élu à la majorité.

→ ....

b. Le journal est regardé par beaucoup de téléspectateurs.

→ ....

c. Le concert a été applaudi par les spectateurs.

→ ....

d. Les téléphones intelligents ont été créés au XXe siècle.

→ ....

e. Le film a été nommé au Festival international du film de Toronto.

→ ....

4 Transformez à la forme passive.

a. L'Union européenne a lancé un projet écologique.

→ ....

b. Le gouvernement a mis en place une nouvelle loi.

→ ....

c. La police a arrêté un groupe de cambrioleurs.

→ ....

d. Les visiteurs ont plébiscité la nouvelle exposition du Louvre Abu Dhabi.

→ ....

e. La presse a félicité le nouveau film de Xavier Dolan.

→ ....

UNITÉ 6

LEXIQUE

1 Retrouvez les mots à partir de ces synonymes (=) ou antonymes (≠).

a. un JT = ...
b. une actu = ...
c. la rubrique des chiens écrasés = la rubrique des ....
d. diffusé en direct ≠ ....
e. une information ancienne ≠ ....

2 Complétez avec les mots de la nouveauté et du changement.

a. Avec le smartphone, on observe un .... de nos modes de communication.
b. Le .... de ce nouveau produit est très attendu.
c. On note une grande .... de l'outil numérique.
d. Cette .... est signée par l'artiste Anne Weber.
e. À son ...., le footballer a été accueilli par une ovation.

3 Retrouvez les mots liés aux spectacles à partir des définitions.

a. frapper des mains = ...
b. tenue de spectacle = ...
c. choix des éléments qui composent un spectacle (décors, jeu des comédiens…) = ...
d. bande de musiciens = ...
e. spectacle enregistré sur scène = ...

4 ▶85| Écoutez ces dialogues et écrivez les expressions avec *lancer* et *donner*.

a. ....
b. ....
c. ....
d. ....
e. ....

PHONÉTIQUE

1 ▶86| Phrase déclarative ou exclamative ? Écoutez et notez « . » ou « ! ».

a. J'ai eu des nouvelles de Dakar…
b. C'est un fait divers insolite…
c. Ce reportage parle de politique…
d. Le président est arrivé hier en Côte d'Ivoire…
e. On a créé un nouvel objet connecté…

2 ▶87| Phrase exclamative ou interrogative ? Écoutez et cochez ce que vous entendez.

a. ❏ C'est une expo-photo !   ❏ C'est une expo-photo ?
b. ❏ C'est une pièce moderne !   ❏ C'est une pièce moderne ?
c. ❏ C'est un film magnifique !   ❏ C'est un film magnifique ?
d. ❏ C'est un concert de rock !   ❏ C'est un concert de rock ?
e. ❏ C'est un opéra-comique !   ❏ C'est un opéra-comique ?

3 ▶88| Phrase déclarative, exclamative ou interrogative ? Écoutez et cochez.

	a.	b.	c.	d.	e.
déclarative	❏	❏	❏	❏	❏
exclamative	❏	❏	❏	❏	❏
interrogative	❏	❏	❏	❏	❏

PRÉPARATION au DELF

Compréhension des écrits

15 points

Vous lisez cet article dans la presse française. Répondez aux questions en cochant ☑ la bonne réponse.

La confiance des Français dans les médias est-elle à son plus bas historique ?

D'après un rapport réalisé par l'institut Reuters, seulement 24 % des Français font confiance à l'information livrée par les médias. Soit 11 % de moins que l'année dernière.

Le rapport annuel de l'institut Reuters pour le journalisme indique effectivement que seuls 24 % des Français interrogés indiquent faire confiance aux médias (TV, presse papier et en ligne). C'est le score le plus bas jamais enregistré dans cette enquête lancée en avril 2012 dans cinq pays différents (Royaume-Uni, Allemagne, France, États-Unis et Danemark). Quand l'étude a commencé à mesurer la confiance en 2015, le taux s'élevait à 38 % pour la France.

Publiée fin janvier avec le cabinet d'études YouGov, l'étude de 2019 résulte d'un travail d'enquête mené auprès de 75 000 personnes dans 38 pays différents (soit 2 000 personnes environ par pays). En tête des médias les plus critiqués par les Français, on retrouve BFM-TV avec une cote de confiance de 4,94 sur 10, selon le rapport de l'institut Reuters, qui note aussi qu'elle est la chaîne d'info la plus regardée. *Libé* est à 5,75, *Médiapart* à 5,94, et *Le Monde* - en tête - à 6,36. Quinze médias ont été proposés au vote des sondés.

Une autre enquête, réalisée par Kantar Sofres pour *La Croix*, confirme la dégradation de la confiance des Français dans leurs médias […] Ainsi, seuls 44 % des Français interrogés considèrent que « *les choses se sont passées vraiment ou à peu près comme les journaux les racontent* ». Ils sont 50 % à le dire pour les radios, 38 % pour la TV et seulement 25 % pour l'information sur Internet […]

En revanche, aucune des deux études ne cite la « déconnexion des journalistes » par rapport au quotidien des Français, ou la concentration de la propriété des médias comme causes possibles à la défiance. Deux raisons pourtant avancées par de nombreux journalistes interrogés récemment par *Libération* au sujet de la crise de confiance vis-à-vis des médias hexagonaux.

Service Checknews, liberation.fr, 26/06/2019.

1. L'article parle : 3 points
- ❏ de l'actualité comme cause de stress chez les Français.
- ❏ du manque de confiance des Français dans les médias.
- ❏ de l'augmentation des infox dans la presse française.

2. Selon le rapport de l'institut Reuters : 2 points
- ❏ un quart des Français fait confiance aux médias.
- ❏ la moitié des Français fait confiance aux médias.
- ❏ les trois quarts des Français font confiance aux médias.

3. Par rapport à 2012, la confiance des Français dans les médias : 2 points
- ❏ a augmenté.
- ❏ a stagné.
- ❏ a diminué.

UNITÉ 6

4. Cette enquête a été réalisée auprès de : ⟶ 2 points
- ❏ 2 000 personnes dans 38 pays.
- ❏ 75 000 personnes par pays.
- ❏ 75 000 personnes de 38 pays.

5. D'après cette étude, BFMTV, *Libération* et *Médiapart* sont les médias : ⟶ 2 points
- ❏ les plus consultés par les Français.
- ❏ les plus sérieux pour les Français.
- ❏ les moins sérieux pour les Français.

6. D'après l'enquête de Kantar Sofres, les Français ont plus confiance : ⟶ 2 points
- ❏ dans la radio.
- ❏ dans la télévision.
- ❏ dans Internet.

7. Les Français pensent que les journalistes sont déconnectés de la vie réelle. ⟶ 2 points
- ❏ Vrai
- ❏ Faux

Production orale ⟶ 15 points

▶ PARTIE 1 — Entretien dirigé

Vous vous présentez à l'examinateur. Vous parlez des moyens que vous utilisez pour suivre l'actualité.

▶ PARTIE 2 — Exercice en interaction

Vous êtes en France et vous demandez à votre ami(e) de vous accompagner à un spectacle, mais il / elle ne veut pas. Vous essayez de le / la convaincre en lui parlant des critiques positives que vous avez lues. L'examinateur joue le rôle de l'ami(e) français(e).

▶ PARTIE 3 — Expression d'un point de vue

Présentez le thème soulevé par le document ci-dessous. Donnez votre avis sous la forme d'un petit exposé de trois minutes environ. L'examinateur pourra vous poser quelques questions.

> **Quand « presse » rime avec « stress »**
>
> Suivre l'actualité peut être une source de stress. Pour se protéger, il faut prendre conscience de la manière dont les informations modifient négativement notre humeur et faire des pauses.
>
> Grâce au journal papier, à la télévision, à la radio et à Internet, se tenir au courant est devenu une habitude. La plupart d'entre nous considère qu'il est important de connaître et d'analyser ce qui se passe dans le monde. Mais quand cette habitude engendre du stress, des angoisses et des insomnies, il faut remettre en cause la manière dont nous nous informons. Un adulte sur dix regarde l'actualité une fois par heure, voire constamment avec les réseaux sociaux. Ce sont ces changements de rythme et d'exposition aux informations qui peut poser problème.

SITUATION 1 — Imaginer le futur et l'impossible

Comprendre

Conférence 2020
LES ROBOTS, NOS AMIS ?

Présentation de la conférence d'Emmanuel Cardon, spécialiste des nouvelles technologies en marge de l'exposition « Robots ».

Vous vous demandez comment se déplacer plus vite ? Comment avoir plus de services sans exploiter personne ? Comment faciliter la vie des personnes âgées ? Grâce à la robotique ! Elle devrait avoir de plus en plus d'impact dans nos vies.

Drones, exosquelettes*, humanoïdes, les scientifiques – qu'ils soient spécialisés en mécanique ou en intelligence artificielle – sont en train d'innover en créant des prototypes pour résoudre certains problèmes actuels. Car si nous voulons que des machines nous aident un jour, nous devons imaginer des solutions dès maintenant. Mais de nombreux obstacles doivent encore être surmontés. Si l'on veut que les robots se déplacent facilement et nous comprennent mieux, la technologie a encore beaucoup de progrès à faire. Alors il n'est pas trop tôt pour imaginer l'avenir !

La conférence d'Emmanuel Cardon s'adresse à tous les curieux pour qui les robots ne sont pas simplement de la science-fiction. Vous pourrez ensuite débattre avec lui au sujet des risques possibles – moins d'emplois disponibles, moins de communication entre les personnes, plus de dépendance envers les nouvelles technologies – ou des chances qui se dessinent. Car si nous pouvions nous passer des emplois les plus fatigants, si nous n'étions plus obligés de prendre des risques inutiles ou encore si nous pouvions briser l'isolement des personnes seules, cela ne serait-il pas un réel progrès ?

* squelette externe, qui supporte et protège son porteur

1. Cochez.

a. À qui est destinée cette conférence ?
☐ À des scientifiques.
☐ Aux visiteurs de l'exposition « Robots ».
☐ À toutes les personnes intéressées par la robotique.

b. Quel est le sujet de la conférence ?
☐ L'histoire des robots.
☐ Les risques et les opportunités de la robotique.
☐ Le fonctionnement d'un robot.

2. Citez trois inconvénients et trois avantages liés à la robotique.

Inconvénients :
....
....
....

Avantages :
....
....
....

S'exercer

3. Trouvez le nom de chaque innovation et associez-la à l'image qui correspond.

①

a. Objet qui permet de transporter des personnes ou des objets par les airs.
= .... → image n° ....

b. Structure qui permet de marcher sans effort.
= .... → image n° ....

c. Système donnant la possibilité aux machines de communiquer avec nous.
= .... → image n° ....

d. Forme humaine donnée aux robots.
= .... → image n° ....

UNITÉ 7

4. ▶89 | Écoutez ces phrases et dites s'il s'agit d'un risque ou d'un bienfait.

	Risque	Bienfait
Phrase a.	☐	☐
Phrase b.	☐	☐
Phrase c.	☐	☐
Phrase d.	☐	☐
Phrase e.	☐	☐

5. ▶90 | L'enchaînement vocalique : écoutez. Vous entendez combien de syllabes ?

3 syllabes	4 syllabes	5 syllabes

6. ▶91 | Écoutez et notez les enchaînements vocaliques.
   a. C'est un réacteur nucléaire.
   b. J'anime une séance sur les outils numériques.
   c. Je réapprends la robotique.
   d. Cet obstacle a réapparu.
   e. C'est une expérience réaliste.

7. Complétez les réactions de ces internautes en conjuguant les verbes au présent, à l'imparfait ou au conditionnel.

> **AurelOne** @AurelOne
> Je .... (venir) de voir mon premier objet volant non identifié ! On .... (croire) un film de James Bond ! À quand la voiture volante ? Si elle .... (sortir) bientôt, je veux faire un tour avec !

> **Lise B.** @liseB
> Et moi qui me fatigue à aller au boulot à pied tous les jours ! Où est-ce que je .... (pouvoir) acheter un flyboard @Franky ? J'............... (adorer) aller à mes RDV avec cet engin. Si je pouvais avoir la combinaison aussi, ce .... (être) trop classe ! Merci Franky de nous faire rêver !

8. Complétez les conditions suivantes avec le temps ou mode qui convient.
   a. Je serai prêt à vivre avec un robot à une condition : s'il .... (pouvoir) me parler.
   b. Si demain on pouvait voler grâce à Franky Zapata, ce .... (être) formidable.
   c. .... (se lancer) si tu as une idée innovante !
   d. Il .... (falloir) encore surmonter beaucoup d'obstacles si l'on veut des robots autonomes.
   e. Si tout se passe comme prévu, dans un mois nous .... (finir) ce prototype.

9. PASSER

   a ▶92 | Écoutez. Soulignez le mot que vous n'avez pas entendu avec le verbe *passer*.
   le temps | le permis | la main | le sel | le vent | un savon

   b Complétez chaque expression avec un des mots ci-dessus.
   a. rester un moment = passer ....
   b. transmettre = passer ....
   c. se mettre en colère contre quelqu'un = passer ....
   d. réussir son examen de conduite = passer ....
   e. donner un ingrédient à quelqu'un = passer ....

Produire

10. Vous avez fait un rêve la nuit dernière après avoir vu un film de science-fiction. Qu'avez-vous imaginé d'impossible ? Racontez et enregistrez votre récit !

11. Votre ami(e) veut acheter un petit robot de compagnie à ses grands-parents. Écrivez-lui un message de 100 mots environ sous forme de conditions avec *si* pour le / la faire réfléchir aux conséquences de ce choix.

Mémoriser : L'innovation

12. Complétez.
   a. nouveau → novat.......... → innov.......... → une innovat..........
   b. un robot → la robot.......... → roboti..........
   c. la science → un scientif.......... → la science-fict..........
   d. imaginer → imagin.......... → l'imaginat.......... → une ima ....

Situation 2 — Proposer une idée folle

Comprendre

1. ▶93 | Écoutez et répondez.

a Présentez Yannick et son projet.
....
....
....
....

b Quelles **idées folles propose-t-il** dans cette interview ?
....
....
....

c Qu'exprime la journaliste en écoutant Yannick ?
❑ Elle doute.   ❑ Elle est impressionnée.   ❑ Elle rit.   ❑ Elle est troublée.

S'exercer

2. À partir de ces définitions, retrouvez des mots liés à l'**innovation** dans le document précédent.

a. .... = qui prend des décisions seul.
b. .... = éléments du fonctionnement d'un objet.
c. .... = action qui permet de contrôler la qualité ou les défauts d'un objet.
d. .... = qui est transporté.
e. .... = technologie qui simule la présence physique.

3. Dans le document audio précédent, retrouvez les mots formés avec le **préfixe *auto-*** qui correspondent à ces images.

a. .... b. .... c. .... d. ....

4. Associez les éléments pour former des phrases. Précisez si elles relèvent de la **condition** ou de l'**hypothèse**.

			Condition	Hypothèse
a. Si tu voyageais dans l'espace,	• on pourra se déplacer plus vite.	**Phrase a.**	❑	❑
b. Si tu crées cet engin,	• tu y arriverais.	**Phrase b.**	❑	❑
c. Si on invente une voiture volante,	• où irais-tu ?	**Phrase c.**	❑	❑
d. Si tu voulais vraiment,	• tu deviendras connu.	**Phrase d.**	❑	❑
e. Si tu veux être autonome,	• débrouille-toi seul !	**Phrase e.**	❑	❑

UNITÉ 7

5. Remplacez la condition par l'hypothèse comme dans l'exemple.
Exemple : Achèterez-vous une voiture autonome si elle est assez sûre ? → Achèteriez-vous une voiture autonome si elle était assez sûre ?

a. Si je peux, je créerai un drone à énergie solaire.
→ ....

b. Voyager en train magnétique sera fabuleux si ce n'est pas cher.
→ ....

c. Cours-y si c'est ta chance d'y participer !
→ ....

d. Tu m'accompagneras à cette formation si j'y vais ?
→ ....

e. Si nous avons un robot à la maison, nous pourrons nous reposer plus.
→ ....

6. Lisez et notez les enchaînements vocaliques.

a. C'est un véhicule spatial.
b. J'étudie la zoologie.
c. C'est un néologisme.
d. Ces espèces cohabitent.
e. Il est océanologue.

7. ▶94 | Écoutez et répétez en respectant les enchaînements vocaliques.

a. Il boit trop de caféine.
b. Il désobéit à son chef.
c. Il réagit à l'apesanteur.
d. C'est un robot humanoïde.
e. Il coordonne le projet.

8. ▶95 | Écoutez ces personnes et dites à quelle image correspond leur intervention à propos des nouvelles technologies en complétant le mot représenté.

Audio n° ....
I_ _ _L_ _ _ _ _ _ _   A_ _ _F_ _ _ _ _ _ _

Audio n° ....
O_T_ _ _   D_ _ _ _ _ _ _ X

Audio n° ....
H_ _ _ _O_ _ _

Audio n° ....
H_ _ _R_ _ _ _ _ _ _ _ _

Audio n° ....
A_ _ N _ _

Produire

9. Vous voulez proposer à Franky Zapata un nouveau moyen de transport révolutionnaire. Expliquez son fonctionnement et ses avantages. Enregistrez votre présentation. Soyez convaincant !

10. Les extraterrestres existent-ils vraiment ? Vous écrivez à un(e) ami(e) pour lui proposer d'établir un contact avec eux. Rédigez votre message en 160 mots. Organisez votre travail en soulignant les effets positifs et les risques possibles.

Mémoriser : Les risques

11. Soulignez le bon mot.

a. Il est toujours sur son téléphone ! Il est *hyperconnecté / hyperconnexion*.
b. Ce projet me pose beaucoup de *problématiques / problèmes*.
c. Ce serait une vraie *révolte / révolution* d'avoir un robot à la maison.
d. Nous serions trop *soumission / soumis* aux nouvelles technologies.

SITUATION 3 — Caractériser une formation et une tendance

Comprendre

1. ▶96 | **Écoutez et répondez.**

a **Vrai ou faux ? Cochez.**

	Vrai	Faux
a. La personne a participé à une formation sur la gestion du temps libre.	☐	☐
b. Un des conseils du formateur était de s'endormir en regardant ses mails.	☐	☐
c. Le formateur était très stressant.	☐	☐
d. Durant cette formation, elle a échangé avec des gens qui ont les mêmes difficultés.	☐	☐
e. Maintenant, elle pense à se reconvertir.	☐	☐

b Écoutez à nouveau et écrivez les termes liés au lexique de la **transformation** que l'on entend vers la fin du document.

....

....

S'exercer

2. a D'après ce témoignage, retrouvez les **expressions** correspondant aux définitions suivantes.

a. être bien dans son environnement = ...
b. se faire du souci = ...
c. travailler = ...
d. se lever tard = ...
e. se lancer dans un projet = ...

b Associez chaque émotion à l'**expression** qui correspond.

la surprise • l'inquiétude • être perdu • le courage

se faire des cheveux blancs • ne plus savoir où donner de la tête • ne pas en croire ses yeux • reprendre sa vie en main

3. À partir de ces définitions, retrouvez des mots ou expressions pour **caractériser une formation**.

a. .... = une personne qui anime une formation.
b. .... = partager des connaissances.
c. .... = une formation à laquelle on participe.
d. .... = des activités pendant la formation.
e. .... = le fait de choisir une nouvelle activité professionnelle.

UNITÉ 7

4. Complétez ces phrases avec les bons pronoms relatifs composés et prépositions.

a. Le formateur a su nous donner des conseils .... je me sens mieux.

b. Être dans un espace de travail .... je bosse de manière détendue.

c. Une vraie pause à midi .... je souffle et me change les idées.

d. Ces personnes .... on est heureux.

e. C'est en tout cas une évolution .... on ne peut qu'adhérer.

5. Transformez la phrase pour éviter la répétition. Utilisez un pronom relatif composé.

a. J'ai participé à une super formation. Grâce à cette formation j'ai pu créer cet outil.

b. L'avenir nous réserve des surprises. Il faut se préparer à ces surprises.

c. Le chercheur vient de proposer un nouveau prototype. Nous pourrons nous déplacer deux fois plus vite grâce à ce prototype.

d. La surcharge mentale est un vrai problème. Il est difficile de faire face à ce problème.

e. Imaginer l'impossible est positif pour avoir un avenir meilleur. Il faut que tout le monde trouve sa place dans cet avenir meilleur.

6. METTRE

a Entourez les préfixes qui peuvent s'associer au verbe *mettre*.

per-   trans-   sou-   par-   ad-   o-
re-   pour-   in-   sur-   ex-

b ▶97 | Écoutez et associez les phrases avec le verbe dérivé de *mettre* qui correspond.

Phrase a. • • admettre
Phrase b. • • transmettre
Phrase c. • • permettre
Phrase d. • • remettre
Phrase e. • • omettre

7. ▶98 | Écoutez. Cochez si vous entendez un enchaînement vocalique.

a. Ils suivent une formation intéressante. ☐
b. Elles préparent un atelier scientifique. ☐
c. Elle a créé une nouvelle machine. ☐
d. Il peut y avoir des effets indésirables. ☐
e. Ils ont fait évoluer cet outil. ☐

8. ▶99 | Écoutez et notez les enchaînements vocaliques.

a. C'est un robot autonome.
b. C'est une technologie innovante.
c. Ils ont innové avec ce nouveau projet.
d. Il ne faut pas imaginer le pire !
e. On est soumis à la gravité.

Produire

9. Vous êtes passionné(e) de tendances low-tech et vous tenez un vlog. Enregistrez une vidéo de deux minutes où vous caractérisez cette tendance et présentez un objet low-tech.

10. Vous souhaitez participer avec un(e) ami(e) à une formation de développement personnel pour prendre confiance, gérer votre stress et accepter vos émotions. Vous lui écrivez un mail de 150 mots pour lui préciser votre idée et le / la convaincre de son intérêt.

Mémoriser : Le changement

11. a Observez les mots suivants. Soulignez l'intrus.

diminution | évolution | augmentation | rupture | adaptation | réduction

b Quel suffixe indique un changement ou un phénomène en cours ? ....

LA FABRIQUE DES MOTS

✓ J'agis

a Je crée ma propre innovation à l'aide du lexique des nouvelles technologies et je lui trouve un nom composé lié à sa fonction : ....

b J'en précise trois avantages et trois inconvénients.

Avantages :
1. ....
2. ....
3. ....

Inconvénients :
1. ....
2. ....
3. ....

✓ Je coopère

a Vous voulez proposer une formation au reste de la classe. Notez ici sous forme de carte mentale le rôle du formateur, des stagiaires et l'objectif de votre formation.

b Vous voulez participer à la formation proposée par un membre de la classe, posez-lui des questions sur son programme.

✓ J'apprends

a Voici des faits. Choisissez-en un, faites une recherche et trouvez pourquoi :

- Le ciel est bleu.
- La mer est salée.
- Les éléphants ont une trompe.
- Le feu brûle.
- Il pleut.
- Les feuilles des arbres tombent.

b Glissez la bonne explication parmi deux réponses fausses que vous inventez.

1. ....
....
2. ....
....
3. ....
....

c Par petits groupes, présentez chacun(e) vos trois phrases. Les autres doivent deviner la réponse juste.

✓ Je produis

Entraînez-vous à parler de projets incroyables !

Le sujet : Vous avez visité une maison futuriste. Décrivez les idées incroyables que vous avez vues.

Durée : 1 minute

Stratégie

Utilisez le bon ton pour capter votre auditoire et soyez convaincant.

Enregistrez-vous et réécoutez-vous !

UNITÉ 7

LA FABRIQUE DES TEXTES

J'agis

a **Lisez cette phrase :** *Les robots remplaceront les humains.*
Complétez la phrase en ajoutant un complément correspondant à :
- Comment ? ....
- Pourquoi ? ....
- Quand ? ....
- Où ? ....

b **Écrivez votre phrase entière en faisant attention à l'ordre des compléments.**

....
....
....
....

c **Sélectionnez deux des connecteurs suivants. Utilisez-les ensuite pour ajouter deux exemples qui préciseront votre phrase.**
- En effet
- À vrai dire
- En fait
- C'est-à-dire
- Ainsi
- Notamment
- Plus précisément
- Je veux dire par là que
- Autrement dit

Exemple 1 : ....
....
....

Exemple 2 : ....
....
....

J'apprends

a **Voici une liste d'articulateurs. Entourez les cinq qui expriment la condition.**
- parce que
- si
- donc
- au cas où
- c'est pourquoi
- d'abord
- cependant
- à condition que
- dans l'hypothèse où
- comme
- en supposant que
- même si

c **Classez par ordre de probabilité vos exemples du plus probable au plus impossible.**

.... › .... › .... › .... › ....

b **Précisez pour chacun des cinqs articulateurs s'ils sont suivis de l'indicatif, du conditionnel ou du subjonctif et écrivez un exemple.**

Exemples :

a. .... + ... → ....
b. .... + ... → ....
c. .... + ... → ....
d. .... + ... → ....
e. .... + ... → ....

Je produis

a **Voici le sujet suivant :** *L'innovation nous promet un avenir meilleur.*
Trouvez trois exemples qui le justifient et trois qui l'invalident.

b **Rédigez un texte de 160 mots pour répondre à l'opinion « L'innovation nous promet un avenir meilleur ». Pensez à contextualiser vos idées pour les rendre plus convaincantes !**

quatre-vingt-cinq **85**

Bilan LINGUISTIQUE

GRAMMAIRE

1 Associez les éléments pour former des phrases.

Un robot serait pratique • • nous serions encore dans des cavernes.
Si on veut accélérer les déplacements, • • si tu veux te simplifier la vie.
Construis ta propre machine. • • si on voulait travailler moins.
Sans la technologie, • • je serais très heureuse.
Si tu venais, • • il faut créer de nouveaux moyens de transports.

2 Complétez ces phrases en conjuguant les verbes au bon mode.

a. Ça .... (être) vraiment génial si on .... (pouvoir) se téléporter directement chez soi.

b. Si tu .... (arriver) avant moi, ... (m'écrire) !

c. Nous .... (devoir) nous former plus à la technologie.

d. Si tu .... (acheter) une voiture hybride, tu .... (faire) des économies.

e. Si tu .... (être) né 100 ans plus tard, tu .... (avoir) sûrement pu voyager sur Mars.

3 Complétez avec le pronom relatif composé qui correspond.

a. C'est une entreprise dans *laquelle / lequel* j'adorerais travailler.
b. Mon balcon est super, c'est le seul endroit dans *lesquels / lequel* je peux vraiment me ressourcer.
c. Ce sont deux projets *auquel / auxquels* j'ai commencé à réfléchir.
d. Je pense que le soleil est bien la chose sans *lequel / laquelle* je ne pourrais pas vivre.
e. La robotique et l'intelligence artificielle sont des domaines sur *lesquels / lesquelles* il a beaucoup écrit.

4 Complétez avec le pronom relatif composé qui convient et une préposition, si besoin.

a. C'est exactement ce genre d'innovation .... je lutte.
b. On devrait créer un robot .... on pourrait ne plus faire le ménage.
c. J'ai hâte de voir en vrai le drone .... tu t'es tellement investi.
d. J'aimerais te parler des formations .... j'ai participé.
e. Je te présente les fondateurs .... j'ai pensé pour la conférence.

LEXIQUE

1 Soulignez l'intrus.

a. machine | engin | drone | prototype | scientifique
b. laboratoire | prototype | vendre | scientifique | créer
c. surmonter | se plaindre | s'adapter | résoudre | innover
d. se former | apprendre | s'améliorer | transmettre | acquérir
e. réduire | diminuer | se raréfier | augmenter | baisser

UNITÉ 7

2 Complétez avec les mots suivants.

robots | changements | avenir | connectés | formation | innovantes | évolution

Personne ne sait vraiment ce qui se passera à l'........................ . Certains sont inquiets, d'autres voient cela comme une chance. Être assisté par des ...., se déplacer en taxi-drone, l'important est surtout d'avoir l'opportunité de comprendre que ces .... sont une .... avec laquelle nous devons vivre. Tout le monde devrait donc pouvoir suivre une .... pour que les technologies .... restent accessibles à tous et ne fassent pas peur. Et qui sait, se mettre à fabriquer soi-même les objets .... de demain !

3 Choisissez le verbe qui convient. Conjuguez-le si besoin.

être soumis | imaginer le pire | impacter | se plaindre | être surchargé

a. De plus en plus de jeunes .... en pensant à l'avenir.

b. Le manque de sommeil .... la créativité.

c. Aujourd'hui, on .... de moins en moins de la fatigue physique mais plutôt de la surcharge mentale.

d. .... aux écrans est nocif pour le développement du cerveau de l'enfant.

e. L'hyperconnexion crée un sentiment négatif qui donne l'impression d'........................ .

4 Complétez avec le verbe (se) passer ou le verbe mettre et ses dérivés. Conjuguez-les quand nécessaire.

a. Il est important de .... les savoirs.

b. On ne sait pas ce qui .... dans 50 ans.

c. Il faut .... à tous de profiter des progrès scientifiques.

d. Franky Zapata est .... au-dessus de la Manche.

e. Je ne peux pas te .... que ça marchera.

PHONÉTIQUE

1 ▶100 | Écoutez. Entendez-vous un enchaînement vocalique ?

a. Il y a eu un ralentissement important. ❑ Oui ❑ Non
b. Ils écrivent un scénario futuriste. ❑ Oui ❑ Non
c. J'ai appris à diriger un robot. ❑ Oui ❑ Non
d. J'ai aimé me servir de cette machine. ❑ Oui ❑ Non
e. J'aime me servir de cette machine. ❑ Oui ❑ Non

2 ▶101 | Écoutez et notez les enchaînements vocaliques.

a. C'est une orientation envisageable.
b. C'est une évolution historique.
c. C'est un atelier intéressant.
d. C'est une formation incroyable.
e. C'est un progrès inimaginable.

PRÉPARATION au DELF

Compréhension de l'oral   15 points

Répondez aux questions en cochant ☑ la bonne réponse.

Exercice 1   7 points

▶ 102 | **Lisez les questions, écoutez le document puis cochez la bonne réponse.**

1. Qu'est-ce que Clothilde va fêter ?   1 point
- ❏ Son diplôme.
- ❏ Son anniversaire.
- ❏ Son mariage.

2. Qu'a-t-elle trouvé pour le fêter ?   1 point
- ❏ Une annonce de projet humanitaire.
- ❏ Une annonce de projets informatiques.
- ❏ Une annonce de formation originale.

3. Pourquoi est-ce que Julien doute de ce type d'annonce ?   1 point
- ❏ Parce que ça doit être difficile et cher.
- ❏ Parce que ça doit être fatigant et ennuyant.
- ❏ Parce que ça doit être trop court et cher.

4. Qu'est-ce qui est utilisé lors de cette activité ?   1 point
- ❏ Des vieilles maisons à restaurer.
- ❏ Des vieux objets électroniques recyclés.
- ❏ Des ordinateurs neufs.

5. Quelle date est choisie pour l'organiser ?   1 point
- ❏ Le mardi.
- ❏ Le 12.
- ❏ Le 19.

6. Que voudrait construire Clothilde ?   1 point
- ❏ Une voiture volante.
- ❏ Un skateboard volant.
- ❏ Une soucoupe volante.

7. Qu'est-ce qui est inclus dans le prix ?   1 point
- ❏ L'hébergement et le couvert.
- ❏ Les ordinateurs et le transport.
- ❏ La nourriture et la piscine.

Exercice 2   8 points

▶ 103 | **Lisez les questions, écoutez le document puis cochez la bonne réponse.**

1. Que présente Pierre Bulon ?   1,5 point
- ❏ Un projet de laboratoire de recherche.
- ❏ Une formation en savoir-faire locaux.
- ❏ Un projet de ville autonome.

2. Qu'observait-il quand il était petit ?   1,5 point
- ❏ L'origine des produits achetés.
- ❏ La marque des produits.
- ❏ Le prix des produits.

3. Quels sont les deux domaines qu'il souhaite réunir ?   1,5 point
- ❏ L'intelligence artificielle et l'économie.
- ❏ Les nouvelles technologies et l'écologie.
- ❏ La formation et l'écologie.

4. Dans son projet, qu'est-ce qui est unique ?   1,5 point
- ❏ Tout est d'origine locale.
- ❏ Tout est biologique.
- ❏ Tout est naturel.

5. Qui participe ?   1 point
- ❏ Des ingénieurs et des agriculteurs.
- ❏ Des artisans et des maçons.
- ❏ Des ingénieurs et des artisans locaux.

6. Quel est le nom du dernier livre de Pierre Bulon ?   1 point
- ❏ *Et si nous réalisions nos rêves.*
- ❏ *Et si nous rêvions éveillés.*
- ❏ *Et si nous étions des rêveurs éveillés.*

# UNITÉ 7

Production écrite

15 points

Vous recevez ce mail de Léa, une amie française. Vous lui répondez dans un mail où vous lui racontez ce qui vous a plu dans cette formation et vous donnez votre opinion sur l'utilité d'une formation de ce type en lui donnant des exemples d'expériences diverses (160 mots).

À : marie.sevrant@mail.fr
De : léa.b@hop.fr
Objet : Formation

Salut !
Mon entreprise me propose de participer à une formation pour mieux comprendre l'impact des nouvelles technologies au travail. J'ai peur de ne rien comprendre et que ce soit trop technique. Et puis je ne sais même pas utiliser correctement mon ordinateur ! Je sais que tu as déjà participé à une formation comme celle-là. Tu en as pensé quoi ? C'était utile ?
À très vite !
Léa

SITUATION 1 — Expliquer une force physique et mentale

Comprendre

1. ▶104 | **Écoutez et répondez.**

a Quelle est la relation entre Xavier et Martin ?
- ❑ Martin est un sportif professionnel et Xavier est son entraîneur.
- ❑ Martin et Xavier sont collègues.
- ❑ Martin et Xavier sont des amis d'enfance.

b Choisissez si les affirmations sont vraies ou fausses. Justifiez vos réponses.

a. Martin est rentré de La Réunion l'année dernière. ❑ Vrai ❑ Faux
Justification : ....

b. La course de la Diagonale des Fous fait 36 kilomètres. ❑ Vrai ❑ Faux
Justification : ....

c. Les conditions de la course sont très difficiles. ❑ Vrai ❑ Faux
Justification : ....

d. Pendant la course, il s'est arrêté pour dormir. ❑ Vrai ❑ Faux
Justification : ....

c Comment Martin s'est-il préparé mentalement ?
....
....
....

S'exercer

2. Écrivez les mots du lexique de l'aventure qui correspondent aux définitions. Trouvez le nom d'un milieu extrême grâce aux cases grises.

a. Courageux, qui prend des risques.
b. Avoir le courage.
c. Faire quelque chose qui comporte des risques, des dangers.
d. Découvrir des endroits inconnus.
e. Rester en vie.
f. Essayer.

3. Complétez avec les mots relatifs à l'exploit sportif.

victoire | en compétition | stratégie | en solitaire | masculine

> La Route du Rhum est une course transatlantique .... à la voile qui relie Saint-Malo, en Bretagne, à Pointe-à-Pitre, en Guadeloupe. La Route du Rhum a lieu tous les quatre ans et, à chaque édition, une centaine de concurrents sont .... Cette course est largement .... même si la .... de l'édition 1990 est revenue à la Française Florence Arthaud. La .... des concurrents doit tenir compte des conditions climatiques changeantes et notamment des variations de la force du vent.

90 quatre-vingt-dix

UNITÉ 8

4. ▶105 | Écoutez et complétez les expressions avec le verbe *vivre*. Associez ensuite avec le synonyme qui convient.

a. Vivre .... • • habiter
b. Vivre .... • • avoir
c. Vivre .... • • expérimenter
d. Vivre .... • • traverser
e. Vivre .... • • ressentir

5. ▶106 | L'**enchaînement consonantique** : écoutez. Quelles syllabes entendez-vous ?

a. J'ai la boule au ventre !
  ❏ boule/au ❏ bou/lau
b. J'ai peur en bateau !
  ❏ peu/ren ❏ peur/en
c. J'explore un peu le monde.
  ❏ j'ex/plore/un ❏ j'ex/plo/run
d. J'aime l'aventure et l'audace.
  ❏ l'a/ven/tu/ret ❏ l'a/ven/ture/et
e. C'est un milieu extrême et dangereux.
  ❏ ex/trê/met ❏ ex/trême/et

6. ▶107 | Écoutez et notez les **enchaînements consonantiques**.

a. C'est une victoire au mental.
b. C'est le but à atteindre.
c. C'était un match impressionnant.
d. C'était une défaite amère.
e. C'est une joueuse audacieuse.

7. Soulignez les verbes au **participe présent**.

> Pour ses expéditions, Christian Clot a choisi quatre destinations avec des conditions climatiques extrêmes mettant le corps humain à l'épreuve :
> - Le désert de Dasht-e Lut en Iran avec des températures allant jusqu'à 60° C à l'ombre ;
> - La Patagonie avec une humidité de presque 100 % et des vents extrêmement violents ;
> - La Sibérie avec des températures descendant jusqu'à -58° C ;
> - La jungle amazonienne peuplée d'animaux menaçants pouvant l'attaquer à tout moment.

8. Transformez les verbes entre parenthèses en verbes au **participe présent**.

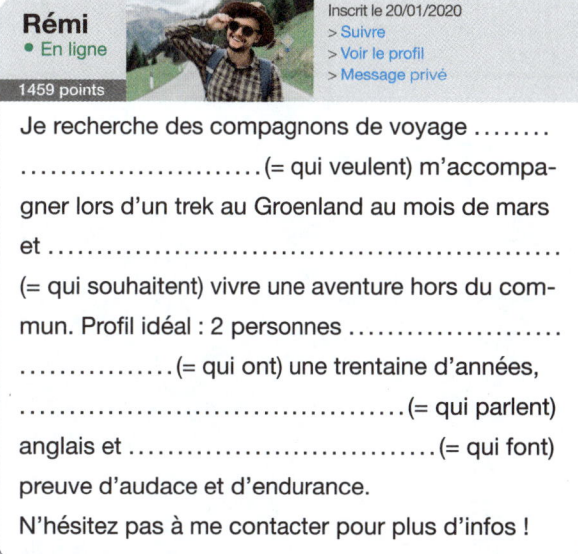

Je recherche des compagnons de voyage .... (= qui veulent) m'accompagner lors d'un trek au Groenland au mois de mars et .... (= qui souhaitent) vivre une aventure hors du commun. Profil idéal : 2 personnes .... (= qui ont) une trentaine d'années, ... (= qui parlent) anglais et .... (= qui font) preuve d'audace et d'endurance.
N'hésitez pas à me contacter pour plus d'infos !

Produire

9. Vous êtes Christian Clot. À partir d'une des trois photos, vous décrivez une **aventure** dans ce milieu extrême, les difficultés rencontrées et comment vous les avez surmontées (120 mots).

10. Avez-vous déjà été en difficulté (pendant un examen, lors d'une compétition sportive, lors d'un événement malheureux...) ? Comment avez-vous réussi à surmonter ces difficultés ? Racontez à l'oral en utilisant des expressions pour **expliquer une force**. N'oubliez pas de vous enregistrer et de vous réécouter !

Mémoriser : Le mental

11. Barrez l'intrus.

a. puissant | incroyable | extraordinaire
b. angoissé | terrifié | fort
c. un mental | un état d'esprit | une aventure
d. la douleur | la peur | la souffrance

Situation 2 — Comparer des explorations

Comprendre

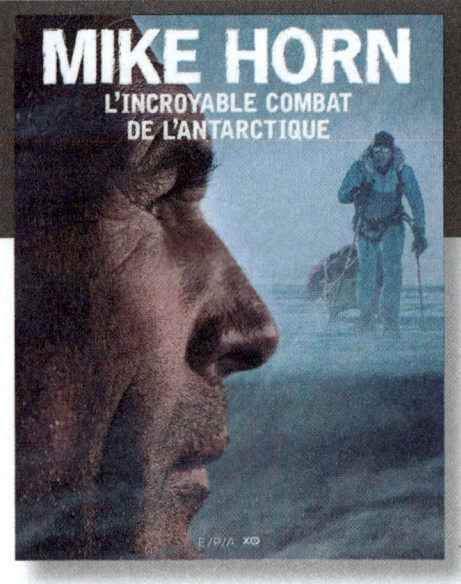

Mike Horn, l'incroyable combat de l'Antarctique

Mike Horn, Devillard
#Œuvres classiques
✓ Ajouter à ma pile à lire

🛒 Acheter

RÉSUMÉ   DÉTAILS

Cap au Sud ! Direction Antarctique… Revivez la plus belle, la plus dure, la plus folle des aventures de Mike Horn à travers ce périple extraordinaire, illustré de photographies et dessins inédits. Armé de son seul ski-kite et de ses mollets, Mike Horn est loin d'imaginer l'aventure qui l'attend lors‑
5 qu'il entreprend la traversée de l'Antarctique en empruntant un itinéraire jamais exploré. Au fil de ces 5 100 kilomètres, sur les pas de Mike, découvrez les moments les plus forts, les épreuves physiques et morales, le froid, la souffrance, mais aussi les frissons d'exaltation, les larmes d'un effort surhumain, le bonheur infini d'être allé au bout d'un rêve. Ce récit nous
10 éclaire aussi sur les explorateurs qui ont marqué Mike Horn, la formation des glaciers, le réchauffement climatique, le devenir de l'Antarctique…

1. Lisez le texte et cochez.

a. Ce livre a été écrit par : ❏ Mike Horn.
　　　　　　　　　　　　　❏ un journaliste.

b. Cette traversée de l'Antarctique :
　❏ est l'unique aventure de Mike Horn.
　❏ n'est pas l'unique aventure de Mike Horn.

c. Lors de cette aventure, Mike Horn :
　❏ a suivi les traces d'explorateurs qui l'ont marqué.
　❏ a exploré de nouvelles zones de l'Antarctique.

d. Ce livre : ❏ évoque le futur de l'Antarctique.
　　　　　　❏ présente les rêves de Mike Horn.

S'exercer

2. Associez ces verbes relatifs aux explorations au complément qui convient.

s'adapter • • un long voyage
entreprendre • • à un environnement
faire preuve • • des régions vierges
survivre • • dans un milieu hostile
explorer • • de courage

3. À partir de ces adjectifs dérivés, trouvez le nom du lieu géographique.

Exemple : Les Alpes ➜ le ski alpin

a. ……………   b. ……………   c. ……………   d. ……………   e. ……………

la fondue savoyarde   un sommet pyrénéen   un paysage alsacien   une spécialité québécoise   un lac suisse

UNITÉ 8

4. Complétez les différentes étapes de ce périple en France avec les adjectifs dérivés des lieux géographiques. Attention à l'accord des adjectifs !

- Arrivée à l'aéroport Charles-de-Gaulle. Découverte de la vie .... (= de Paris).
- Route vers Vannes et les côtes .... (= de Bretagne).
- Voyage vers le sud de la France. Dégustation de la bouillabaisse, une spécialité .... (= de Marseille).
- Visite des villages .... (= de Provence).
- Découverte du Vieux-Nice et de la région .... (= de Nice).

5. ▶108 | **L'enchaînement consonantique** : écoutez. Vous entendez combien de syllabes ?

5 syllabes	6 syllabes	7 syllabes

6. ▶109 | Écoutez, répétez en respectant les **enchaînements consonantiques**.
a. Je crains qu'il prenne un risque énorme.
b. Je ne crois pas qu'elles puissent apporter leur équipement.
c. J'ai peur qu'il veuille oser l'aventure.
d. Je ne pense pas qu'elle doive accepter la douleur.
e. Je suis heureux qu'il sache adapter ses efforts.

7. ▶110 | Écoutez et dites si le **participe présent** sert à caractériser ou à exprimer une cause.

	a.	b.	c.	d.	e.
Caractériser	☐	☐	☐	☐	☐
Exprimer une cause	☐	☐	☐	☐	☐

8. Transformez les phrases en utilisant un participe présent.

a. Olivier Archambeau est un géographe qui s'intéresse aux milieux extrêmes.
→ ....

b. C'est aussi le président d'une association qui regroupe plus de 250 explorateurs.
→ ....

c. Il trouve que la géographie s'apprend grâce aux voyages, il emmène souvent ses étudiants avec lui.
→ ....

d. Pour lui, il y a beaucoup de régions qui restent à explorer.
→ ....

e. Comme il est aussi photographe, il réalise des reportages-photo de lieux inexplorés.
→ ....

Produire

9. Sur Internet, recherchez une photo ancienne d'un lieu que vous connaissez bien (une rue, une gare, une plage…). Écrivez un texte de 120 mots environ pour **comparer** cette photo avec le lieu aujourd'hui.

10. Choisissez un(e) sportif(ve) ou un(e) explorateur(trice) que vous appréciez. Faites son portrait à l'oral pendant 1 minute 30. Utilisez au moins quatre verbes au **participe présent** et enregistrez-vous !

Mémoriser : Les explorations

11. Complétez avec des verbes.

O _ _ _   T _ _ _ _ _   E _ _ _ _ _ _ _   D _ _ _ _ _ _ _

→ l'aventure   → des régions inconnues

quatre-vingt-treize

SITUATION 3 — Exprimer une phobie et une crainte

Comprendre

 **On est fait pour s'entendre** Flavie Flament   ITUNES   RSS

Phobie des animaux : pourquoi les bêtes nous font-elles peur ?

Beaucoup les aiment mais pour certains, les relations avec nos amies les bêtes sont plus compliquées... Zoom sur la zoophobie dans On est fait pour s'entendre !

Des cris à la vue d'une araignée, un changement de trottoir pour ne pas croiser un chien, une **peur incontrôlable** d'un serpent ou encore une terrible **angoisse** des pigeons... **Côtoyer des animaux** n'est pas source de bien-être pour tout le monde !

Pourquoi les bêtes, même inoffensives, peuvent-elles nous faire peur, à nous adultes ? Comment venir à bout d'une zoophobie ?

Vous souhaitez témoigner par écrit, intervenir dans l'émission ou proposer des sujets ?

Envoyez-nous un mail à l'adresse suivante : **onestfaitpoursentendre@rtl.fr**

rtl.fr, 09/10/2019.

1. Répondez aux questions suivantes.
   a. D'où vient ce document ?
   ....
   b. À qui s'adresse ce document ?
   ....
   c. *On est fait pour s'entendre* est le nom de quoi ?
   ....

2. Dans le texte, retrouvez les synonymes de ces mots et expressions.
   a. difficiles ➜ ....
   b. être en contact avec ➜ ....
   c. pas dangereuses ➜ ....
   d. vaincre ➜ ....

S'exercer

3. Associez l'image et le mot contenant le suffixe –phobe et écrivez ensuite de quoi ces personnes ont peur.

① ② ③ ④ ⑤

   a. Être aquaphobe = Avoir peur de .... ➜ image n° ......
   b. Être claustrophobe = Avoir peur de .... ➜ image n° ......
   c. Être agoraphobe = Avoir peur de .... ➜ image n° ......
   d. Être aérodromophobe = Avoir peur de .... ➜ image n° ......
   e. Être arachnophobe = Avoir peur de .... ➜ image n° ......

4. ▶111 | **Écoutez le témoignage de Simon. Relevez les expressions qu'il utilise pour exprimer sa peur.**

Je ressens la même angoisse, ...
....
....

UNITÉ 8

5. Faites une seule phrase en utilisant le subjonctif présent ou l'infinitif présent.

Exemple : Il m'aime. Je suis heureuse.
➜ *Je suis heureuse qu'il m'aime.*

a. Il me demande en mariage. Je suis tellement contente ! ➜ ....
....
....

b. Il fait sa demande dans la rue. Je suis surprise. ➜ ....
....
....

c. Je vais m'engager. J'ai un peu peur.
➜ ....
....
....

d. Nous allons prendre un appartement ensemble. Je suis ravie. ➜ ....
....
....

e. Je vais vivre toute ma vie avec lui. J'en ai envie. ➜ ....
....
....

6. Complétez l'article avec les verbes proposés au subjonctif présent.

avoir I faire I être I quitter I vivre

Psycho MAG

Pourquoi j'ai peur de m'engager ?

J'ai vécu une histoire d'amour il y a cinq ans. Nous avons rapidement emménagé ensemble. Je croyais que c'était l'amour de ma vie et j'ai été vraiment déçue qu'il me .... Aujourd'hui, je suis amoureuse d'un autre homme. Mais je n'ose pas m'engager… Je préfère que nous .... chacun de notre côté et qu'il n'y .... rien d'officiel entre nous. J'ai peur qu'il me .... souffrir lui aussi. Il faudrait que je .... moins méfiante, je sais… Mais c'est plus fort que moi !

Hélène, 32 ans.

7. ▶112 | **L'enchaînement consonantique : écoutez. Vous entendez combien de syllabes ?**
a. Elle veut battre un record. ➜ .....
b. Il rencontre un sportif. ➜ .....
c. Il refuse de prendre un avion. ➜ .....
d. J'ai la boule au ventre et les mains moites.➜ .....
e. Je veux être à la hauteur. ➜ .....

8. ▶113 | **Écoutez et notez les enchaînements consonantiques.**
a. C'est un couple exemplaire.
b. C'est une rencontre imprévue.
c. Je tremble en avion.
d. Tu veux prendre un taxi ?
e. Il ne faut pas craindre une rupture.

9. ▶114 | **Écoutez. Choisissez une expression avec le verbe *se (mé)fier* pour répondre à ces personnes.**

Personne a. ➜ Réponse n° ....
Personne b. ➜ Réponse n° ....
Personne c. ➜ Réponse n° ....
Personne d. ➜ Réponse n° ....
Personne e. ➜ Réponse n° ....

1. Vous devriez vous méfier !
2. Je crois qu'on peut lui faire confiance.
3. Est-ce qu'il y a quelqu'un à qui tu peux te confier ?
4. Tu sais, il ne faut pas se fier aux apparences.
5. Méfie-toi ! C'est trop beau pour être vrai…

Produire

10. Vous recevez un message d'un(e) ami(e) qui vous annonce qu'il / elle va se marier. Vous lui répondez pour exprimer vos sentiments et vos souhaits pour l'avenir. Attention à l'utilisation du subjonctif présent et de l'infinitif (150 mots).

11. Vous intervenez dans l'émission *On est fait pour s'entendre* pour exprimer vos peurs. Votre témoignage doit durer 1 minute 30.

Parlez-nous de vos peurs.
À quelle(s) occasion(s) avez-vous peur ?
Que ressentez-vous ?

Mémoriser : La peur

12. Complétez avec le verbe *avoir* ou *être*.

a. .... atteint d'une phobie I .... aérodromophobe
= .... peur en avion
b. .... terrifié I .... paralysé par la peur I .... des sueurs froides, la boule au ventre, etc.

LA FABRIQUE DES MOTS

✓ J'agis

a Pour chaque photo, faites deux phrases avec des expressions que vous avez apprises dans cette unité.

Exemple photo 1 : Elle a trouvé la force mentale de terminer la course.

❶ ❷ ❸

b Choisissez une photo. Pensez à une situation où vous avez ressenti les mêmes émotions que la personne sur la photo. Écrivez quelques lignes à propos de cette situation et de vos émotions.

....
....
....
....
....

✓ Je coopère

a Dans la liste suivante, entourez les trois choses qui vous font le plus peur.

les insectes   le vide   la nuit   les fantômes   les voleurs   les chiens

la foule   le dentiste   le sang   les serpents

b Comparez avec votre voisin(e). Discutez ensemble des causes de ces peurs.

✓ J'apprends

a Complétez les expressions avec le verbe qui convient.

p _ _ _ _ _ à l'aventure

a _ _ _ _ le goût du risque

t _ _ _ _ _ l'experience

a _ _ _ _ le courage

b ▶115 | Écoutez les expériences que l'on vous propose de vivre. Réagissez avec une des expressions de la page 135 du livre élève.

1. ....
2. ....
3. ....

✓ Je produis

Parlez de votre personnalité et de l'une de vos expériences.
Le sujet : Êtes-vous plutôt aventurier ou prudent ? Illustrez votre propos avec une expérience que vous avez vécue ou que vous avez refusé de vivre.
Durée : 2 minutes

Stratégie

Avant de commencer à parler, préparez bien ce que vous allez dire. Car, si vous connaissez bien votre sujet, vous aurez davantage confiance en vous !
Enregistrez-vous, et réécoutez-vous !

UNITÉ 8

LA FABRIQUE DES TEXTES

✓ J'agis

a **Parmi les expressions suivantes, soulignez celles qui servent à rectifier.**

Tu as raison !
Pas exactement.
À vrai dire, c'est plutôt…
Ah non, je ne suis pas d'accord !

Pourquoi pas ?
Il faut noter que…
Je ne crois pas que ce soit toujours vrai.
Ce serait plus juste de dire que…

b **Choisissez une des expressions ci-dessus pour répondre à ces deux affirmations :**

> Tu es un vrai casse-cou, toi !

> ....

> Grâce à son mental, l'Homme peut survivre dans toutes les situations extrêmes.

> ....

✓ J'apprends

a **Lisez ces citations.**

« La vie est une aventure audacieuse ou elle n'est rien. »
　　　　　　　　Helen Keller, auteure américaine

« Les meilleurs moments, dans la vie à deux, c'est quand on est tout seul. »
　　　　　　　　Pierre Dac, humoriste français

« Mieux vaut vivre à deux que solitaire. »
　　　　　　　　Michel Tournier, auteur français

« J'ai appris que le courage n'est pas l'absence de peur, mais la capacité de la vaincre. »
　　　　　　　　Nelson Mandela, homme d'État sud-africain

b **Choisissez une citation avec laquelle vous n'êtes pas tout à fait d'accord et rectifiez-la. Développez votre opinion en donnant un ou deux exemples.**

....

✓ Je produis

Dans un article de magazine, vous avez lu cette affirmation : « Être célibataire permet toujours d'avoir une vie pleine d'audace et de vivre des expériences extraordinaires. »
Vous écrivez au courrier des lecteurs pour rectifier cette affirmation. Donnez des exemples basés sur votre propre expérience.

Stratégie

Soyez organisé ! Commencez par rappeler l'affirmation et expliquez pourquoi cela peut être vrai dans certaines circonstances. Ensuite, rectifiez cette affirmation et illustrez votre opinion d'exemples. Insistez sur les exemples les plus importants.

Bilan

LINGUISTIQUE

GRAMMAIRE

1 Soulignez le verbe au participe présent et indiquez s'il exprime une caractérisation ou une cause.

Exemple : Gstaad est une station se trouvant en Suisse. ➜ *caractérisation*

a. La Diagonale des Fous est une course ayant lieu chaque année à La Réunion.
➜ ....

b. Christian Clot travaille sur le projet « Adaptation » visant à tester les capacités de l'Homme en milieu extrême. ➜ ....

c. Étant mentalement bien préparées, les Bleues ont pu aller jusqu'en quart de finale.
➜ ....

d. Voyant que la planète est en danger, Mike Horn souhaite alerter sur le réchauffement climatique.
➜ ....

e. La zoophobie est une peur touchant davantage les femmes que les hommes.
➜ ....

2 Complétez les phrases avec un des verbes au participe présent.

se situer | faire | vouloir | savoir | dater

.... tester mes limites, je suis parti en solitaire au Groenland. Le Groenland est une île immense.............................. partie du Danemark et .... près du cercle polaire. Lors de mon voyage, j'ai vécu des aventures extraordinaires. .... parler anglais et danois, j'ai pu rencontrer des Groenlandais. Ils m'ont emmené pêcher sur la glace et m'ont fait découvrir leurs traditions .... de plusieurs siècles.

3 Soulignez les cinq verbes au subjonctif présent.

Il me dit tout le temps qu'il m'aime.
Je suis heureuse qu'il veuille m'épouser.
Il espère que je vais accepter.
Je suis surprise que nous nous entendions si bien.

Je crains que notre relation se termine bientôt.
J'ai peur qu'il rencontre une autre fille.
Nous nous rendons compte qu'il n'y a plus d'amour.
Je suis triste que nous nous séparions.

4 Soulignez la forme correcte.

a. Il prend l'avion. Il est terriblement angoissé.
➜ Il est terriblement angoissé *de prendre / qu'il prenne* l'avion.

b. Nous emménageons ensemble. Nous sommes ravis.
➜ Nous sommes ravis *d'emménager / que nous emménagions* ensemble.

c. Vous prenez ce risque. Ils sont très surpris.
➜ Ils sont très surpris *de prendre / que vous preniez* ce risque.

d. Mon frère va partir en expédition polaire. Je suis inquiète.
➜ Je suis inquiète *de partir avec mon frère / que mon frère parte* en expédition polaire.

e. Il ne peut pas s'engager. Il a peur.
➜ Il a peur *de ne pas pouvoir / qu'il ne puisse pas* s'engager.

UNITÉ 8

LEXIQUE

1 Associez ces expressions liées au lexique des explorations.

être pionnier • • gagner une compétition
faire preuve d'audace • • réaliser l'impossible
tenter l'expérience • • oser l'aventure
vivre une victoire • • être le premier à se lancer
soulever des montagnes • • montrer son courage

2 Remettez les lettres dans l'ordre pour retrouver l'adjectif dérivé du lieu géographique.

a. La ratatouille est une spécialité .... (ç / l / n / r / p / v / o / e / e / a)
b. Le reblochon est un fromage .... (s / v / r / d / a / a / o / y)
c. Le kouglof est un dessert .... (l / s / n / c / a / a / i / e)
d. Rennes est une ville .... (b / t / r / n / n / e / e / o)
e. Le Mont-Blanc est un sommet .... (l / p / n / i / a)

3 Complétez ce petit texte avec les mots et expressions liés au lexique de la peur.

terrifié | vaincre | mains qui tremblent | phobie | angoissé

Lorsqu'il était petit, mon fils n'aimait pas aller à la piscine, ni au bord de la mer. Mais à l'adolescence, il a développé une vraie .... Il est totalement .... à l'idée d'entrer dans l'eau. Il est même .... par le fait de prendre une douche. Il dit qu'il a les .... à chaque fois qu'il entre dans la salle de bains. Comment faire ? Pouvez-vous l'aider à .... sa peur ?

4 Associez la définition avec le mot en *–phobe* qui correspond.

Il est technophobe. • • a. Il a tellement peur de l'avion qu'il évite de le prendre.
Il est claustrophobe. • • b. Il est extrêmement timide et il a peur des autres.
Il est arachnophobe. • • c. Il est angoissé à l'idée de toucher ou même de voir une araignée.
Il est aérodromophobe. • • d. Il a peur des lieux étroits et fermés.
Il est sociophobe. • • e. Il rejette les appareils technologiques.

PHONÉTIQUE

1 ▶116 | Écoutez et cochez ce que vous entendez.

a. ☐ Elle prend un risque.   ☐ Elles pre<u>nnent un</u> risque.
b. ☐ Il survit à ce milieu.   ☐ Ils survi<u>vent à</u> ce milieu.
c. ☐ Elle vainc une peur.   ☐ Elles vain<u>quent une</u> peur.
d. ☐ Il ressent une phobie.   ☐ Ils ressen<u>tent une</u> phobie.
e. ☐ Elle combat une maladie.   ☐ Elles comba<u>ttent une</u> maladie.

2 ▶117 | Écoutez et notez les enchaînements consonantiques.

a. J'en tremble encore !
b. Notre envie d'explorer le monde est immense !
c. Elle va apprendre à s'adapter.
d. Il peut survivre à cette épreuve.
e. On peut le battre à son propre jeu !

PRÉPARATION au DELF

Compréhension des écrits   15 points

Vous lisez cet article dans la presse française. Répondez aux questions en cochant ☑ la bonne réponse.

Phobies : comment les surmonter ?

Les phobies gâchent la vie de 20 % de la population. Que signifient ces peurs maladives qui paralysent et comment en venir à bout ?

Explications avec le Dr Christine Mirabel-Sarron, responsable du service de psychothérapie – Pr Rouillon à l'hôpital Sainte-Anne à Paris, auteure de *Comprendre et traiter les phobies*, Éd. Dunod.

D'où viennent les phobies ?

Pas uniquement d'un traumatisme ou d'un conflit d'enfance ! Une dizaine de raisons président à leur apparition. Une phobie peut naître d'un discours entendu à tout âge (la mer, c'est dangereux), […] imitative (reproduction de la phobie de l'autre)... et procèdent toujours de plusieurs mécanismes associés. Ces peurs incontrôlables se déclenchent dès que l'on se retrouve face à une situation, un animal, un objet précis. Elles touchent deux fois plus de femmes que d'hommes.

Comment distinguer peur et phobie ?

La peur est une réaction protectrice liée à une situation objectivement menaçante : il y a le feu, je fuis. La phobie se caractérise par un évitement permanent de ce qui effraie : j'ai peur des hauteurs, je ne choisis que des médecins ou des amis basés au rez-de-chaussée ou au premier étage. Si tout peut être source de phobie, il faut distinguer les phobies spécifiques (des animaux, du feu, des ordinateurs... plus de 300 existent !) des phobies complexes que sont les phobies sociales (peur des autres) et les agoraphobies (peur des espaces découverts et lieux publics). Ces deux dernières peuvent engendrer de graves conséquences : une perte d'emploi pour un phobique du vide muté au 30e étage et parfois l'impossibilité de traverser sa rue voire son palier pour un agoraphobique sévère qui ne sortira alors plus de chez lui... […]

Quand et qui faut-il consulter ?

Dès que possible, dès que l'on s'aperçoit que l'on multiplie les stratagèmes pour ne pas être confronté à sa phobie : évitement systématique, accompagnement par une personne-fétiche, un objet-totem, médicaments, alcool... C'est un psychiatre qui déterminera s'il s'agit d'une phobie isolée ou associée à une autre maladie et qui posera diagnostic et traitement.

Magali Quent, *Notre Temps*, 14/10/2019.

1. Dans quel ordre ces sujets apparaissent-ils dans cet article ?   5 points

   a. Les moyens de vaincre ses phobies : n° ………
   b. L'origine des phobies : n° ………
   c. La définition du mot « phobie » : n° ………

UNITÉ 8

2. Cochez. 10 points

a. 20 % des femmes souffrent de phobies. Vrai ❏ Faux ❏
b. Les phobies apparaissent toujours pendant l'enfance. Vrai ❏ Faux ❏
c. Les phobies ont toujours plusieurs causes. Vrai ❏ Faux ❏
d. Les femmes souffrent davantage de phobies que les hommes. Vrai ❏ Faux ❏
e. La peur est une réaction qui nous permet de nous protéger du danger. Vrai ❏ Faux ❏
f. La phobie est une réaction dangereuse à une situation normale. Vrai ❏ Faux ❏
g. Il y a plus de 300 phobies spécifiques différentes. Vrai ❏ Faux ❏
h. La phobie sociale est une phobie spécifique. Vrai ❏ Faux ❏
i. L'agoraphobie peut avoir de graves conséquences. Vrai ❏ Faux ❏
j. Quand on a une phobie, il est conseillé d'aller voir un médecin pour en parler. Vrai ❏ Faux ❏

Production orale 15 points

▶ PARTIE 1 — Entretien dirigé

Vous vous présentez à l'examinateur. Vous lui parlez de vos loisirs et vous répondez à cette question : « Préférez-vous les sports d'équipe ou les sports individuels ? Pourquoi ? »

▶ PARTIE 2 — Exercice en interaction

Pour votre cours de français, vous devez faire un exposé devant la classe. Cela vous stresse et vous en parlez à un camarade de classe pour exprimer vos peurs.

▶ PARTIE 3 — Expression d'un point de vue

Présentez le thème soulevé par le document ci-dessous. Donnez ensuite votre opinion sous la forme d'un petit exposé de trois minutes environ. L'examinateur pourra vous poser quelques questions.

La « micro-aventure », pour continuer à voyager après les vacances

Les promoteurs du concept de « micro-aventure » proposent de remplacer les expéditions au long cours à l'autre bout de la planète par d'excitants séjours en plein air, près de chez soi.

Préférer trois jours de canoë dans le Loiret à une semaine de chiens de traîneau au Canada ; un trail dans le Cantal à un vol vers la Mongolie ; une rando itinérante dans le Morvan plutôt que sillonner les Carpates…

À l'heure du « flygskam » (la « honte de prendre l'avion » en suédois), des auteurs blogueurs spécialisés, promoteurs du concept de « micro-aventures », proposent de privilégier les escapades courtes en pleine nature à côté de chez soi plutôt que les voyages lointains, en publiant des guides et en lançant des sites ou des communautés sur les réseaux sociaux.

Julien Duriez, *la-croix.com*, le 25/08/2019.

SITUATION 1 — Exposer des chiffres

Comprendre

Un demi-milliard de francophones dans le monde avant la fin du siècle

En 2050, l'Afrique représentera 70 % de la totalité des francophones dans le monde, soit environ 250 millions de personnes contre 80 millions en Europe et 10 millions au Canada.

Et en 2070, on estime que le nombre de francophones s'élèvera à au moins
5 450 millions et peut-être jusqu'à 750 millions, encore ici grâce à la croissance de l'Afrique.

Dans la nouvelle édition 2019 de leur ouvrage *La langue française dans le monde*, Alexandre Wolff, responsable de l'Observatoire de la langue française (Organisation internationale de la francophonie), et Richard Marcoux, directeur de l'Observatoire démo-
10 graphique et statistique de l'espace francophone (Université Laval), mentionnent aussi que :
– le français est déjà la 5e langue la plus parlée au monde après le chinois, l'anglais, l'espagnol et l'arabe ;
– c'est une langue officielle de 32 pays et dans la plupart des organisations internationales ;
– c'est une langue d'enseignement pour plus de 80 millions d'individus dans 36 pays et territoires, et une langue étrangère apprise par plus de 50 millions de personnes.

Emma Couffin, *l-express.ca*, 02/10/2019.

1. Choisissez.

a. Ce document présente : ❏ le nombre de francophones dans le monde en 2019.
❏ une estimation du nombre de francophones en Afrique en 2050.
❏ une estimation du nombre de francophones dans le monde en 2070.
❏ la situation de la langue française en 2019.
❏ une estimation de la situation de la langue française en 2050.

b. Cochez. Justifiez par une phrase du texte.

a. En 2050, 70 % des Africains seront francophones. ❏ Vrai ❏ Faux
Justification : ....

b. En 2070, on estime qu'il y aura environ un demi-milliard de francophones dans le monde. ❏ Vrai ❏ Faux
Justification : ....

c. On recense plus de personnes qui parlent français que de personnes qui parlent arabe. ❏ Vrai ❏ Faux
Justification : ....

d. Dans 32 pays, le français est la seule langue officielle. ❏ Vrai ❏ Faux
Justification : ....

S'exercer

2. ▶118 | **Écoutez et soulignez l'expression chiffrée qui correspond.**

a. une soixantaine | les trois quarts | une minorité
b. un sixième | 60 % | une dizaine
c. la moitié | presque 50 millions | un quart
d. une cinquantaine | le cinquième | la moitié
e. une trentaine | 30 % | un tiers

UNITÉ 9

3. À l'aide des schémas, complétez le texte avec des **expressions chiffrées**.

un tiers | les trois quarts | un dixième | le double | un quart

Vous préoccupez-vous de l'environnement ?

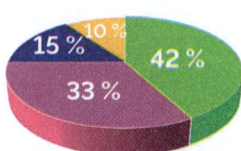

Oui, beaucoup : 42 %
Oui, un peu : 33 %
Non, pas vraiment : 15 %
Non, pas du tout : 10 %

Selon vous, qu'est-ce qui est le plus préoccupant ?

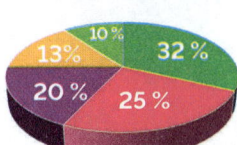

Le réchauffement climatique 32 %
L'érosion de la biodiversité : 25 %
La pollution de l'air : 20 %
La pollution de l'eau : 10 %
Autre : 13 %

D'après l'enquête, ... des personnes interrogées se soucient de la question environnementale, contre .... qui ne s'en préoccupent pas du tout. Pour près d' .... des personnes interrogées, le réchauffement climatique est la principale source d'inquiétude alors que pour .... d'entre elles c'est l'érosion de la biodiversité. 10 % d'entre elles se soucient de la pollution de l'eau tandis que .... s'inquiète de la pollution de l'air.

4. Complétez cet extrait de magazine avec les mots liés au lexique du **territoire**.

résidence secondaire | sauvegarde | rurale | biodiversité | littoral

Destination sud

Située près du .... méditerranéen, la Camargue est une zone humide où vivent de nombreuses espèces d'oiseaux. Dans les années 1970, le tourisme s'est considérablement développé dans cette région .... De nombreux urbains ont souhaité y acheter une .... mettant en danger la .... Des associations de .... de l'environnement ont alors décidé de créer le Parc Naturel Régional de Camargue.

5. ▶119 | Écoutez et répétez en respectant les **enchaînements consonantiques** et l'intonation.

a. Il se promène en forêt.
b. Elles vivent à la campagne.
c. Je découvre un paysage lunaire.
d. On va rejoindre un ami.

6. ▶120 | Écoutez, trouvez les **enchaînements** et notez (↗) quand la voix monte et (↘) quand elle descend.

a. Ils se préoccupent de l'environnement.
b. Je suis prêt à changer les choses.
c. Il y a un demi-milliard de francophones.

7. ▶121 | Écoutez et relevez les articulateurs d'**opposition** et de **concession**. Soulignez-les de deux couleurs différentes.

Toutefois,...
....

8. Entourez le ou les articulateurs d'**opposition** et de **concession** qui conviennent.

a. Au début du XXᵉ siècle, il y avait des postes de douanes le long des frontières d'Europe *alors que / bien que / tandis que* de nos jours, on peut y circuler librement.

b. Le projet « Borderline » montre l'emplacement exact des frontières. *Cependant / Au contraire / Pourtant*, aucune barrière n'est visible dans le paysage.

c. *Pourtant / Même si / Bien que* les photos sont prises dans des lieux différents, elles dégagent toutes une impression de liberté.

Produire

9. Faites des recherches sur la situation de votre langue dans le monde. Écrivez ensuite un texte de 100 mots environ pour **exposer ces chiffres**. Variez les expressions !

10. Où vivez-vous ? Vous sentez-vous proche de la nature ? Répondez à ces questions et enregistrez-vous pour présenter votre relation au **territoire naturel** pendant 2 minutes.

Mémoriser : Le territoire

11. Complétez avec le synonyme et associez avec le complément qui convient.

lutter = se b _ _ _ _ _ •   • de l'environnement
préserver = p _ _ _ _ _ _ _ •   • contre la destruction de la biodiversité
se soucier = se p _ _ _ _ _ _ _ _ _ •   • les zones naturelles

cent trois **103**

SITUATION 2 — Parler de ses racines

Comprendre

1. a ▶122 | **Écoutez et cochez.**

a. Qui est Chloé Desnos ?
- ❑ Une sociologue.
- ❑ Une maman.
- ❑ Une journaliste.

b. Qui est Karine ?
- ❑ Une sociologue.
- ❑ Une maman.
- ❑ Une journaliste.

b Entourez la proposition correcte.

a. *Karine / Le mari de Karine* a proposé de donner un prénom arabe à son enfant.
b. Le prénom de la fille de Karine rappelle ses origines *maternelles / paternelles*.
c. Les couples mixtes choisissent généralement un prénom d'origine *française / étrangère*.
d. Les prénoms de ces enfants montrent généralement une volonté de *s'intégrer / se replier sur soi*.

S'exercer

2. Lisez ces expressions liées au lexique des origines et associez les synonymes.

- chercher ses racines •
- ne pas s'intégrer •
- savoir se situer •
- se mettre dans une case •
- être un enfant d'immigrés •

- • se replier sur soi
- • trouver un équilibre
- • se donner une étiquette
- • être d'origine étrangère
- • être en quête d'identité

3. ▶123 | **Écoutez. Le père de Klea lui explique comment il a traversé les frontières. Mettez les étapes dans l'ordre.**

	Rejoindre sa famille.
	Obtenir le statut de réfugié.
	Marcher jusqu'à la frontière.
1	Fuir le pays.
	Être accueilli dans un centre.

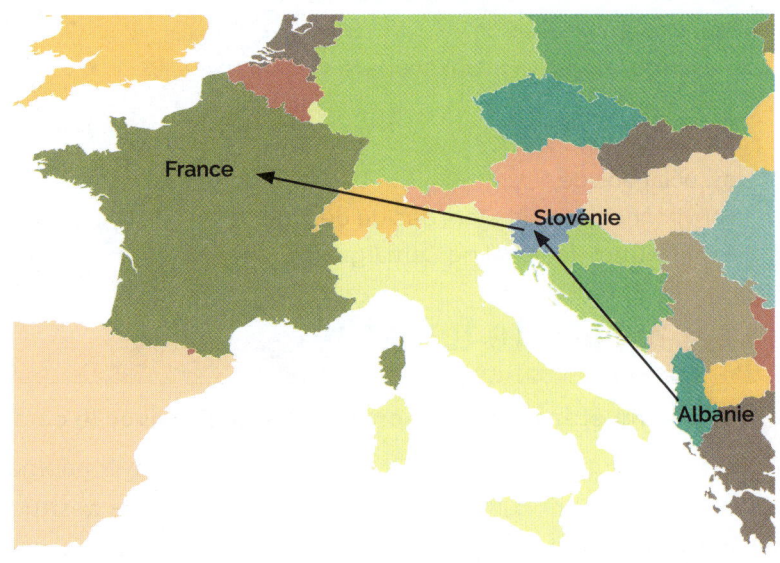

UNITÉ 9

4. Complétez avec le synonyme du verbe *montrer* qui convient.

prouve | explique | fait preuve de | désigne | présente

a. L'histoire d'Imane montre (= ....) qu'il n'est pas facile d'être enfant d'immigrés.
b. Djibi montre (= ....) beaucoup de courage.
c. Pour passer la frontière, il montre (= ....) son passeport.
d. Sur la carte d'Europe, le père de Klea lui montre (= ....) l'Albanie.
e. Peggy montre (= ....) comment les enfants vivent dans ce centre d'accueil.

5. ▶124 | **Écoutez et répétez en respectant les enchaînements vocaliques et l'intonation.**

a. Il est né de parents allemands.
b. C'est une immigrée espagnole.
c. Elle est réfugiée en France.
d. Il a fui en France.

6. ▶125 | **Écoutez, trouvez les enchaînements et notez (↗) quand la voix monte et (↘) quand elle descend.**

a. C'est un migrant italien.
b. Je pars au bord de la mer.
c. Ils sont d'origine espagnole.

7. Associez. Attention à l'expression d'opposition ou de concession et au sens !

a. Il ne parle pas russe...
b. Nous avons fui notre pays...
c. Leurs voisins n'ont pas quitté leur pays...
d. Il a choisi de vivre en France...
e. Nous avions un visa...

1. ...mais nous n'avons pas pu passer les douanes.
2. ...bien que sa mère soit originaire de Moscou.
3. ...malgré la guerre.
4. ...alors que nos cousins sont restés.
5. ...en revanche, il ne souhaite pas changer de nationalité.

a.	b.	c.	d.	e.

8. Complétez ce témoignage avec des expressions d'opposition ou de concession. Plusieurs réponses sont parfois possibles.

« Mon mari est américain. Lorsque nous avons appris que nous allions être parents, nous nous sommes posé la question du prénom. Nous aimions beaucoup le prénom Clément. ...., nous avons pensé qu'il serait très difficile à prononcer pour ses grands-parents paternels. Et puis, ... nous vivions en France, nous voulions un prénom anglophone. Nous avons hésité entre Nolan, Noah, Ethan et Adam. Mon mari avait une préférence pour Noah .... moi, j'aimais Nolan. .... Ethan soit un prénom anglophone donné aussi en France, il est difficile à prononcer correctement pour des Français. Finalement, nous avons choisi Adam. Mon mari le prononce à l'américaine. ...., moi, je le prononce à la française. »

Produire

9. Imaginez l'histoire et l'origine des membres de cette famille. Écrivez un paragraphe de 120 mots environ pour les présenter. Utilisez au moins trois expressions d'opposition ou de concession.

10. Répondez à ces questions : Appartenez-vous à plusieurs cultures ? Vos parents sont-ils originaires de différentes villes ? Et vos grands-parents ?
Parlez de vos origines pendant 2 minutes environ. Enregistrez-vous !

Mémoriser : Les origines

11. Barrez l'intrus.

a. la douane | la frontière | l'hébergement | une démarcation
b. l'équilibre | l'identité | les racines | les origines
c. un réfugié | un migrant | une nationalité | un immigré

SITUATION 3 — Rapporter des informations

Comprendre

TOURMAG — ACCUEIL | ACTUALITÉ | NEWSLETTER

Nomade Aventure propose un trek lunaire pour 2029
Prix à partir de 768 800 €

Rédigé par La Rédaction le Lundi 1 Avril 2019

Jules Verne en rêvait, Nomade Aventure l'a réalisé. Le spécialiste français du voyage d'aventure propose à partir de ce lundi 1er avril 2019, un séjour inédit sur la Lune.

Le départ est annoncé et déjà confirmé pour le 21 juin 2029, avec des « *astronautes professionnels chargés de prolonger l'exploration du site Apollo 15* ». Le voyage se fera à l'aide de la capsule Moon Dragon de SpaceX conçue par l'entreprise d'Elon Musk.

Après un périple de 384 400 km, les touristes pourront découvrir pendant 8 jours notre satellite, à l'aide d'un scaphandre, ce qui nécessitera un entraînement spécifique.

Au programme de ce voyage unique : balade en Lunar Camping Car, alunissage à Hadley Rille, visite du Sillon Hadley et éclipse de Terre.

Et l'agence conseille : « *pensez à prendre des photographies noir et blanc, sur pellicule argentique, pour donner un look "Apollo" à vos souvenirs !* »

tourmag.com

1. a Complétez la fiche de présentation.

- Agence de voyage : ....
- Destination : ....
- Date du premier départ : ....
- Moyen de transport : ....
- Durée du séjour : ....
- Prix minimum du séjour : ....

b Dans le texte, trouvez les synonymes.

- a. un voyage = un p _ _ _ _ _ _
- b. un astre tournant autour d'une planète = un s _ _ _ _ _ _ _ _
- c. un équipement d'astronaute = un s _ _ _ _ _ _ _ _
- d. une arrivée sur la Lune = un a _ _ _ _ _ _ _ _

c Quel conseil donne l'agence de voyages ?
....

S'exercer

2. Complétez les légendes de ces photos prises dans l'**espace**.

 a. Lancement de la n _ _ _ _ _ _ s _ _ _ _ _ _ _

 b. S _ _ _ _ _ _ spatiale i _ _ _ _ _ _ _ _ _ _ _

 c. A _ _ _ _ _ _ _ _ _ marchant sur la Lune

 d. E _ _ _ _ _ _ _ _ _ _ _ _ sur sa planète

 e. Paysage l _ _ _ _ _ _

 f. É _ _ _ _ _ _ de Soleil

UNITÉ 9

3. Parmi les mots de la même famille, choisissez celui qui convient.
   a. un animal *terrestre / terrien*
   b. le système *ensoleillé / solaire*
   c. une station *spatiale / spacieuse*
   d. le tourisme *lunaire / lunatique*
   e. un astre *illuminé / lumineux*

4. ▶127 | Écoutez ce scientifique qui présente un projet de voyage sur Mars. Rapportez les informations au discours indirect au passé.

« Il a dit que le premier voyage sur Mars .... pour 2030 environ.
Il a indiqué que la distance entre la Terre et Mars .... de 70 millions de km et que son équipe et lui .... la durée du voyage à 260 jours.
Il a annoncé que, les .... travailler sur un projet de navette ultrarapide et que la durée de voyage .... alors réduite de moitié.

5. Transformez ces phrases au discours indirect au passé en commençant par « Hergé a dit que… ».
   a. « Mon pseudonyme vient de mes initiales : R et G. »
   ➜ ....
   b. « Les aventures de Tintin m'ont rendu célèbre dans le monde entier. »
   ➜ ....
   c. « Je me suis inspiré de personnes réelles pour créer mes personnages. »
   ➜ ....
   d. « Le personnage de Tintin me ressemble beaucoup. »
   ➜ ....
   e. « Contrairement à Tintin, je n'irai jamais sur la Lune. »
   ➜ ....

6. ▶127 | Écoutez. Soulignez les mots sur lesquels on entend une parenthèse.
   a. Tu sais, mon ami, je pars sur la Lune !
   b. Vous savez, messieurs, nous sommes engagés ensemble !
   c. Je pense, mon amour, qu'on pourrait partir à la mer.
   d. Je crois, mon enfant, que tu devrais prendre l'air.

7. ▶128 | La parenthèse : écoutez, observez l'intonation et répétez.
   a. Je voudrais, ma chérie, qu'on parte ensemble.
   b. Je te dis, mon cœur, que c'est impossible.
   c. J'ai peur, mes amis, que nous devions séjourner ici.

8. PARAÎTRE

▶129 | Écoutez. Choisissez une phrase avec *paraître* pour répondre à ces personnes.

Personne a. ➜ Réponse n° ....
Personne b. ➜ Réponse n° ....
Personne c. ➜ Réponse n° ....
Personne d. ➜ Réponse n° ....
Personne e. ➜ Réponse n° ....

1. C'est vrai, il paraît beaucoup plus vieux que son âge !
2. Je crois qu'il paraît tous les jeudis.
3. Oui, j'ai lu ça ! L'info est parue sur Internet.
4. Oui, mais le voyage m'a paru très long !
5. Il paraît qu'elle est malade.

Produire

9. « Des scientifiques ont découvert de la vie sur Mars ! » **Vous avez vu ce titre dans un magazine scientifique. Imaginez le contenu de l'article. Écrivez un texte de 120 mots environ dans lequel vous rapportez ces informations au discours indirect au passé.**

10. Imaginez… Vous gagnez un voyage dans l'espace pour la destination de votre choix : la Lune, la Station spatiale internationale ou Mars. Avez-vous envie de faire ce voyage ? Pourquoi ? Quelle destination choisissez-vous ? N'oubliez pas de vous enregistrer !

Mémoriser : L'espace

11. Complétez avec des mots de la même famille.
   a. la Terre ➜ un adjectif : ....
              ➜ un verbe : ....
   b. la Lune ➜ un adjectif : ....
   c. la lumière ➜ un adjectif : ....
              ➜ un verbe : ....
   d. le Soleil ➜ un adjectif : ....

LA FABRIQUE DES MOTS

✓ J'agis

Complétez cette carte mentale du mot « espace ».

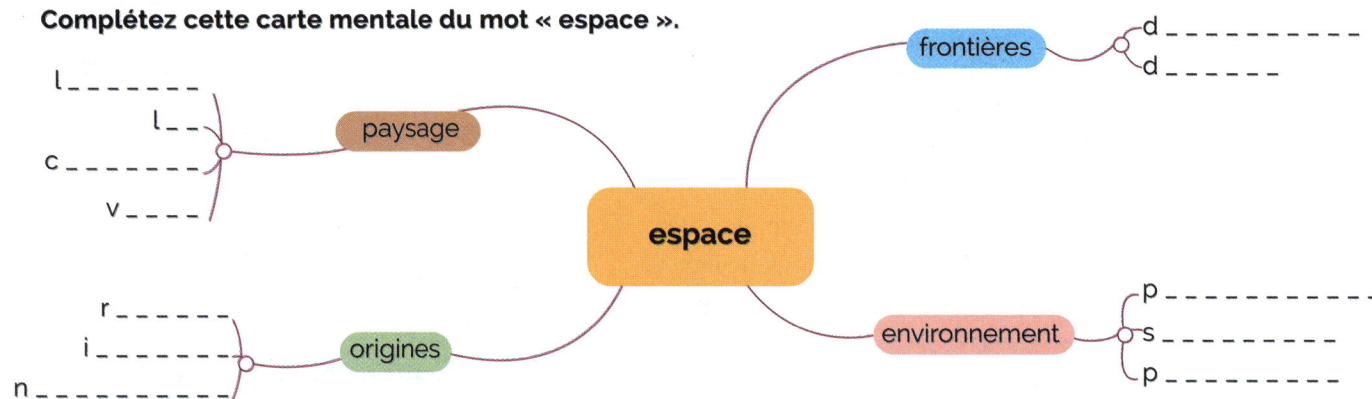

✓ Je coopère

a Dans la liste suivante, entourez les cinq choses qui, pour vous, sont les éléments les plus importants de votre identité.

le nom   le prénom   le sexe   la date de naissance   la nationalité

le lieu de naissance   l' / les origine(s)   la / les langue(s)   la religion   la profession

b Comparez avec votre voisin(e). Expliquez pourquoi ces éléments sont importants pour vous.

✓ J'apprends

a Que dites-vous ? Choisissez deux phrases de la page 151 du livre élève pour chaque situation.

Vous parlez à votre ami(e) mais il / elle ne vous écoute pas.

– ....
– ....

Votre ami(e) vous parle de quelque chose et, petit à petit, il / elle change de sujet.

– ....
– ....

b Pour chaque expression, dites si la personne est réaliste ou rêveuse.

	réaliste	rêveuse
a. Elle a la tête dans les nuages.	☐	☐
b. Elle a les pieds sur terre.	☐	☐
c. Elle est terre à terre.	☐	☐
d. Elle est dans la lune.	☐	☐

✓ Je produis

Les extraterrestres existent-ils ?

Le sujet : Pensez-vous qu'une forme de vie extra-terrestre existe ? Pourquoi ? Si oui, comment imaginez-vous ces créatures extraterrestres ?

Durée : 1 minute 30

Stratégie

Ce sujet fait réfléchir et fait rêver… mais restez concentré !

Enregistrez-vous, et réécoutez-vous !

UNITÉ 9

LA FABRIQUE DES TEXTES

 J'agis

a Nuancer un propos, c'est :
- ☐ dire qu'on est complètement d'accord avec une opinion.
- ☐ dire qu'on n'est pas du tout d'accord avec une opinion.
- ☐ dire qu'on est en partie d'accord avec une opinion mais qu'il faut prendre en compte d'autres éléments.
- ☐ expliquer pourquoi on est d'accord ou pas d'accord avec une opinion.

b Parmi ces expressions, entourez celles qui permettent de nuancer un propos.

- pas du tout !
- vous avez raison
- il ne faut pas généraliser
- je m'explique
- ce n'est pas aussi simple
- je n'ai pas bien compris
- il ne faut pas exagérer
- à dire vrai

 J'apprends

a Lisez ces arguments.

- Certains sont convaincus qu'il y a de la vie sur Mars car :
  → il y a de l'eau ;
  → il y a une atmosphère.

- Mais d'autres disent que c'est impossible car :
  → il fait trop froid (-60°C en moyenne) ;
  → les radiations solaires sont potentiellement mortelles.

b Imaginez un petit dialogue entre une personne convaincue qu'il y a de la vie sur Mars et une autre qui pense que c'est impossible. Utilisez des expressions pour nuancer des propos.

- Ils viennent de trouver de l'eau sur Mars ! Ça veut dire que les Martiens existent !
– ....
....
....

- Mais on entend toujours dire que, s'il y a de l'eau sur une planète, c'est qu'il y a de la vie. En plus, il y a une atmosphère.
– ....
....
....

Je produis

Vous voyez ce forum et vous écrivez un paragraphe de 120 mots environ pour exprimer votre opinion.

TERRITOIRES

Forum : Faut-il complètement supprimer les frontières ?

Stratégie

Organisez votre travail de la façon suivante :
– Rappelez le sujet.
– Donnez un 1er argument.
– Nuancez votre propos en expliquant pourquoi cet argument n'est pas toujours valable.
– Donnez un 2e argument.
– Nuancez votre propos.

Bilan

LINGUISTIQUE

GRAMMAIRE

1 Soulignez l'articulateur logique et indiquez s'il exprime une opposition ou une concession. ☆☆☆☆☆

a. Bien que la langue française soit la 5ᵉ langue du monde, c'est la seule avec l'anglais à être présente sur les cinq continents.
➜ ....

b. Aujourd'hui, 47 % des francophones vivent en Afrique tandis que 44 % vivent en Europe.
➜ ....

c. 95 % des Français disent qu'ils aiment se promener dans la nature. Cependant, un tiers le fait régulièrement. ➜ ....

d. Pour les vacances, 23 % des Français choisissent le bord de mer, contre 19 % qui vont à la montagne.
➜ ....

e. 86 % des Français jugent que l'écologie doit devenir une cause nationale mais seuls 14 % d'entre eux sont engagés dans la protection de l'environnement.
➜ ....

2 Complétez les phrases avec l'articulateur qui convient. ☆☆☆☆☆

malgré | tandis qu' | même si | néanmoins | par contre

a. Imane ne se sent pas italienne .... elle est née en Italie.

b. Les parents d'Imane sont marocains .... elle, elle est française.

c. Imane sait d'où elle vient. ...., elle se questionne sur son identité.

d. Elle ne connaît pas la culture italienne. ...., elle connaît bien la France.

e. Imane aime sa multiculturalité .... les questions que cela entraîne.

3 À partir de ce texte au discours indirect au passé, écrivez la conversation entre Paola et son grand-père. ☆☆☆☆☆

Paola a demandé à son grand-père s'il avait regardé la télé le jour où Neil Armstrong avait marché sur la Lune. Son grand-père lui a dit que oui. Il a ajouté que, maintenant, des navettes spatiales allaient sur Mars et que Paola pourrait peut-être y aller un jour quand elle serait adulte.

- Grand-père, est-ce que .... la télé le jour où Neil Armstrong .... sur la Lune ?
- Oui. Tu sais, maintenant, des navettes spatiales .... sur Mars et .... peut-être y aller un jour quand .... adulte.

4 Mettez les phrases au discours indirect au passé en commençant par « Les scientifiques ont dit… ». ☆☆☆☆☆

a. Il y a déjà eu de la vie sur Mars.
➜ ....

b. Nous n'enverrons pas d'Hommes sur Mars avant 2030.
➜ ....

c. Nous nous intéressons aussi à la face cachée de la Lune.
➜ ....

d. Aujourd'hui, nous avons autorisé l'ouverture de la Station spatiale internationale aux touristes.
➜ ....

e. Le premier touriste de l'espace partira l'année prochaine.
➜ ....

UNITÉ 9

LEXIQUE

1 Associez les expressions chiffrées avec le chiffre qui convient.

une trentaine • • 2/3
un tiers • • ≈ 30
les trois quarts • • 3/4
le triple • • × 3
les deux tiers • • 1/3

2 Complétez la grille et découvrez un adjectif lié au lexique du territoire.

a. la sauvegarde
b. qui vit en ville
c. destruction progressive
d. bord de mer
e. l'astre qui tourne autour de la Terre

3 Complétez avec un mot de la même famille.

a. un astre ➔ Les .... observent et étudient l'espace.
b. l'espace ➔ Ils font un voyage en navette ....
c. la Lune ➔ C'est une photo de paysage ....
d. la nuit ➔ La chauve-souris est un animal ....
e. la lumière ➔ On voit les villes .... quand on est dans l'espace.

4 Soulignez le complément qui convient pour former des expressions liées à l'origine.

a. passer *la frontière / l'identité / ses parents*
b. laisser tomber *l'hébergement / les étiquettes / la démarcation*
c. trouver *les étiquettes / la douane / un équilibre*
d. chercher *ses racines / une zone / un réfugié*
e. rejoindre *son identité / sa nationalité / sa famille*

PHONÉTIQUE

1 130 | Écoutez et notez quand la voix monte et descend avec les enchaînements.

a. On a une résidence secondaire.
b. Tu veux te promener en forêt ?
c. C'est une cause importante.
d. C'est une zone urbaine.
e. J'aime vivre en ville.

2 131 | Écoutez. Sur quels mots entendez-vous une parenthèse ?

a. ....
b. ....
c. ....
d. ....
e. ....

cent onze **111**

PRÉPARATION au DELF

Compréhension de l'oral   15 points

Répondez aux questions en cochant ☑ la bonne réponse.

Exercice 1   5 points

▶ 132 | **Vous écoutez une conversation. Lisez les questions. Écoutez le document puis répondez.**

1. Où peut-on voir cette exposition ?   1 point
   - ❏ Dans une salle d'exposition.
   - ❏ À l'extérieur.
   - ❏ Dans un musée.

2. Quels sont les trois sujets de l'exposition ?   1 point
   - ❏ Les déplacements des migrants.
   - ❏ Les origines des Français.
   - ❏ L'évolution des Hommes.
   - ❏ La richesse de la biodiversité.
   - ❏ La destruction de l'environnement.
   - ❏ La puissance de la planète Terre.
   - ❏ La beauté de la nature.
   - ❏ La place des Hommes dans la nature.

3. Quelle photo a particulièrement marqué cette femme ?   1 point
   - ❏ Une photo de volcan.
   - ❏ Une photo de paysages naturels.
   - ❏ Une photo d'animaux.

4. Où les photos ont-elles été prises ?   1 point
   - ❏ En Amérique du Nord uniquement.
   - ❏ En Afrique et en Australie uniquement.
   - ❏ Dans de nombreuses régions du monde.

5. Jusqu'à quelle date peut-on voir cette exposition ?   1 point
   - ❏ Jusqu'au 17 mars.
   - ❏ Jusqu'au 5 juillet.
   - ❏ Jusqu'au 15 juillet.

Exercice 2   10 points

▶ 133 | **Vous écoutez la radio. Lisez les questions. Écoutez le document puis répondez.**

1. Le tourisme vert, c'est :   1 point
   - ❏ le tourisme en forêt.
   - ❏ le tourisme écologique.
   - ❏ le tourisme d'observation de la nature.

2. Quand est né le *glamping* ?   1 point
   - ❏ Dans les années 1990.
   - ❏ Dans les années 2000.
   - ❏ Dans les années 2010.

3. Où est né le *glamping* ?   1 point
   - ❏ En Grande-Bretagne.
   - ❏ En France.
   - ❏ En Europe du Sud.

4. Quel est l'autre nom du *glamping* ?   1 point
   - ❏ Camping glamour.
   - ❏ Camping nature.
   - ❏ Camping de luxe.

5. Cochez.   Vrai   Faux   5 points

	Vrai	Faux
a. Le *glamping* est plus confortable que l'hôtel.	❏	❏
b. Le *glamping* respecte l'environnement.	❏	❏
c. Le *glamping* est moins cher que le camping.	❏	❏
d. Une nuit en *glamping* coûte en moyenne 80 euros par personne.	❏	❏
e. Ce sont les classes moyennes qui sont les plus attirées par le *glamping*.	❏	❏

6. Quelles sont les trois régions de France qui proposent la plus grande offre de *glamping* ?   1 point
   - ❏ L'Auvergne.
   - ❏ Les Alpes.
   - ❏ La région parisienne.
   - ❏ Les Pyrénées.
   - ❏ La Bretagne.
   - ❏ L'Alsace.

Production écrite

UNITÉ 9

15 points

Au cinéma, vous avez vu un documentaire sur un centre d'hébergement pour mineurs étrangers. Vous avez été marqué par le témoignage de ces jeunes migrants qui parlent de leurs origines et de leurs espoirs.

Vous faites un compte-rendu (160 mots) de ce documentaire pour le site Internet d'actualité cinématographique WebCiné.

SITUATION 1 — Constater des différences

Comprendre

1. ▶ 134 | **Écoutez et cochez la ou les bonne(s) réponse(s).**

a. L'homme interviewé parle :
❏ d'un livre.
❏ d'une enquête.
❏ de son travail d'enseignant.

b. Son étude porte sur :
❏ des enfants.
❏ des adolescents.
❏ des adultes.

c. Selon lui, les inégalités dépendent :
❏ du milieu social.
❏ du milieu culturel.
❏ de l'âge.
❏ des revenus.
❏ du sexe.
❏ du territoire.

d. Les résultats de cette étude montrent que les enfants :
❏ s'adaptent facilement.
❏ sont déjà différents.

S'exercer

2. Regardez les images et complétez avec les mots du *système éducatif* du document précédent.

À l'école .... (**a.**), les parcours scolaires sont influencés par le milieu social, culturel et territorial des enfants. L'............................... (**b.**) permet de combattre ces inégalités. Mais on réalise que, des années plus tard, quand les jeunes font des .... (**c.**), les inégalités sont encore présentes et ont un rôle important dans l'obtention des .... (**d.**).

3. Complétez le résumé du document audio avec les mots du lexique de la *différence*.

Pour son enquête, Xavier Bertrand a choisi de travailler sur des enfants issus de milieux sociaux très ....
Il a voulu .... la situation de ces enfants qui vivent dans des réalités diverses et variées. Il a donc choisi des familles issues de territoires ....
Il s'est aperçu qu'en entrant à l'école, ce n'étaient déjà pas les .... enfants.

UNITÉ 10

4. Associez les phrases aux temps du passé qui correspondent.

a. J'ai eu mon bac à 18 ans.
b. J'étais un enfant plutôt sage et travailleur.
c. On avait déménagé deux ans plus tôt.
d. Mes parents m'avaient inscrite dans une école privée.
e. À cette époque, je ne parlais pas un mot de français.

- passé composé
- imparfait
- plus-que-parfait

5. ▶135 | **Écoutez les phrases et cochez la valeur des temps du passé.**

	situation passée	action passée
a.		
b.		
c.		
d.		
e.		

6. SAVOIR

a Complétez avec *savoir* ou *connaître*.

a. Je .... bien le système éducatif français.
b. Je .... que tout le monde n'a pas les mêmes droits.
c. Je .... les difficultés liées au handicap.
d. Je .... qu'il existe des classes spéciales.
e. Je .... les causes du décrochage scolaire.

b Écrivez des phrases avec *savoir*.

a. + infinitif : ....
b. + *que* : ....
c. + *si* : ....

7. ▶136 | **L'effacement : écoutez et cochez ce que vous entendez.**

	Il y a	Y a
a. Il y a de bons élèves.	☐	☐
b. Il y a des différences dans l'apprentissage.	☐	☐
c. Il y a des exclusions dans notre système éducatif.	☐	☐
d. Le problème, c'est qu'il y a trop d'inégalités.	☐	☐
e. Je ne sais pas s'il y a des classes spéciales adaptées.	☐	☐

8. ▶137 | **L'effacement : écoutez et barrez les « e » qui ne sont pas prononcés.**

a. Il a passé le brevet à 15 ans.
b. Elle a subi des moqueries à l'école.
c. Au collège, je me posais beaucoup de questions.
d. C'est sûrement la meilleure école du quartier.
e. C'est ce qui m'a permis de comprendre le système.

Produire

9. Vous travaillez dans un département d'innovation pédagogique. Rédigez une note pour constater les différences entre le système éducatif français et celui de votre pays.

10. ▶138 | **Vous êtes interviewé dans un micro-trottoir et vous présentez le système éducatif de votre enfance. Écoutez les questions et répondez en utilisant les temps du passé et les mots liés à l'apprentissage.**

Mémoriser : Le système éducatif

11. Remettez le parcours scolaire dans l'ordre.

l'université | le collège | le lycée | le primaire | la maternelle

.... > .... > .... > .... > ....

12. Remettez les lettres dans l'ordre pour retrouver trois synonymes d'« enseigner ».

a. FRRMOE ➜ _ _ _ _ _ _
b. TRSRENIIU ➜ _ _ _ _ _ _ _ _
c. RQDUUÉE ➜ _ _ _ _ _ _

SITUATION 2 — Exprimer des avantages

Comprendre

POURQUOI INTÉGRER UNE E2C ? EN QUOI CONSISTE UNE FORMATION EN E2C ?

L'École de la 2ᵉ Chance (E2C) a beaucoup d'avantages pour tout jeune adulte sans emploi ni qualification, âgé de 16 à 25 ans, souhaitant trouver un emploi, avec ou sans diplôme.

Découvrez en 4 points pourquoi le parcours en E2C est fait pour vous :

UNE FORMATION GRATUITE ET RÉMUNÉRÉE
L'École de la 2ᵉ Chance est gratuite. Le jeune bénéficie du statut, de la protection sociale et de la rémunération de stagiaire de la formation professionnelle. Elle est variable, de 4 à 18 mois et plus, en fonction du temps dont le jeune a besoin [...]

UN ACCOMPAGNEMENT INDIVIDUALISÉ VERS L'EMPLOI
Coaching individuel, ateliers de recherche d'emplois et simulations d'entretien, le jeune est accompagné tout au long de sa formation par un formateur référent.

UNE ALTERNANCE ACTIVE PENDANT LE PARCOURS POUR CHOISIR SON MÉTIER
Pour accompagner le jeune dans son projet professionnel, l'E2C propose d'effectuer plusieurs stages dans différentes entreprises. L'E2C est là pour aider et accompagner le jeune dans sa recherche de stage. Chaque E2C possède des relations fortes avec le monde de l'entreprise qui favorisent l'alternance des stagiaires.

UNE FORMATION QUI S'ADAPTE AU PROJET DU JEUNE
L'École de la 2ᵉ Chance propose un parcours individualisé dont la durée varie en fonction du projet du jeune, qui se compose d'ateliers (français, mathématiques, informatique, connaissance du monde contemporain, sports…), de projets sociaux, culturels, citoyens et de stages en entreprises.

reseau-e2c.fr

1. Lisez et dites si ces propositions sont vraies ou fausses.

	Vrai	Faux
a. L'École de la 2ᵉ Chance s'adresse à des élèves de primaire.	❏	❏
b. La formation est totalement gratuite.	❏	❏
c. Le parcours est adapté à chaque élève.	❏	❏
d. Pour intégrer cette école, il faut avoir trouvé un stage en entreprise.	❏	❏
e. L'E2C permet de travailler deux matières : le français et les mathématiques.	❏	❏

S'exercer

2. Retrouvez les synonymes des mots qui permettent d'exprimer un avantage dans le texte précédent.

L'École de la 2ᵉ Chance a des .... (atouts, bénéfices) : elle .... (donne la chance) aux jeunes d'avoir une formation gratuite et rémunérée. En effet, les inscrits .... (profitent) d'un statut particulier. De plus, l'E2C .... (offre) un parcours adapté aux besoins de chaque stagiaire. La proximité de l'E2C avec les entreprises .... (encourage) l'alternance des stagiaires.

3. Pour chaque discipline, retrouvez la bonne définition des sigles.

a. **SVT** : ❏ Sciences de la vie et de la Terre
❏ Sciences de la vue et du toucher

b. **SES** : ❏ Sciences de l'écologie et de la société
❏ Sciences économiques et sociales

c. **EPS** : ❏ Éducation de la personne sociale
❏ Éducation physique et sportive

d. **LV** : ❏ Langue vivante
❏ Langue de la vente

e. **EMC** : ❏ Enseignement moral et civique
❏ Éducation militaire et citoyenne

UNITÉ 10

4. Retrouvez les mots du système éducatif correspondant aux images.

a. ....

b. ....

c. ....

d. ....

e. ....

5. Conjuguez les verbes entre parenthèses à un temps du passé.

Quand mon fils a eu 6 ans, j' .... (entendre) parler pour la première fois de l'école en famille. À ce moment-là, Guillaume .... (être) inscrit à l'école publique. Mais entre 3 et 5 ans, on l' .... (mettre) dans une école privée. Du coup, avec ma femme, on .... (se renseigner) et on .... (commencer) cette formidable aventure de l'école à la maison.

6. ▶139 | Écoutez et écrivez les verbes au passé que vous entendez. Attention aux accords !

a. L'école que j' .... pour ma fille était gratuite.
b. Les épreuves du bac, je les .... !
c. Tu les .... pour le brevet, tes élèves ?
d. Le système scolaire les ....
e. Ces stagiaires, je les .... et ils ont aujourd'hui un emploi.

7. ▶140 | L'effacement : écoutez et cochez ce que vous entendez.

	« e » prononcé	« e » non prononcé
a. Je me suis inscrite à l'école de la deuxième chance.		
b. La scolarisation est très réglementée.		
c. L'école à la maison permet de profiter de la vie.		
d. Avec ce système, il n'y a pas de jugement ni de compétition.		
e. On s'interroge sur la scolarité de nos enfants.		

8. ▶141 | L'effacement : écoutez et observez les « e » prononcés et les « e » non prononcés. Associez et répétez.

a. L'avantage de ce système, c'est la flexibilité.
b. Ils sont bien intégrés dans le système.
c. Elle ne subit plus de moqueries.
d. Cette devise comporte le mot « égalité ».
e. Cet établissement est très réputé.

• précédé de deux consonnes prononcées
• précédé d'une consonne prononcée

Produire

9. Vous êtes enseignant(e). Dans un mail destiné à vos collègues, vous exprimez les avantages de l'enseignement à distance pour les apprenants et les enseignants.

10. Vous êtes parent et vous avez choisi d'instruire votre enfant à la maison. Vous présentez les avantages de cette scolarité originale pour un podcast sur l'éducation. Enregistrez-vous !

Mémoriser : Les inégalités scolaires

11. a Associez ces synonymes.

une insulte • • décourager
démotiver • • une moquerie
valoriser • • s'adapter
s'intégrer • • motiver

b Quelle expression signifie « interrompre sa scolarité » ?
....

Situation 3 — Défendre l'égalité

Comprendre

1. ▶142 | **Écoutez et répondez aux questions.**

a. Pourquoi les Suissesses ont-elles manifesté ?
....

b. Où s'est déroulée la manifestation ?
....

c. Combien de Suissesses ont manifesté ?
....

d. Selon Chusa Puras, quels sont les trois domaines à améliorer ?
....
....

e. Quel mot est utilisé à la fin du reportage pour parler de l'égalité hommes-femmes ?
....

S'exercer

2. Lisez ces définitions et complétez la grille avec les mots liés à la défense d'une cause.

1. faire progresser : faire …
2. le fait d'agir pour une cause
3. faire bouger les choses
4. descendre dans la rue pour montrer son mécontentement
5. le contraire de « devoir »

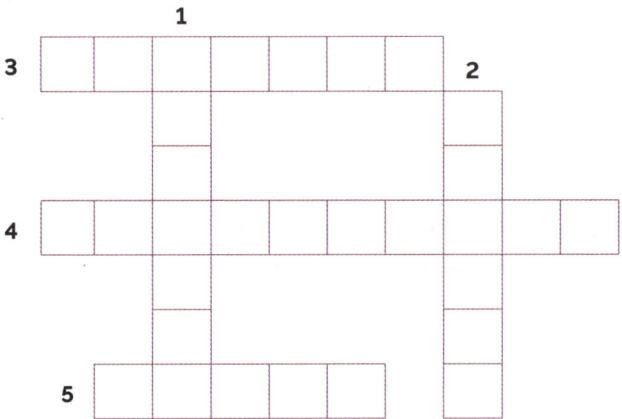

3. Retrouvez le contraire des mots liés à l'égalité avec le préfixe -in ou -im.

a. l'égalité ≠ ....
b. la justice ≠ ....
c. la capacité ≠ ....
d. équitable ≠ ....
e. possible ≠ ....

UNITÉ 10

4. Cochez le type de pronom utilisé.

	Pronom direct	Pronom indirect
a. L'égalité, nous nous sommes battues pour l'avoir !	❑	❑
b. Nos droits, nous les défendrons jusqu'au bout !	❑	❑
c. On leur parle de ces problèmes depuis longtemps.	❑	❑
d. On nous envoie des militants pour défendre cette cause.	❑	❑
e. Ces enfants, on les éduque du mieux qu'on peut !	❑	❑

5. Transformez les noms soulignés en **doubles pronoms**.

a. On prête à ces femmes de fausses paroles.
   → ....

b. On donne aux enfants des droits identiques.
   → ....

c. On présente au gouvernement de nouvelles réformes.
   → ....

d. On a envoyé un mail au ministère pour changer les choses.
   → ....

e. L'école a acheté de nouveaux outils aux enseignants.
   → ....

6. ASSISTER
▶ 143 | Écoutez et remplacez les verbes entendus par *assister*. Attention à sa construction !

a. .... ces femmes à se battre pour leurs droits.
b. .... une émission sur la Journée internationale des droits des femmes.
c. .... une amie dans le besoin.
d. .... une conférence sur les droits de l'enfant.
e. .... les personnes qui ont un handicap.

7. ▶ 144 | L'effacement : écoutez et cochez ce que vous entendez.

a. ❑ ne ❑ né   d. ❑ ne ❑ né
b. ❑ ne ❑ né   e. ❑ ne ❑ né
c. ❑ ne ❑ né

8. ▶ 145 | L'effacement.

a Écoutez et barrez les groupes consonantiques non prononcés.

a. Elles veulent êt[re] mieux payées !
b. Ils veulent êt[re] écoutés !
c. On va peut-êt[re] manifester !
d. On va se batt[re] pour l'égalité !
e. On va lutter cont[re] ce système.

b Entourez la bonne réponse.
On prononce le groupe consonantique devant *une consonne / une voyelle*.

Produire

9. Vous participez à une manifestation au nom de l'égalité femmes-hommes. Expliquez les principes qui sont importants pour vous à une chaîne de télévision présente sur les lieux. Enregistrez-vous !

10. Vous luttez contre l'exclusion des personnes handicapées. Expliquez pourquoi il est important de défendre cette cause en rédigeant une lettre à destination du maire de votre ville.

Mémoriser : Défendre une cause

11. a Retrouvez les synonymes à l'aide des indices.

a. une évolution = une _ _ _ _ _ _ _
b. montrer son mécontentement = _ _ _ _ _ _ _ _ _ _
c. se battre = _ _ _ _ _ _
d. se révolter = _ _ _ _ _ _ _ _ _

b Retrouvez le mot caché.
_ _ _ _ _

mémo

LA FABRIQUE DES MOTS

✓ J'agis

Complétez ce tableau avec les mots liés à l'école et au système éducatif.

Les diplômes	Les niveaux	Les lieux	Les personnes	Les matières
B _ _ _ _	M _ _ _ _ _ _ _ _	C _ _ _ _ _ _	E _ _ _ _	D _ _ _ _ _ _ _ _ _
B _ _	P _ _ _ _ _ _	C _ _	P _ _ _ _ _ _ _ _ _	F _ _ _ _ _
	C _ _ _ _ _ _	S _ _ _ _		
	L _ _ _ _			

✓ Je coopère

ⓐ Quel est le principe le plus important à vos yeux ? Entourez-le.

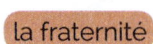 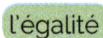 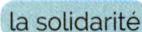 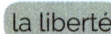 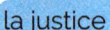

la fraternité   l'égalité   la solidarité   la liberté   la justice

ⓑ Comment défendez-vous ce principe au quotidien ? Échangez avec votre voisin(e).

✓ J'apprends

ⓐ Quels mots ou expressions ci-contre transmettent l'idée :
  → d'équivalence ?
  .... ; .... ; ....
  → de partage ?
  .... ; .... ; ....

kif-kif
cinquante-cinquante
du pareil au même
comparable
équitable
moitié-moitié

ⓑ Que pouvez-vous dire :
  → si vous voulez partager un travail en parts égales ?
  ....
  → si vous êtes témoin d'une injustice ?
  ....

Utilisez les phrases de la page 167 du livre élève.

✓ Je produis

ⓐ Choisissez une cause à défendre et listez : ses grands principes ; les actions à mener ; des exemples où cette cause n'est pas respectée.

ⓑ Présentez votre cause.
Le sujet : Faites une petite présentation orale de votre cause.
Durée : 2 minutes

Stratégie
Pour être convaincant, choisissez des exemples concrets qui toucheront le public.
Enregistrez-vous puis écoutez-vous !

LA FABRIQUE DES TEXTES

✓ J'agis

a Lisez ces phrases. Quelles phrases :
- expriment une opinion ? ....
- donnent une idée d'action à mener ? ....
- donnent un exemple concret ? ....

a. Dans les entreprises, les femmes ont un salaire 20 % inférieur à celui des hommes.
b. L'école est le premier lieu où se construit le sexisme.
c. Les jouets sont encore organisés par sexe dans les rayons des magasins !
d. Pour favoriser l'égalité hommes-femmes, on pourrait utiliser l'écriture inclusive dans les médias.
e. Les femmes sont discriminées au travail, notamment dans leurs prises de parole lors de réunions.
f. Mettons en place des quotas pour s'assurer que la parité est respectée.

b En une phrase, exprimez votre opinion sur la parité hommes-femmes.

....
....
....

c Pour appuyer votre opinion, trouvez un argument, un exemple, une idée d'action à mener et une conclusion appropriée.

....
....
....
....
....
....
....

✓ J'apprends

a ▶146 | Écoutez ces exemples. Quelles expressions permettent de rectifier ses propos ?

a. .... b. .... c. ....

b Commentez à l'oral ces trois stéréotypes de genre chez les enfants. Rétablissez la vérité en rectifiant ces informations.
- Les garçons ne pleurent jamais.
- Les petites filles aiment le rose.
- Les petites filles aiment les robes de princesse.

c Trouvez d'autres idées reçues qui sont fausses pour vous. Donnez votre version des faits en rectifiant ces informations.

....
....
....
....
....
....

✓ Je produis

a Lisez ces affirmations à propos du réchauffement climatique et dites si vous êtes d'accord.
a. C'est trop tard, on ne peut plus rien faire.
b. Le réchauffement climatique, ce sont des histoires. Vous avez vu comme il a fait froid cet hiver ?!
c. Il n'y a aucun rapport entre mon steak et le réchauffement climatique.

b Faites quelques recherches et rectifiez ces idées reçues.

c Rédigez un texte de 150 mots pour convaincre la population de se mobiliser pour le climat.
Trouvez des arguments, des stéréotypes à rectifier et des exemples d'actions à mener.

Pour rectifier

▶ Aidez-vous de l'exemple donné page 192, du livre élève.

Bilan

LINGUISTIQUE

GRAMMAIRE

1 Complétez ces phrases en conjuguant le verbe entre parenthèses au temps du passé qui convient.
   a. Avant, les écoles n'............................. pas mixtes. (être)
   b. L'école lui .... le goût de la lecture. (donner)
   c. Je ne voulais pas inscrire mon fils parce qu'il .... avant. (redoubler)
   d. Elle n'a pas réussi parce qu'elle .... la veille. (ne pas réviser)
   e. Qu'est-ce que tu .... à l'école ? (apprendre)

2 Entourez la bonne réponse.
   a. Il n'a pas aimé l'école que je lui ai *montré / montrée*.
   b. Mes amis, je les ai *rencontré / rencontrés* au lycée.
   c. J'ai *inscrit / inscrits* mes deux enfants dans la même école.
   d. Les matières qu'il a *choisi / choisies* lui plaisent beaucoup.
   e. Cette école est *équipé / équipée* pour accueillir des personnes en fauteuil.

3 Remettez dans l'ordre.
   a. lui / donné / le / Je / ne / ai / pas
   → ....
   b. achetés / On / leur / les / a
   → ....
   c. lui / la / pas / On / ne / a / volée
   → ....
   d. avec grand plaisir / Il / prête / vous / la
   → ....
   e. te / Elle / prend / les / aujourd'hui
   → ....

4 Remplacez les mots soulignés par un pronom. Attention aux accords !
   a. J'ai parlé à <u>mon élève</u>.
   → Je ....
   b. Tu as choisi <u>ta filière</u> ?
   → Tu ....
   c. Elle assiste <u>son cousin handicapé</u>.
   → Elle ....
   d. J'ai donné <u>les cahiers</u> <u>à mes élèves</u>.
   → Je ....
   e. J'ai raconté <u>à mes enfants</u> <u>mes souvenirs de l'école</u>.
   → Je ....

UNITÉ 10

LEXIQUE

1 Lisez ces définitions et retrouvez les mots liés à l'école.

a. une école qui accueille des élèves de 12 à 15 ans : le ....

b. lié à l'école : ....

c. une matière : une ....

d. suivre un enseignement à l'université : faire des ....

e. synonyme d'enseignement, d'apprentissage : l' ....

2 Retrouvez le sens de ces sigles.

a. CE1 : ❏ cours élémentaire 1   ❏ cours éducatif 1
b. LV : ❏ langue vulgaire   ❏ langue vivante
c. CM2 : ❏ cours moyen 2   ❏ cours de maths 2
d. AVS : ❏ auxiliaire de vie sociale   ❏ auxiliaire de vie scolaire
e. CC : ❏ contrôle continu   ❏ cours commun

3 Complétez avec la bonne préposition.

a. Nous nous opposons .... ces injustices !
b. On essaie de tendre .... l'égalité.
c. Je me bats .... mes droits !
d. Ils luttent .... le réchauffement climatique.
e. Elles se rebellent .... la domination masculine.

4 Associez ces synonymes.

la cohésion •   • la solidarité
l'entraide •   • la fraternité
différent •   • semblable
équitable •   • inégal
l'unité •   • la coopération

PHONÉTIQUE

1 ▶147 | Écoutez et cochez ce que vous entendez.

	de	dé
a. les droits de l'homme		
b. le droit de vote		
c. le droit de grève		
d. le cours de maths		
e. le prof de géo		

2  Écoutez et barrez les lettres que vous n'entendez pas.

À mon époque, il n'y avait pas de classe mixte : les garçons étaient d'un côté et les filles de l'autre côté ! Et puis en cours, on n'avait pas le droit de parler à notre voisin. Sinon, c'était la punition !

cent vingt-trois **123**

PRÉPARATION au DELF

Compréhension des écrits — 15 points

Vous lisez cet article dans la presse française. Répondez aux questions en cochant ☑ la bonne réponse.

À Strasbourg, une boutique pour enfants affiche la couleur

À 27 ans, Joy Fleutot a ouvert début décembre une boutique unique à Strasbourg : des jouets et vêtements unisexe. Ici, on n'impose pas de rose aux filles ou de bleu aux garçons.

Au 46 de la colorée et bien nommée rue du jeu-des-enfants à Strasbourg, un panneau indique une boutique au fond d'une cours. Il donne le ton : « Boutique engagée, unisexe et non-genrée ». À l'entrée, un espace café accueille les parents et une cabane attend les enfants. Derrière, tout est sélectionné par Joy Fleutot, comme ce mémory des métiers : « À chaque fois, la paire à trouver ce sera par exemple un danseur et une danseuse. Ça peut paraître bête mais on a besoin de dire "tu es un garçon, tu as le droit de devenir danseur, ça existe" », explique-t-elle.

Ici, vous l'aurez compris : pas de rayon filles-garçons, les vêtements sont rangés par tranche d'âge. Ce sont ses études de commerce et de marketing qui ont inspiré cette Mosellane : « On apprenait que pour cibler sa clientèle, il fallait la segmenter en plusieurs cases et ça commençait par le sexe. Je me suis rendue compte que plus l'âge était bas, plus les stéréotypes étaient grands. Le rose pour les filles et le bleu pour les garçons, que ce soit pour les vêtements ou les jouets, il n'y a que chez les enfants que l'on voit une démarcation aussi importante. »

Or cette démarcation a ensuite des conséquences sur le développement de l'enfant selon Joy Fleutot : « Si on joue à la poupée, on va développer de l'empathie, s'occuper des autres, le langage aussi car on lui parle, idem si on joue à la marchande. Alors qu'en jouant aux pompiers, aux puzzles ou mécano, on va développer des compétences mathématiques, le courage, le dépassement de soi. Tout ça ce sont des qualités importantes qu'on soit un homme ou une femme, donc un garçon ou une fille », affirme la jeune gérante.

Solène Larquier, francebleu.fr, 23/12/2019.

1. À Strasbourg, Joy Fleutot vient d'ouvrir sa deuxième boutique. — 2 points
- ☐ Vrai
- ☐ Faux

2. Quels produits sont vendus dans cette boutique ? — 3 points
- ☐ Des vêtements.
- ☐ Des livres.
- ☐ Des jouets.
- ☐ Des meubles.

3. Qui choisit les produits en vente ? — 2 points
- ☐ Les enfants.
- ☐ Les parents.
- ☐ La gérante.

4. Comment sont organisés les rayons de cette boutique ? — 2 points
- ☐ Par type de vêtement.
- ☐ Par âge.
- ☐ Par sexe.

5. Dans ses études, Joy Fleutot a appris qu'il fallait différencier les clients en fonction : 2 points
- ❏ de leur style.
- ❏ de leur âge.
- ❏ de leur sexe.

6. Selon Joy Fleutot, qui est le plus touché par les stéréotypes de genre ? 2 points
- ❏ Les enfants.
- ❏ Les adolescents.
- ❏ Les adultes.

7. Que pense Joy Fleutot des jouets pour enfants ? 2 points
- ❏ Chaque jouet développe des compétences et des qualités.
- ❏ Les jouets pour garçons ne plaisent pas aux filles, et vice-versa.
- ❏ Les jouets sont moins importants que les livres pour le développement de l'enfant.

Production orale

15 points

▶ **PARTIE 1 — Entretien dirigé**

Vous vous présentez à l'examinateur. Vous lui parlez rapidement de votre parcours scolaire et vous répondez à cette question : « Vous êtes-vous senti sur un pied d'égalité avec les autres élèves pendant votre parcours scolaire ? »

▶ **PARTIE 2 — Exercice en interaction**

Votre ami(e) milite dans une association pour lutter contre les inégalités femmes-hommes. Il / Elle vous fait part de ses actions. Vous exprimez votre point de vue.

▶ **PARTIE 3 — Expression d'un point de vue**

Vous dégagerez le thème soulevé par le document ci-dessous. Vous présenterez ensuite votre opinion sous la forme d'un court exposé de 3 minutes environ. L'examinateur pourra vous poser quelques questions.

NOUVELLE-AQUITAINE

Expérimenter le jeu vidéo pour lutter contre le décrochage scolaire

■ **INITIATIVE**

Le conseil régional de Nouvelle-Aquitaine va expérimenter un projet pédagogique pour stimuler la persévérance scolaire par le biais de la création de jeux vidéo.

Soigner le mal par le mal et utiliser la création de jeux vidéo pour prévenir le décrochage scolaire : l'idée importée du Canada va être expérimentée en Nouvelle-Aquitaine dans neuf établissements. Cette initiative se réalisera en partenariat avec une association franco-québécoise et le géant européen du secteur, Ubisoft, qui a récemment implanté une antenne à Bordeaux.

Ce projet pédagogique, lancé mardi dans le studio bordelais d'Ubisoft, vise à tordre le cou à l'idée que le jeu vidéo est trop souvent à l'origine du décrochage scolaire. Les jeunes sont amenés à créer un récit interactif et un prototype de jeu, en passant par les différentes étapes de la création de jeux vidéo telles que le design de jeu, le design de niveau, la programmation et la création d'images et de sons originaux.

20minutes.fr, 05/02/2019.

Corrigés

LA FABRIQUE DE CONJUGAISON

Activité 1 .... p. 4

a va – partir – viens – s'est tournée – avait – n'a pas répondu – ira – prendre – aller – est – faut – changer – cherchera – achètera – a – avais su – aurais regardé – est – attendra – a – a soufflé – réchauffer – a regardée – ai vu – était – pleurer – veux – vienne – veux – parte – as – inquiète – ai dit – a – promets – vomiras

b **a.** partir, prendre, aller, changer, chercher, réchauffer
b. viens, (c')est, (il) faut, a / as, veux, promets
c. t'inquiète
d. avait, était
e. s'est tournée, a répondu, a soufflé, a regardée, ai vu, ai dit
f. avais su
g. va partir
h. ira, cherchera, achètera, attendra

c subjonctif présent et conditionnel passé

Activité 2 .... p. 4

conjugué - *pour, de, à.*

Proposition de corrigé :
a. J'apprends le français pour partir au Canada et trouver un travail.
b. Ce week-end, je vais aller chez une amie.
c. Il faut toujours être patient.
d. Elle est en train de manger un pain au chocolat.
e. Un jour, j'irai habiter sur la Lune !
f. Nous devrions acheter plus de pain.

Activité 3 .... p. 4

a. C'est un dialogue oral. - À l'oral, on omet souvent de prononcer le « ne ».
b. Parce que le verbe est un verbe pronominal.

Demain, prends le train à Saint-Lazare. Va jusqu'à Cherbourg. Change à Caen. À Cherbourg, cherche le port et achète les billets.

Activité 4 .... p. 5

ais – aient

Proposition de corrigé :
Nous étions toutes les deux dans ma chambre pour la première fois. Je voyais bien qu'elle la regardait d'un air bizarre. Sur les murs, il y avait des posters de musique. Elle les scrutait un à un et cherchait à savoir qui j'étais. Ma chambre était en désordre. Je n'avais pas fait mon lit. Sur mon bureau se trouvaient des stylos ouverts et des cahiers un peu déchirés.

Activité 5 .... p. 5

a. car c'est un verbe pronominal : *se tourner.*

b. *Être* est utilisé avec les verbes pronominaux et avec les verbes suivants : *naître, mourir, descendre, monter, sortir, entrer, tomber, arriver, partir, rester, retourner, rentrer, venir, aller, passer* (et leurs dérivés).
c. parce que le complément d'objet direct « me » est placé avant l'auxiliaire *avoir*. Quand le COD est placé avant l'auxiliaire *avoir* au passé composé, on accorde le participe passé avec le COD.

Proposition de corrigé :
Pendant les vacances, j'ai passé les fêtes de fin d'année en famille. Nous avons mangé des huitres et nous sommes tous tombés malade. Alors, avec mes frères et sœurs, nous sommes restés à la maison. J'ai lu un livre que j'ai adoré. Avec ma sœur, nous nous sommes raconté <u>des histoires</u>* et nous nous sommes bien amusées.
*ici, on n'accorde pas car le verbe *se raconter* est suivi d'un complément d'objet direct.

Activité 6 .... p. 5

a. La phrase b – **b.** la phrase a

Proposition de corrigé :
Quand j'étais petite, j'adorais aller chez mes grands-parents, en été. Mon grand-père passait son temps à jardiner pendant que mes frères et moi partions à l'aventure, avec nos arcs et nos flèches ! Nous imaginions que nous étions des chasseurs et que nous allions attraper beaucoup de gibier. Un jour, mon frère a tiré une flèche qui a atterri sur mon œil. J'ai eu très mal et j'ai saigné un peu. Depuis ce jour, je n'ai plus jamais chassé !

Activité 7 .... p. 5

a. La phrase a – **b.** La phrase b – **c.** « Demain »

Proposition de corrigé :
Coucou Augustin,
J'espère que tu vas bien et que tes examens se passent bien.
Toujours partant pour notre voyage en Belgique cet été ? Le plus simple sera de se retrouver à la gare du Nord à Paris. Tu pourras venir en train et moi, je viendrai en avion. Ensuite, on prendra le Thalys et on ira directement à Bruxelles. J'ai réservé un Airbnb en plein centre-ville. On pourra ainsi facilement se promener dans Bruxelles. Tu sais qu'il y a la fête nationale début juillet, tu voudras y aller ? Est-ce que tu aimerais visiter le Parlement ? Si oui, il faut se dépêcher pour réserver.
Je propose qu'on s'appelle mais pas ce week-end… Léonie vient me rendre visite. Je vais l'emmener dîner dans un nouveau resto qui vient d'ouvrir. Ils font de la cuisine Thaï. J'espère qu'elle va aimer.
À très vite, Lucas

Activité 8 .... p. 5

a. d'un verbe à l'infinitif. – d'un verbe au subjonctif.
b. parce qu'il y a « tu veux que » qui exprime la volonté. Après un verbe de volonté, on utilise généralement le subjonctif.
c. Tu veux qu'il vienne avec toi ? Tu veux que nous venions avec toi ? Tu veux qu'elles viennent avec toi ?

Proposition de corrigé :
Si je pars en voyage,
• il faut que je prévienne mes parents ;
• il faut que je m'organise un peu !
• il faut que mes amis me prêtent leur grand sac à dos ;
• il faut que je fasse une liste des lieux à visiter ;
• il faut que j'aille refaire mon passeport ;
• il faut que je sache où je vais dormir les premiers jours et que je réserve !

Activité 9 .... p. 5

a. avant la narration. – **b.** avec l'auxiliaire *être* ou *avoir* à l'imparfait + le participe passé.

Proposition de corrigé :
Nous avions eu cette idée folle un soir d'été et nous nous étions promis que nous allions le faire ! Nous nous étions retrouvés avant pour discuter des pays à visiter. Nous avions établi un itinéraire et avions sélectionné plusieurs pays. Nous avions travaillé pour gagner suffisamment d'argent et avions décidé de la durée du séjour. Nous avions choisi les modes de transport et nous nous étions mis d'accord sur les activités à faire.

Activité 10 .... p. 6

plus-que-parfait

Proposition de corrigé :
Si je travaille beaucoup, je pourrai peut-être parler français couramment.
Si j'étais célèbre, j'aimerais être actrice.
Si je possédais un pouvoir magique, je changerais le monde !
Si j'avais eu des frères et sœurs, je me serais beaucoup plus amusé.
Si j'avais fait plus de tennis quand j'étais petite, j'aurais pu en faire mon métier.

Unité 1

Activité 1 .... p. 6

a. C'est Stéphane de Freitas. Il a réalisé le documentaire *À voix haute* et écrit un livre *Porter sa voix, s'affirmer par la parole.*
b. Le livre est pédagogique : il explique comment écouter et faire porter sa voix.
c. Un bon orateur sait occuper la scène, organiser son propos, se défendre et être convaincant. Il doit aussi faire ressentir des émotions et faire porter sa voix.
d. Le conseil : il faut qu'il sache (il faut que + *subjonctif*) ; il doit avoir (devoir + *infinitif*)

CORRIGÉS

Activité 2 .... p. 6
a. faire porter sa voix **b.** être convaincant **c.** s'affirmer **d.** un propos **e.** être timide

Activité 3 .... p. 6
a. porter **b.** organiser **c.** écouter **d.** entendre

Activité 4 .... p. 7
a. L'orateur / doit convaincre / son public.
b. L'orateur / doit s'exprimer / avec aisance.
c. L'orateur / doit bien articuler.
d. L'orateur / peut donner / des exemples concrets.
e. L'orateur / peut exprimer / ses sentiments.

Activité 5 .... p. 7
a. 2 **b.** 2 **c.** 3 **d.** 2 **e.** 3

Activité 6 .... p. 7
parle
réussisse
fasse
décidions
anticipions
puisse

Activité 7 .... p. 7
Proposition de corrigés :
a. Il faut qu'elle se détende.
b. Il faut qu'il se prépare à répondre à des questions.
c. Il faut qu'il pose des questions.
d. Il faut que vous l'aidiez !

Activité 8 .... p. 7
a. L'image **d.** Les lunettes de piscine
b. Proposition de corrigé :
Sa maman le laisse jouer à l'ordinateur 45 minutes chaque jour.
Pauline joue du piano depuis qu'elle a 4 ans.
Il joue aux cartes avec ses grands-parents.
Jeanne joue au foot le samedi.

Activité 9 .... p. 7
Proposition de corrigé :
Voici venu le moment tant attendu de la soirée. Nous accueillons, ce soir, le rappeur et comédien Kery James, de son vrai nom Alix Mathurin, qui vient nous parler des mots, de rythme et de sonorités. C'est pour nous un honneur de le recevoir. La parole est à vous, Kery…

Activité 10 .... p. 7
Proposition de corrigé :
Il faut que le monde change,
Il faut que les gens bougent,
Il faut que la nature revienne,
Il faut que nos enfants comprennent,
Que la Terre est notre reine.

Activité 11 .... p. 7
parler à quelqu'un
parler de quelqu'un
parler de quelque chose avec quelqu'un

Activité 12 .... p. 7
s'exprimer avec aisance
échanger des idées
discuter de politique
raconter une histoire

Activité 1 .... p. 8
a. Vrai.
b. Faux (il faut aussi un micro).
c. Faux (il est gratuit).
d. Faux (il faut le préparer).
e. Vrai.

Activité 2 .... p. 8
a. les bruits – **b.** sonore – **c.** un casque – **d.** un micro – **e.** la sonnerie

Activité 3 .... p. 8
ⓐ **a.** le micro – **b.** la lecture – **c.** l'écoute **d.** en boucle – **e.** un son
ⓑ **a.** parler : Ce serait bien que tu parles devant le micro !
b. lire : Je te conseille de lire à voix haute.
c. écouter : Tu ne devrais pas écouter la musique aussi fort.
d. réécouter : Si tu réécoutes, tu comprendras mieux.
e. entendre : Tu peux faire un peu moins de bruit : je n'entends rien.

Activité 4 .... p. 9
ⓐ le brainstorm – la confcall – être en burnout – le podcast – to check – les mails – to forward – le boss – être overbooké
ⓑ le remue-méninges – la conférence téléphonique – le surmenage – le baladodiffusion – vérifier – les courriers électroniques – transférer – le patron – être surchargé de travail

Activité 6 .... p. 9
a. 1 **b.** 2 **c.** 2 **d.** 3 **e.** 4

Activité 7 .... p. 9
Proposition de corrigés :
a. Je souhaite que tu parles plus fort.
b. Je veux que tu répètes car je n'ai pas compris.
c. Je souhaiterais qu'il y ait du silence.
d. Nous voudrions que vous parliez moins fort.
e. Il est nécessaire que les enfants se taisent maintenant.

Activité 8 .... p. 9
a. Je *veux* que vous arrêtiez.
b. *Il vaut mieux que* nous n'utilisions pas.
c. *Il est préférable que* les étudiants apprennent.
d. *Il est nécessaire que* les étudiants achètent.
e. Le professeur *propose* que les étudiants téléchargent.

Activité 9 .... p. 9
Proposition de corrigé :
Vous avez certainement déjà entendu parler du « Post-it » ? Eh bien, maintenant, l'application Post-it vous *permet de* créer et modifier ses post-it. Si vous regardez l'écran, vous voyez que *là, vous avez* l'icône pour partager ou encore exporter vers d'autres applis. *Voilà pourquoi* il n'existe pas de traduction pour ce mot !

Activité 10 .... p. 9
Proposition de corrigé :
La tête dans le casque !
Entre ceux qui n'aiment pas lire des livres, ceux qui prennent les transports en commun tous les jours, ceux qui aiment se détendre dans le canapé les yeux fermés et ceux qui, grâce à une voix, s'imaginent un nouveau monde… il est clair que le livre audio est la solution. Et on les comprend ! Chaque matin, Muriel Lannier, prépare sa dose littéraire : elle branche ses écouteurs, appuie sur le petit triangle « play » et plonge dans son livre audio. La voilà partie pour 20 minutes d'immersion, le temps de trajet vers son bureau, dans un roman espagnol : « C'est un peu ma bulle d'oxygène, le moment où tout s'arrête. J'ai lu (enfin écouté…) des romans entiers sur des plages cet été et pour ma fille qui n'aime pas lire, c'est vraiment idéal ! ». Le podcast séduit des millions de personnes et ce n'est pas fini… le monde en trois dimensions nous permettra peut-être de vivre une aventure avec le roman encore différente !

Activité 11 .... p. 9
un audio – une lecture – un écouteur – un auditeur – un lecteur – une écoute – écouter – une audition – lire

Activité 12 .... p. 9
écouter un livre audio
entendre un bruit
percevoir un son

Activité 1 .... p. 10
a. Olivier est l'ami de Yann. Ils se connaissent depuis cinq ans. Il est honnête, cool et drôle. Il est simple. Il est comme un frère pour Yann.
b. Entre eux, les choses sont simples. Olivier connait Yann par cœur. Ils aiment faire la fête ensemble. Ils ont le même style de vie. Il n'y a pas de sujet tabou entre eux.
c. Ils n'ont pas les mêmes goûts vestimentaires. Ils ont chacun leur caractère.
d. Je le connais depuis…
On s'est rencontrés…
C'est une personne que je trouve…
On ne s'est plus jamais quittés.

Activité 2 .... p. 10
ⓐ agréable
ⓑ vivable – adaptable – remarquable – aimable – admirable
ⓒ Proposition de corrigé :
Mon amie, Charlotte. Je la connais depuis six ans. Je l'ai rencontrée à l'école de mes enfants. C'est une personne que je trouve admirable parce qu'elle travaille beaucoup et toujours avec le sourire. Elle fait un travail remarquable auprès des enfants. Elle est très aimable et très serviable.

Activité 3 .... p. 10
a. se connaître depuis longtemps

b. tisser des liens
c. aimer bavarder
d. se ressembler
e. bien s'entendre

Activité 4 — p. 11
a. <u>chaque</u> → adjectif
b. <u>plusieurs</u> → adjectif
c. <u>tout</u> → adjectif
d. <u>Certaines</u> → pronom ; <u>d'autres</u> → pronom
e. <u>aucun</u>. → pronom

Activité 5 — p. 11
Proposition de corrigé :
Aucun ne m'a jamais trahi.
Certains sont partis vivre à l'étranger mais on est très souvent en contact.
D'autres habitent très près mais je ne les vois jamais.
Plusieurs ont fêté le Nouvel an chez moi.
Certaines de mes amies sont vraiment très proches. Presque trop pour ma petite amie 😊 !
Tous seront invités à mon anniversaire.

Activité 6 — p. 11
a. Avec mes amis ↗, on s'entend bien ↘.
b. Avec ma femme ↗ on se dispute parfois ↘.
c. Avec mes collègues ↗, on s'est liés d'amitiés ↘.
d. Mes enfants ↗, je les connais ↗ par cœur ↘.
e. Avec ma sœur ↗, on est pareilles ↘.

Activité 8 — p. 11
a a. prendre racine
b. prendre à gauche
c. prendre froid
d. prendre à cœur
e. prendre congé
b a. tourner
b. attacher de l'importance
c. s'installer durablement
d. attraper froid / être malade
e. partir

Activité 9 — p. 11
Proposition de corrigés :
a. C'est bien ça (= approbation). Je peux partager mes secrets, mes joies ou mes peines avec mes amies (= exemple).
b. En effet (= approbation), l'essentiel dans l'amitié n'est pas d'avoir les mêmes goûts mais de les partager avec l'autre (= argument). Si on a le même caractère, alors, ce n'est pas très intéressant puisque l'on sera toujours d'accord.
c. Tout à fait ! (= approbation). Être ami, c'est faire partie de la même famille de cœur (= argument). Avec mon ami Mathieu, on parle de nos sentiments, de nos difficultés et il m'écoute comme un frère (= exemple).

Activité 10 — p. 11
Proposition de corrigé :
Avec Manue, on se connaît depuis longtemps ! Je l'ai rencontrée à la fac. Elle était en fac d'anglais et moi, en fac de sciences. Je me souviens que la première fois que nous nous sommes vus, elle m'a tout de suite fait rire. Elle est drôle et son rire est communicatif. Nous avons beaucoup de choses en commun : comme moi, elle aime dépenser de l'argent pour des trucs inutiles ; aller au restaurant et manger de bons petits plats ; bavarder et passer du temps à ne rien faire. Elle n'aime pas beaucoup le sport alors que moi, je suis plutôt sportif. Mais souvent, on marche ensemble…On connaît nos histoires familiales. On sait d'où l'on vient. On se comprend parfaitement. Notre amitié est agréable, fluide et compréhensive. C'est assez rare entre un homme et une femme ! Depuis la fac, nous nous sommes tous les deux mariés et nos conjoints s'entendent aussi très bien. Alors, on passe beaucoup de week-ends ou vacances ensemble. C'est encore plus rare !

Activité 11 — p. 11
a. un amour**eux** → une relation amour**euse**
b. l' ami**tié** → une relation ami**cale**
c. être aim**able** → l'amabi**lité**

Activité 12 — p. 11
une connaissance → un copain = un pote (fam.) → un ami → son meilleur ami

J'agis — p. 12
Proposition de corrigés :
a **P**arler, partager la parole
Aisance, attention à l'articulation !
Rythme, parfois rapide : il faut ralentir !
Oser, ouvrir la bouche pour s'exprimer
Libre, comme les mots lorsqu'ils quittent l'audio livre
Exprimer et émouvoir le public !
b - Pour moi, oser ouvrir la bouche, c'est sortir de sa timidité et se libérer !
- Pour moi, s'exprimer, c'est chercher à émouvoir le public qui écoute avec attention.

J'apprends — p. 12
a Vous demandez à quelqu'un de se taire : *Un peu de silence, s'il vous plaît ! – Chut !*
Vous indiquez que vous n'avez pas compris : *Excusez-moi, je n'ai pas compris. – Que veux-tu dire ?*
Vous faites préciser une idée : *Tu as bien dit que… ? – Si j'ai bien compris…*
b m'entends
comprenez
connaît
c **Proposition de corrigés :**
Excusez-moi, je n'ai pas entendu.
Avec mon ami Victor, nous nous comprenons très bien.
Elle sait écouter attentivement.

Je produis — p. 12
Proposition de corrigé :
J'ai lu ou plutôt, j'ai écouté, le livre *Odette Toulemonde* d'Eric-Emmanuel Schmitt lu par Guillaume Gallienne. Déjà, j'adore Guillaume Gallienne : il a une voix très fluide et très agréable qui permet de plonger dans l'imaginaire. Et puis, Odette est un personnage très attachant. C'est une femme qui a la quarantaine, qui vit très modestement et qui est amoureuse d'un écrivain parisien à succès, Balthazar Balsan. Odette rêve de le rencontrer, de l'entendre parler d'amour, de lui dire combien elle aime ses livres. Le livre audio est assez long : il dure plus de quatre heures. J'ai lu l'histoire d'Odette mais pas les autres car le livre est composé « D'autres histoires ». J'ai beaucoup aimé.

J'agis — p. 13
a L'amitié idéale n'existe pas.
Est-ce que l'amitié idéale existe ?
b un sujet : L'amitié
une opinion : L'amitié idéale n'existe pas.
un exemple : Quand j'étais à l'école primaire, j'ai rencontré un garçon qui venait de Russie. Nous sommes devenus amis rapidement.
une question ouverte : Qu'est-ce que l'amitié ?
une question fermée : Est-ce que l'amitié idéale existe ?
c **Proposition de corrigé :**
L'amitié est nécessaire.
Les amis sont ceux qui sont toujours honnêtes.
Il est préférable de se ressembler pour être ami.

J'apprends — p. 13
a a. premièrement – deuxièmement – troisièmement
b. tout d'abord – ensuite – enfin
c. pour commencer – ensuite – pour conclure
b **Proposition de corrigés :**
1. Deux amis ne peuvent pas toujours être d'accord.
2. La dispute est nécessaire pour s'aimer.
3. L'idéal n'est pas de ce monde.
c **Proposition de corrigés :**
1. Premièrement, l'idéal n'est pas de ce monde.
2. S'il l'était, on pourrait dire, deuxièmement, que la dispute est nécessaire pour s'aimer.
3. Enfin, deux amis ne peuvent pas toujours être d'accord.

Je produis — p. 13
a En effet, …
L'amitié est sans aucun doute…
Il est effectivement question de…
b **Proposition de corrigés :**
a. Premièrement, l'idéal n'est pas de ce monde. En effet, il est coutume de dire que seule la perfection est divine et que l'idéal n'existe pas sur Terre.
b. Deuxièmement, la dispute est nécessaire pour s'aimer. L'amitié, comme l'amour, se construisent, sans aucun doute, à partir des erreurs et diffé-

CORRIGÉS

rences d'opinion des uns et des autres.
c. Enfin, deux amis ne peuvent pas toujours être d'accord. Il est effectivement question, dans l'amitié, de ne pas complètement se ressembler.

c **Proposition de corrigé :**
Premièrement, l'idéal n'est pas de ce monde. En effet, on dit que seule la perfection est divine et que l'idéal n'existe pas sur Terre. Il n'y a pas de perfection possible puisque nous sommes tous uniques et que nous voyons notre perfection à notre façon, ce qui ne correspond généralement pas à la représentation de la perfection de notre voisin. Ainsi, il sera difficile d'atteindre le même but.
Si l'idéal existait, on pourrait dire, deuxièmement, que la dispute est nécessaire pour s'aimer. L'amitié, comme l'amour, se construisent, sans aucun doute, à partir des erreurs et différences d'opinion des uns et des autres. Mais si la dispute est nécessaire, elle ne permet pas de parler d'amitié idéale.
Enfin, deux amis ne peuvent pas toujours être d'accord. Il est effectivement question, dans l'amitié, de ne pas complètement se ressembler. Ceci permet une complémentarité nécessaire à toute relation humaine, sans quoi, nous pourrions bien nous ennuyer !

Grammaire

Activité 1 .... **p. 14**
a. veniez
b. sachions
c. soit
d. fasse
e. aient

Activité 2 .... **p. 14**
Proposition de corrigés :
a. Il faut que tu t'entraînes !
b. Il est nécessaire que nous parlions plus fort.
c. Il est indispensable que les candidats convainquent le jury.
d. Il est important que le jury prenne des notes.
e. Il est indispensable que nous ne finissions pas derniers.

Activité 3 .... **p. 14**
a. quelques-uns
b. aucune
c. peu
d. plusieurs
e. chacune

Activité 4 .... **p. 14**
Adjectif :
a. plusieurs **b.** tous **d.** tous
Pronom :
c. certains **e.** chacun

Lexique

Activité 1 .... **p. 14**
a. les écouteurs
b. le son
c. le micro
d. le casque
e. le podcast

Activité 2 .... **p. 15**
a. articuler = ouvrir grand la bouche
b. un orateur = une personne qui parle facilement
c. l'éloquence = s'exprimer d'une belle manière
d. convaincre = gagner l'approbation de quelqu'un
e. un discours = un propos, une conversation

Activité 3 .... **p. 15**
a. l'amitié **b.** un auditeur **c.** un son **d.** un livre **e.** se lier

Activité 4 .... **p. 15**
ami – cœur – timide – bavard – entendons

Activité 5 .... **p. 15**
1. Prendre froid – prendre un jour de congé
2. jouer d'un instrument – jouer au badminton
3. jouer sur les mots

Phonétique

Activité 1 .... **p. 15**
1 groupe de mots : a
2 groupes de mots : b, c
3 groupes de mots : d, e

Activité 2 .... **p. 15**
Milieu de la phrase : a, d, e
Fin de la phrase : b, c

Activité 3 .... **p. 15**
a. On a ri ↗, on a pleuré ↗, on s'est bien amusés ↘ !
b. On s'est rencontrés ↗ et on s'est tout de suite ↗ bien entendus ↘.
c. On se ressemble beaucoup ↗ avec mon père ↘.
d. On a tissé ↗ des liens très forts ↗ pendant ce voyage ↘.
e. Quand on s'est rencontrés ↗, on a bavardé ↗ toute la nuit ↘.

Compréhension de l'oral .... **p. 16**
Exercice 1
1. Lucie et elle ne partagent plus la même amitié.
2. Lucie et elle ne partagent plus vraiment le quotidien.
3. parce que leurs parents se connaissaient bien.
4. Vrai.
5. conserver une amitié à distance.
6. Vrai.

Exercice 2
1. une application.
2. faire et envoyer des cartes postales.
3. Fizzer est simple d'utilisation.
Fizzer propose de personnaliser le timbre. C'est le même prix qu'une carte postale traditionnelle.
4. 1. g ; **2.** c ; **3.** e ; **4.** b ; **5.** a ; **6.** d ; **7.** f
5. Faux.
6. Vrai.

Production écrite .... **p. 17**
Proposition de corrigé :
L'application KOOBER propose de résumer des écrits ou audio de livres non fictionnels et précise qu'il est possible de lire un livre par jour en 20 minutes. Mais faut-il réellement continuer à résumer des livres pour ceux qui n'ont pas le temps de lire ?
Tout d'abord, il faut souligner l'idée intéressante qui permet aux gens de soulager leur rythme quotidien en leur proposant de lire un livre en 20 minutes. En effet, les salariés en entreprise, les jeunes mères ou les étudiants qui ont un petit travail n'ont pas beaucoup le temps de lire.
Ensuite, il nous semble nécessaire de nuancer ces propos car un livre audio de 4 h résumé en 20 minutes ne peut plonger le lecteur dans un univers imaginaire débordant de détails et descriptions.
Enfin, il est question de confiance envers les personnes qui résument. Comment se fier à elles ? Lors d'un résumé, chacun sélectionne, trie, et hiérarchise les informations de son choix selon un point de vue unique.
Pour conclure, je pense qu'il ne faut pas continuer à résumer des livres pour ceux qui n'ont pas le temps de les lire. Il faut trouver impérativement du temps !

Unité 2

Activité 1 .... **p. 18**
a. cofondateur.
b. auto-école en ligne.
c. mettre en relation des candidats au permis de conduire et des enseignants.
d. il n'y a pas de bureaux, pas de salariés, pas de véhicules.
e. donner la mobilité à tous et l'accès à l'emploi.

Activité 2 .... **p. 18**
a Léopold travaille chez… – Il est le …. – Son rôle est de…. – Le projet de cette entreprise est de…
b traditionnelle
c **a.** transparence
b. innovation
c. tradition
d. responsabilité
e. dynamisme

Activité 3 .... **p. 18**
1. disponibilité
2. perfectionnisme
3. inventivité
4. dynamisme
5. exigence
6. patience

Activité 4 .... **p. 19**
Ma nouvelle collègue Asma est sérieuse et créative. Nous travaillons ensemble dans des bureaux lumineux et bien décorés.

Activité 5 .... p. 19
a. Julien a un travail intéressant.
b. C'est le nouvel employé de mon entreprise.
c. Elle travaille dans une petite association.
d. Pierre et Lucien sont des collaborateurs compétents.
e. Nous collaborons avec des entreprises internationales.

Activité 6 .... p. 19
assurance : a, d
hésitation : b, c, e

Activité 7 .... p. 19
a. Mon entreprise s'appelle euh Voyage ensemble.
b. Alors, moi, mon métier, c'est euh chef de projet.
c. Mon objectif, c'est de euh trouver de euh nouveaux clients.
d. Chez nous, on est très euh *corporate*.
e. Je voudrais poser une journée de euh congé.

Activité 8 .... p. 19
a. enfiler
b. ranger
c. jeter
d. joindre
e. poser

Activité 9 .... p. 19
Proposition de corrigé :
Je m'appelle Erwan et je suis serveur au restaurant Chez Maxime. Ce restaurant a ouvert en 2019 et nous sommes 7 collaborateurs : les cuisiniers, les serveurs et les plongeurs, c'est-à-dire les personnes qui font la vaisselle. Chez Maxime est un restaurant éco-responsable, c'est-à-dire que nous essayons au maximum de respecter l'environnement. En tant que serveur, par exemple, mon rôle est de conseiller et servir les clients bien sûr, mais je suis aussi chargé de lutter contre le gaspillage. Lorsque je vois qu'un client n'a pas fini son assiette, je lui propose toujours un « doggy bag » pour emporter le reste du plat chez lui.
Pour mes collègues aussi, c'est important de toujours penser au respect de l'environnement. Par exemple, nous cuisinons beaucoup de plats à base de légumes et de céréales. Nous limitons l'utilisation du papier et de l'eau.

Activité 10 .... p. 19
Proposition de corrigé :
Bonjour,
Après avoir vu votre site Internet, je souhaite poser ma candidature pour un poste chez Auto-School.
De nationalité espagnole et étudiant actuellement le français, je souhaite mettre mes compétences et mes qualités au service de votre entreprise. J'ai le sens de l'organisation et je pense être sociable et patient. J'ai enseigné l'espagnol à des adolescents pendant 8 ans, puis, j'ai passé mon diplôme de moniteur d'auto-école l'année dernière. Je suis de langue maternelle espagnole et je parle bien anglais. Je pourrai donc enseigner à des anglophones et hispanophones. Disponible dès aujourd'hui, je souhaiterais vous rencontrer afin de vous exposer mes motivations.
Cordialement,

Activité 11 .... p. 19
a. chez
b. comme = en tant que
c. de = de

Activité 1 .... p. 20
La photo b.

Activité 2 .... p. 20
cette photo montre… – à gauche, on distingue… – dans le fond, on remarque… – une impression de… se dégage de cette image

Activité 3 .... p. 20
a. immenses
b. beige
c. identiques
d. impersonnel
e. ordonné

Activité 4 .... p. 20
a. personne n°4
b. personne n°3
c. personne n°1
d. personne n°2

Activité 5 .... p. 21
a. sagesse
b. authenticité
c. optimisme
d. prudence
e. honnêteté – atout

Activité 6 .... p. 21
a. Je suis artisan boulanger.
b. Je me réveille tous les jours à 4 h.
c. J'ai trois employés dans mon équipe.
d. Je porte des vêtements légers.
e. Il fait très chaud avec les fours.

Activité 8 .... p. 21
a. Noé est un collègue étonnant.
b. Voici le bureau où je travaillais avant.
c. C'est une histoire étonnante, incroyable.
d. Il faut être une personne courageuse.
e. Ma montre est un objet précieux pour moi.

Activité 9 .... p. 21
une grande bibliothèque universitaire – du quartier latin – un environnement exceptionnel – les étudiants étrangers – des personnes respectueuses – leur jeune âge

Activité 10 .... p. 21
Proposition de corrigé :
Bonjour Tristan ! Bienvenue à Cycliste Magazine ! Tu es maintenant dans mon bureau et à côté, il y a l'espace de coworking de tous les journalistes.
Moi, je suis rédacteur en chef du magazine. Mon rôle est de guider les journalistes. Tous les mardis matins, il y a une réunion d'équipe avec tous les journalistes. Pendant cette réunion, on discute des sujets et c'est moi qui décide des sujets dont on va parler dans le magazine. Je suis chargé de relire tous les articles qui vont être publiés. Je peux décider aussi de la longueur des articles. Je collabore avec la directrice du magazine et je m'occupe de respecter les budgets et de recruter les nouveaux journalistes.

Activité 11 .... p. 21
Proposition de corrigé :
Mes cinq collègues et moi partageons un espace de coworking installé dans une pièce agréable et spacieuse dans laquelle quatre grandes fenêtres apportent beaucoup de lumière. Le plafond de la pièce est haut. Le mobilier est moderne et pratique et nous disposons chacun d'un ordinateur. Nous sommes assis les uns en face des autres. Nos fauteuils de bureau sont confortables et ils sont de couleur verte. Les murs sont blancs mais le mur du fond de la pièce est peint en rose, ce qui apporte une touche personnelle et chaleureuse à notre espace de travail. Une plante tropicale a été placée près de la fenêtre. Cette plante apporte elle aussi une note personnelle.

Activité 12 .... p. 21
a. salarié
b. chômeur
c. retraité

Activité 1 .... p. 22
école de commerce – banque – CAP cuisinier – cuisinière – organisée, sociable

Activité 2 .... p. 22
a. formation b. profil c. compétences
d. expérience professionnelle e. centres d'intérêt

Activité 3 .... p. 22
a. des études d'art
b. une spécialité de Provence
c. un cours de sciences
d. un poisson de mer
e. une tradition d'Afrique

Activité 4 .... p. 22
a. J'ai intégré le monde du travail à 25 ans.
b. J'ai obtenu un diplôme de marketing en 2019.
c. J'ai fait mon premier stage dans cette entreprise.
d. J'ai choisi le métier d'artisan.
e. Je suis actuellement au chômage.

Activité 5 .... p. 23
Bonjour, je m'appelle Paul et j'ai 25 ans. J'ai fait des études de commerce dans une école prestigieuse et j'ai ensuite fait deux stages dans une grande entreprise. Mais, en ce moment, je suis en recherche d'emploi. En fait, je suis au chômage. Les entreprises ne me recrutent pas parce que je n'ai pas as-

CORRIGÉS

sez d'expériences. J'aimerais qu'ils me laissent une chance d'essayer et de montrer mes compétences.

Activité 6 .... p. 23
j'ai trouvé, j'ai travaillé, je me suis aperçue, j'en ai parlé, qui m'a encouragée, que j'ai développées

Activité 7 .... p. 23
a. a permis
b. se sont lancés
c. a décrite
d. a passé
e. l'a créée

Activité 8 .... p. 23
a. a la chance
b. ont l'impression
c. a l'habitude
d. ont tort
e. ai envie

Activité 9 .... p. 23
Proposition de corrigé :
À mon avis, il n'est pas toujours nécessaire d'avoir des diplômes pour réussir dans la vie.
C'est vrai que lorsqu'on cherche du travail, les employeurs lisent notre CV et attachent de l'importance à nos diplômes. Les diplômes sont une garantie que nous possédons un minimum de connaissances théoriques dans notre domaine. Je pense que, pour être employé, les diplômes aident à trouver un poste à condition d'avoir le diplôme adapté au métier que l'on recherche.
Mais, si on veut créer son entreprise, il n'est pas toujours indispensable d'avoir des diplômes. Steve Jobs est un exemple d'autodidacte célèbre qui a réussi !
De plus, je pense que « réussir dans la vie » ne signifie pas seulement avoir un travail bien rémunéré. Cela signifie aussi avoir une vie équilibrée dans laquelle le travail ne prend pas toute la place. Et pour atteindre cet idéal, pas besoin de diplôme !

Activité 10 .... p. 23
Proposition de corrigé :
Je m'appelle Yan et je suis chinoise. Je suis allée au lycée à Wuhan de 2000 à 2003. Après avoir obtenu mon Gaokao (l'équivalent du bac en Chine), j'ai suivi une formation professionnalisante pendant 3 ans dans le domaine des métiers du tourisme. C'est une formation très complète durant laquelle j'ai appris la maîtrise des outils numériques, les techniques de la négociation et la relation aux clients. Après cette formation, j'ai trouvé un poste dans une agence de voyages chinoise qui accueille les touristes européens et américains. Mon travail était très enrichissant car j'étais toujours en contact avec des étrangers. En 2008, j'ai eu une petite fille et j'ai dû quitter mon poste. Aujourd'hui, je souhaite retravailler dans le domaine du tourisme. Je suis des cours de français pour pouvoir me spécialiser dans l'accueil des touristes francophones en Chine.

Activité 11 .... p. 23
être licencié – être au chômage – être candidat à un emploi – être embauché – être rémunéré

J'agis .... p. 24

Personne	Patron	Employé	Retraité
Lieu	Piscine	Entreprise	Restaurant
Synonyme de travail	Profession	Emploi	X
Verbe	(se) Porter candidat	Exercer (une activité)	Recruter
Qualité	Patience	Exigence	Responsabilité

Je coopère .... p. 24
Proposition de corrigé :
Pendant mon enfance, je suis allé à l'école primaire de mon village. Puis, j'ai fait des études secondaires. Pendant cette période, j'ai fait un stage dans un magasin. À la fin du stage, le magasin m'a proposé un emploi. Il y a 6 mois, j'ai décidé de prendre une année sabbatique.

J'apprends .... p. 24
ⓐ 1. Arrête de râler !
2. Il me reste quatre jours de RTT à poser.
3. Comme un lundi !
ⓑ postuler = être candidat
recruter = embaucher
se faire virer = être licencié
démissionner = quitter son travail

Je produis .... p. 24
ⓑ **Proposition de corrigé :**
Pour moi, le travail idéal serait un travail qui me permettrait de concilier mes compétences avec mes passions. Je suis passionné de sport et j'ai une formation de journaliste. Pour le moment, je travaille dans un petit journal local mais mon rêve serait de devenir journaliste sportif. J'aimerais être en contact avec des sportifs professionnels et les interviewer sur leurs projets. J'aimerais aussi analyser les matches et les performances des sportifs pendant les compétitions. Dans l'idéal, j'aimerais que mon travail me permette de voyager, pour faire des reportages sur les Jeux olympiques par exemple. Je souhaiterais que mon environnement de travail soit agréable, avoir un bureau personnel et surtout j'aimerais avoir de bonnes relations avec mes collègues.

J'agis .... p. 25
ⓐ Je trouve que le bénévolat est une bonne chose. / D'après moi, le plus important est de s'épanouir dans son travail. / Il me semble que l'on devrait consacrer moins de temps au travail. / À mon avis, le métier de journaliste est passionnant.

ⓑ **Proposition de corrigé :**
Il me semble que l'on peut être heureux sans travailler.
ⓒ **Proposition de corrigé :**
Lorsque l'on fait du bénévolat, on se sent utile.
La famille est une source de bonheur.
Si on ne travaille pas, on a du temps libre.

J'apprends .... p. 25
ⓐ De plus, – ainsi qu' – De même, – et – Par ailleurs, – également
ⓑ → De même, → Par ailleurs,
ⓒ → et → également
ⓓ On peut se sentir utile en faisant du bénévolat. De plus, on peut trouver le bonheur auprès de sa famille. En outre, on a le temps de ne rien faire ou bien de faire des activités qui nous plaisent.

Je produis .... p. 25
ⓐ On peut se sentir utile en faisant du bénévolat : aider les autres, donner des cours ou s'engager dans une association.
On peut trouver le bonheur auprès de sa famille : avoir des enfants et les élever ou bien s'occuper des membres de sa famille qui en ont besoin.
On a le temps de ne rien faire ou bien de faire des activités qui nous plaisent : avoir le temps de rêver ou faire des activités artistiques ou sportives qu'on ne pourrait pas faire si on travaillait.
ⓑ Dans notre société, l'activité (voire l'hyperactivité) est valorisée et il est fréquent de juger une personne selon le métier qu'elle exerce. Cependant, certaines personnes choisissent de ne pas travailler.
Comme elles, je pense qu'il n'est pas nécessaire de travailler pour être heureux.
On entend souvent dire qu'avoir un emploi permet de nous sentir utiles aux autres. Mais on peut se sentir utile en faisant du bénévolat. On peut par exemple s'engager dans une association pour aider les autres ou donner des cours.
De plus, il n'existe pas une seule façon d'atteindre le bonheur. On peut trouver le bonheur auprès de sa famille en ayant des enfants et en les élevant ou bien en s'occupant des membres de sa famille qui en ont besoin.
En outre, lorsqu'on ne travaille pas, on a le temps de ne rien faire ou de rêver. On a également le temps de pratiquer des activités sportives ou artistiques qu'on ne pourrait pas faire si on travaillait.

GRAMMAIRE

Activité 1 .... p. 26
a. J'ai jeté mon ancien ordinateur portable.
b. Apportez-moi ces deux autres dossiers rouges.

cent trente et un **131**

c. Ils portent des uniformes bleu marine.
d. Je travaille avec de jeunes collègues espagnols.
e. C'est un collaborateur sympa avec de vraies compétences.

Activité 2 .... p. 26
a. une cheffe compréhensive avec une grande patience
b. une candidate motivée avec de nombreuses qualités
c. un bel immeuble avec des bureaux spacieux
d. une grosse usine avec d'immenses cheminées *ou* avec des cheminées immenses
e. un autre emploi avec de meilleures conditions de travail

Activité 3 .... p. 26
a. licencié
b. convoquée
c. annoncé
d. tournée
e. envoyées

Activité 4 .... p. 26
ont accueilli – ont reçue – ont montré – ont présentée – sont allées

Lexique

Activité 1 .... p. 27
a. poste
b. salarié
c. partenaire
d. chiffre d'affaires
e. collaborateur

Activité 2 .... p. 27
a. bosser
b. renvoyer
c. postuler
d. démissionner
e. recruter

Activité 3 .... p. 27
a. créativité
b. organisation
c. sensibilité
d. prudence
e. patience

Activité 4 .... p. 27
un restaurant d'entreprise – un entretien d'embauche – des études de droit – un cabinet d'avocats

Phonétique

Activité 1 .... p. 27
Assurance : b, d
Hésitation : a, c, e

Activité 2 .... p. 27
a. euh
b. répétition
c. euh
d. répétition
e. euh

Compréhension des écrits .... p. 28
1.

	Annonce 1	Annonce 2
Emploi en CDD pour l'été		X	X
Études	X		X
Expérience		X	X
Petite structure		X	X
Langues	X		X

2. réceptionniste

Production orale .... p. 29
Proposition de corrigé :
Partie 1 : Bonjour, je m'appelle Kaori. J'ai fait une formation en relations internationales et j'ai obtenu un diplôme universitaire dans ce domaine. Mais j'ai préféré me tourner vers un métier qui me permettrait de voyager. J'ai donc choisi le métier d'hôtesse de l'air. Je travaille dans une compagnie aérienne japonaise qui propose des vols réguliers entre le Japon et la France. J'ai donc souvent l'occasion d'utiliser le français dans mon travail. Ce qui est le plus important, c'est la relation au client. Je dois absolument connaître les expressions de politesse françaises et savoir comment me comporter avec les clients français.

Partie 2 : – Comment ça va au boulot ?
– À vrai dire, ça ne va pas très bien. Je commence à m'ennuyer et les horaires de travail ne sont pas faciles.
– Ah oui, pourquoi ?
– Je travaille tous les week-ends et je finis souvent très tard le soir. En fait, j'ai envie de changer de boulot.
– Tu es sûr ? À mon avis, il faut bien réfléchir avant de quitter ton travail. Tu as un poste à responsabilités non ?
– Oui, mais j'ai envie de changer ! Si je ne le fais pas maintenant, il sera trop tard !
– Je pense que tu devrais te renseigner sur les possibilités de reconversion dans ton domaine. Selon moi, il faut continuer à travailler au magasin jusqu'à ce que tu trouves une formation qui te convient. Tu ne dois pas partir trop rapidement !
– Oui, tu as raison ! Je vais d'abord demander conseil à des professionnels.

Partie 3 : Ce document extrait du site digischool traite du thème de la mixité des métiers.
D'après ce document, les stéréotypes liés aux métiers influencent beaucoup les filles et les garçons dans leur choix de formation. Les garçons se tournent plutôt vers les maths et les formations d'ingénieurs alors que les filles choisissent des carrières dans le social. Cela est dû aux jeux que l'on offre aux enfants dès leur plus jeune âge. Pourtant, beaucoup de filles rêveraient de devenir ingénieures.

Je suis d'accord avec ce texte. Il faut arrêter de considérer que certains métiers sont masculins et d'autres féminins. À cause de ces clichés, les filles se ferment la porte à de nombreux métiers bien payés et bien considérés. Les garçons également n'osent pas se tourner vers des études considérées comme plutôt féminines. Pourquoi un homme ne pourrait-il pas travailler avec des jeunes enfants ? Pourquoi est-ce qu'il n'aurait pas envie de travailler au service des autres comme assistant social ou infirmier ? Même si les inégalités hommes-femmes disparaissent dans certains domaines, il est vrai que ces stéréotypes persistent.

Unité 3

Activité 1 .... p. 30
ⓐ L'escargot est l'animal synonyme de lenteur.
ⓑ a. essayant de garder le contrôle.
b. peut toucher à beaucoup de choses.
c. Newton, Churchill ou Simone de Beauvoir.
d. nous avons l'impression d'en manquer.
ⓒ Prendre du recul par rapport au rythme de la société.

Activité 2 .... p. 30
ⓐ 1. débordé
2. épuisement
3. burn-out
4. procrastiner
5. manque
ⓑ le mal-être

Activité 3 .... p. 30
a. habiter l'instant
b. lâcher prise
c. recharger ses batteries
d. libérer son esprit
e. se détendre

Activité 4 .... p. 30
a. généalogie
b. méthodologie
c. écologie
d. chronologie
e. biologie

Activité 5 .... p. 31
a. riant
b. traversant
c. s'habillant
d. ayant
e. mangeant

Activité 6 .... p. 31
Proposition de corrigé :
a. Il ne faut pas téléphoner en conduisant.
b. C'est sympa de manger en regardant la télé.
c. Tu dois faire attention en traversant la rue !
d. Elle s'est cassé la jambe en skiant.
e. En économisant, tu pourras t'acheter une maison.

CORRIGÉS

Activité 7 .... p. 31
a. J'ai fait un burn-out. Mais maintenant ça va mieux.
b. Je manque d'énergie. Je vais prendre des vacances.
c. Je suis débordée en ce moment. J'ai un projet à présenter.
d. Il ne faut pas procrastiner. Ça fait perdre du temps.
e. Je crois que j'ai touché le fond. Mais ce n'est qu'un passage.

Activité 8 .... p. 31
a. J'ai bien rechargé mes batteries.
c. Il faut vivre dans l'instant présent.
d. Tu dois accepter de lâcher prise.

Activité 9 .... p. 31
Proposition de corrigé :
Bonjour Paul, j'espère que tu vas bien ! Je viens de découvrir une association super et j'ai décidé de leur donner de l'argent. Je me suis dit que ça pourrait t'intéresser aussi. Je vais t'expliquer pourquoi je l'ai choisi. Tout d'abord, c'est vrai que les enfants dans les hôpitaux ont souvent un quotidien difficile et cette association cherche à les amuser en envoyant des clowns ! En les faisant rire, on peut les aider à se sentir mieux. En ne choisissant que des clowns professionnels, la qualité est au rendez-vous. En outre, tu peux aussi, quand tu as le temps, te rendre à une de leur visite pour voir exactement ce qui se passe. C'est souvent une marque de qualité. Ainsi, en faisant un don, tu pourras aider des enfants à se sentir mieux et comme ça les aider à guérir ! Et en soutenant leur initiative, on peut faire en sorte que ce genre d'initiatives se développe. En espérant t'avoir convaincu ! Réponds-moi, je pourrais t'expliquer comment faire si ça t'intéresse ! À bientôt !

Activité 10 .... p. 31
Proposition de corrigé :
J'ai choisi l'image 3. Je l'appellerais « habiter l'instant », j'ai choisi cette image et ce titre car elle me procure déjà, juste en la regardant, une sensation de bien-être. Être à la montagne c'est vraiment quelque chose que j'aime faire aussi. On a vraiment l'impression de recharger nos batteries, tout en écoutant les bruits de la nature. De plus, cette femme lève les bras. On peut vraiment sentir comme ça une certaine libération, à la fois du corps et de la tête. Fini les soucis du quotidien, la pression de la société, nous sommes dans ces moments-là juste avec soi-même en communion avec la nature ! Voilà, rien de mieux que ce genre d'expérience pour se ressourcer et repartir en forme !

Activité 11 .... p. 31
son ventre

Activité 1 .... p. 32
a) Pour nous aider à rester concentré sur nos tâches en cours. = Maud
Pour ne rien laisser au hasard. = Hugues
Pour réaliser les objectifs que l'on s'est fixés. = Gilles
b) a. Maud
b. Hugues
c. Gilles

Activité 2 .... p. 32
a. Mal-être
b. Mal-être
c. Bien-être
d. Bien-être
e. Mal-être

Activité 3 .... p. 33
Proposition de corrigés :
a. Quel calme, rien de mieux que la maison pour se sentir serein !
b. Oublier tous les soucis, c'est ça se sentir léger !
c. Je suis déçu, je pensais que ce film était beaucoup mieux.
d. Je ne sais pas si elle va guérir, je suis inquiet.

Activité 4 .... p. 33
a. Il faut que tu t'organises ↗.
b. Ne nous dispersons pas ↘.
c. Tu devrais faire une liste ↗.
d. On doit établir un plan précis ↘.
e. Si tu priorises, tu réussiras ↘.

Activité 5 .... p. 33
a. C'est en s'organisant qu'on est efficace. Faites une liste !
b. C'est en pratiquant qu'on devient meilleur.
c. En souriant tout le temps, on se fait des amis.
d. En lisant, on s'instruit et on s'évade. C'est mieux que la télévision.
e. En procrastinant, on stresse beaucoup. Mieux vaut s'organiser.

Activité 6 .... p. 33
a. manière
b. simultanéité
c. cause
d. condition
e. cause

Activité 7 .... p. 33
a. En faisant une liste, tu seras moins stressée.
b. En organisant mieux ton temps, tu seras plus détendu.
c. En ne prenant jamais de vacances, ils ont craqué.
d. En écrivant tous les matins un plan elle arrive toujours à finir à temps
e. En travaillant trop, il a failli toucher le fond.

Activité 8 .... p. 33
a. se décharger
b. décharger
c. se charger de
d. surcharger
e. recharger

Activité 9 .... p. 33
Proposition de corrigé :
Bonjour Gabrielle,
J'ai repensé à notre dernière soirée et j'ai vu que tu avais vraiment l'air fatiguée ! Je sais que tu es surchargée par le travail alors je voulais t'écrire quelques conseils pour mieux organiser ton temps. Déjà, le matin, moi je fais une liste avec un code couleur lorsque nous avons plusieurs projets importants en même temps. Je note les choses les plus importantes en rouge, puis en orange puis en bleu. C'est important car sinon on a l'impression que ce n'est jamais fini. Ensuite il faut réfléchir à l'avance même si on ne finit pas tout de suite. La réflexion nous permet d'être ensuite plus efficace quand il faut passer à l'action ! Et puis tu peux aussi diviser ta journée selon les différentes tâches que tu as à accomplir ! Le matin, les choses de la veille, et l'après-midi, te lancer dans un nouveau projet par exemple. Pour garder le fil. Et le soir, repenser à ce que tu as fait, mais du bon côté, pour ne pas te démotiver ! N'hésite pas à m'écrire si tu as des questions, je pourrais te montrer deux ou trois choses aussi si ça t'intéresse ! Et n'oublie jamais tes qualités !
Bises

Activité 10 .... p. 33
Proposition de corrigé :
Bonjour à tous, je sais qu'en cette veille de plusieurs projets très importants vous avez peut-être la sensation de ne plus savoir où donner de la tête, mais ne vous inquiétez pas ! Nous sommes une équipe ! On va se soutenir ! Alors je vais vous présenter quelques conseils pour bien gérer vos projets. Par exemple, sur une liste, il peut être intéressant de noter l'objectif, car il ne faut jamais le perdre de vue pour rester efficace. Ensuite, notez les actions mises en place pour y parvenir ! Car plus le projet est complexe, plus il y a d'actions ! Après, vous pouvez noter celles qui sont en cours de validation, cela vous permettra de hiérarchiser vos priorités. Et enfin, essayez de ne pas trop procrastiner ! Il est important de garder du temps pour soi pour rester créatifs, mais si un projet est presque terminé, mieux vaut faire encore un petit effort pour ensuite être libéré ! Bon courage à tous !

Activité 11 .... p. 33
a. une récompense
b. une idée
c. d'instant
d. lâcher-prise

Activité 1 .... p. 34
a. Faux. « Combien de fois sourions-nous par jour ? Impossible de le dire. »
b. Faux. « Le sourire provient d'une

cent trente-trois **133**

vibration qui associe la joie et la terreur, l'émerveillement et l'effroi. »
c. Vrai. « Il apparaît chez le bébé entre son 30ᵉ et son 45ᵉ jour. »
d. Vrai. « Le dictionnaire définit trop simplement par "un léger mouvement des yeux et des lèvres". »
e. Faux. « À chaque type de sourire ses muscles spécifiques ! »

Activité 2.. **p. 34**
a. phrase n°3 **b.** phrase n°4 **c.** phrase n°1
d. phrase n°5 **e.** phrase n°2

Activité 3.. **p. 35**
a. ado → adolescent
b. bac → baccalauréat – fac → faculté
c. ciné → cinéma
d. ordi → ordinateur
e. dico → dictionnaire – adv. → adverbe

Activité 4.. **p. 35**
a. cause
b. conséquence
c. conséquence
d. cause
e. conséquence

Activité 5.. **p. 35**
car / parce que – car / parce que – Grâce à – comme – Du coup,

Activité 6.. **p. 35**
a. c. e.

Activité 7.. **p. 35**
a. Il faut enchaîner les courses, les lessives et le travail.
b. J'ai continué à travailler grâce à ma famille.
c. J'ai dû faire une pause à cause de ma maladie.
d. Je suis économe parce que je ne gagne pas beaucoup d'argent.
e. Grâce à mes enfants, je trouve toujours de l'énergie.

Activité 8.. **p. 35**
Phrase a. = Je me suis laissé entraîner à une soirée avec tous ses amis.
Phrase b. = Il est important de s'entraîner chaque jour pour réussir.
Phrase c. = Ses mensonges entraînent toujours des problèmes.
Phrase d. = Lorsque j'oublie des choses à la maison, cela entraîne souvent des tensions.
Phrase e. = Je me suis entraîné tous les jours pour réussir cet exam.

Activité 9.. **p. 35**
Proposition de corrigé :
Bonjour Théo,
Alors comme ça tu n'as pas encore trouvé de petit boulot pour l'été ? Ne t'en fais pas, je suis sûr que tu peux trouver quelque chose. Il faut avant tout que tu restes conscient de tes qualités! Tu sais être économe, tu es responsable, il ne faut juste pas toucher le fond mais savoir rebondir ! C'est le plus important car ça se voit ! Une personne négative, ça ne donne pas envie de lui donner confiance. Donc, déjà, tu peux faire une liste de tes qualités, de manière objective, pour pouvoir ensuite les mettre en avant. Moi aussi ça m'est arrivé, mais un ami m'a conseillé de faire ça et ça m'a remotivée. Ensuite, tu peux en parler à des amis en qui tu as confiance, peut-être qu'ils sont au courant d'un job ou deux. Et pourquoi pas travailler avec eux! C'est encore mieux quand on se sent bien au travail. C'est normal quand on est encore étudiant comme toi d'enchaîner les petits boulots, même si ça peut sembler fatiguant. Allez, je te souhaite plein de courage et réponds-moi ! On peut même se voir la semaine prochaine si tu veux pour en parler ! Bisous !

Activité 10.. **p. 35**
Proposition de corrigé :
C'est difficile de parler de ça même après toutes ces années, mais en même temps c'est libérateur ! Et puis c'est vrai que les mensonges d'enfant paraissent si ridicules quand on grandit ! Quand j'étais petit, je devais avoir 6 ou 7 ans, pendant que je dessinais, ma mère voit une gomme tomber par terre, et naturellement elle me demande où je l'avais eu. Mais comme vous le savez déjà, les enfants ne savent pas mentir ! Alors je suis devenu tout rouge et timide et j'ai dit qu'un copain me l'avait donnée. Évidemment elle ne m'a pas cru ! J'ai fini par avouer que je l'avais volée dans un magasin. Nous sommes alors allés la rendre, et ma mère m'a demandé de m'excuser. Pour moi c'était la fin du monde, je pensais qu'on allait me mettre en prison ! Mais en fait, le commerçant a trouvé notre geste tellement honnête qu'il me l'a offerte en me disant : « Si tu es toujours aussi honnête, la vie te sourira ! ». Alors j'essaie chaque jour de garder cette histoire en tête pour aller de l'avant !

Activité 11.. **p. 35**
a. respirer
b. dire la vérité
c. être dépendant
d. être économe
e. toucher le SMIC
f. enchaîner les petits boulots

J'agis... **p. 36**
ⓐ a. lâcher-prise
b. détente
c. manquer de temps
d. procrastiner
ⓑ a. J'adore être en vacances car ça me permet de lâcher prise avec le travail.
b. Quand je suis avec ma famille, nous faisons plein d'activités qui me détendent.
c. Quand j'ai beaucoup de choses à faire et que je manque de temps, ça me stresse.
d. Hier j'ai fini mon dossier à minuit, j'avais trop procrastiné avant car je n'avais pas envie de le faire.
ⓒ c. Pour gérer mon manque de temps, je peux mieux m'organiser.
d. Parfois je procrastine. Je devrais plutôt faire dès que possible certaines tâches.

Je coopère... **p. 36**
ⓐ Proposition de corrigé :
Appeler tout le monde – Préparer le repas – Faire les courses – Ne pas parler des sujets qui fâchent – Faire plaisir à tout le monde – Penser à faire des plats végétariens – Acheter du vin et des jus de fruits – Organiser des activités et des jeux – Faire un menu spécial pour les enfants – Aller chercher mamie en voiture – Mettre le chien dehors

J'apprends... **p. 36**
ⓐ 1. Demain je m'y mets
2. J'en ai ras le bol
3. Je suis vraiment soulagé
4. Vivement ce soir que je me couche
5. Puis non, tant pis

Je produis... **p. 36**
- La politique - L'écologie - Les végétariens - L'éducation - Le mariage - Les enfants - Le travail - Le budget
Quel repas hier soir ! Ma mère avait invité toute la famille à manger, mais je ne pensais pas que nous avions tous des idées aussi différentes ! On a parlé famille, argent, éducation des enfants et politique... On s'est toujours bien entendu avant mais là c'était compliqué ! D'habitude j'aime bien parler avec eux car mon père, par exemple, a toujours un avis raisonnable mais hier soir nous n'étions pas du tout d'accord sur l'argent. Lui nous conseillait d'investir alors que nous pensons plus à mettre encore de côté pour les problèmes du quotidien. Quant à mon frère, avec ses trois enfants, il a une vision très traditionnelle de l'éducation. Moi j'essaie plutôt de responsabiliser les miens tandis que lui leur donne plus des règles strictes... Ma mère a voulu parler politique, c'était très tendu... nous avons parlé de la dernière réforme mais personne n'était d'accord. C'est désagréable quand personne ne s'écoute et cherche à tout prix à convaincre l'autre qu'il a raison... Je pense qu'il nous faudra un peu de temps avant de nous revoir tous ensemble. On ne choisit pas sa famille, même si on s'aime !

J'agis... **p. 37**
ⓐ les phrases 2, 3 et 5
ⓒ Proposition de corrigé :
Phrase 3 : Par exemple, apprendre aux enfants à vivre ensemble et leur donner des règles de vies, comme ne pas toujours faire ce que l'on veut, être patient, cela s'apprend à la maison.

J'apprends... **p. 37**
ⓐ a. 2. **b.** 1. **c.** 4. **d.** 5. **e.** 3.
ⓑ mais – cependant – en revanche – contrairement à – alors que

CORRIGÉS

c Proposition de corrigé :
Choisir de ralentir permet de mieux profiter de la vie, cependant, nous sommes obligés de nous adapter au rythme du travail ou de la vie de famille.

Je produis .... p. 37
Proposition de corrigé :
Dans nos sociétés qui vont de plus en plus vite, à la fois au travail ou dans la vie privée, la question du temps que l'on s'accord est centrale. Alors, procrastiner pour se protéger ou être le plus efficace possible ? Ce sont deux visions qui s'opposent : souvent le fait de remettre à plus tard est vu comme quelque chose de négatif, au contraire, réagir vite et faire tout de suite serait une qualité. Mais comment se donner le temps de la réflexion ? Par exemple, si l'on a un projet à mettre en place, ou bien une décision importante, il est souvent utile de pouvoir prendre un peu de temps pour y penser. En revanche, certaines choses plus anodines, comme le ménage ou un simple courriel peuvent être faite rapidement. Le problème souligne donc les valeurs que l'on donne aux choses. Si quelque chose est important, mieux vaut savoir prendre le temps de bien y réfléchir, en revanche, quelque chose de quotidien sera plus simple à réaliser maintenant. Cela libère l'esprit. Faire les courses ou la vaisselle dès qu'il est temps permet de penser à autre chose. Après, où est la limite entre prendre son temps et procrastiner ? Cela dépend de chaque personne, notamment du rythme de chacun.

GRAMMAIRE

Activité 1 .... p. 38
finissant – étant – travaillant – prenant – faisant – économisant

Activité 2 .... p. 38
a. Il s'occupe de son père tout en travaillant.
b. Je rêve d'une vie plus simple tout en refusant de me priver des choses que j'aime.
c. En s'organisant mieux, on arrive à se sentir plus heureux
d. En économisant plus, tu pourras t'acheter la maison de tes rêves.
e. En étant sincère, les ennuis disparaissent.

Activité 3 .... p. 38
a. parce que
b. à cause de
c. si bien que
d. puisque
e. du coup

Activité 4 .... p. 38
a. 2. → conséquence
b. 5. → conséquence
c. 1. → cause

d. 3. → cause
e. 4. → conséquence

LEXIQUE

Activité 1 .... p. 39
a. toucher le fond
b. libéré
c. habiter l'instant
d. je suis soulagé
e. ça m'épuise

Activité 2 .... p. 39
donner de l'amour – dire la vérité – vaincre une maladie – faire les courses – vivre sous le même toit

Activité 3 .... p. 39
a. être dépensier
b. avoir un faible revenu
c. toucher le SMIC
d. être indépendant
e. faire des heures supplémentaires

Activité 4 .... p. 39
a. m'entraîner
b. entraîné
c. surchargé(e)
d. recharger
e. décharge

PHONÉTIQUE

Activité 1 .... p. 39
Phrase non terminée : b, d, e
Phrase terminée : a, c

Activité 2 .... p. 39
a. J'essaye de faire attention ↗ parce que je suis dépensier ↘. Et ce n'est pas facile tous les jours ↘.
b. Je ne me fais jamais de cadeau ↗ parce que je suis économe ↘.
c. Je suis fatigué ↗ à cause de mon traitement ↘. Mais je le termine bientôt ↘.
d. Je suis énervé ↗ à cause de cette dispute ↘.
e. Je suis fatigué ↗ à cause du travail ↗, de mes activités ↗ et de mes enfants ↘.

COMPRÉHENSION DE L'ORAL .... p. 40
Exercice 1
1. Parce que c'est un des mots les plus recherchés sur Internet.
2. le 19ᵉ siècle.
3. 1 sur 2.
4. Ils procrastinent pour recharger leurs batteries.
5. Pour voir ce que ses amis ont publié.
6. Ça lui a permis de trouver une super idée.

Exercice 2
1. Psychologue
2. Élever seule un enfant est difficile
3. Un horaire quotidien
4. De s'ennuyer
5. À partager des moments ensemble.

PRODUCTION ÉCRITE .... p. 41
Proposition de corrigé :
Bonjour Jeanne !
C'est super ça ! Tu vas enfin pouvoir te détendre en faisant des choses qui te plaisent ! Et je serai ravie d'y aller avec toi ! Je suis déjà inscrite dans différentes activités c'est vrai que je trouve ça super important pour se libérer l'esprit ! Et bien il y a le choix, plutôt sport ? plutôt détente ? plutôt créatif ? en groupe ? en solitaire ? Moi je me suis inscrite à un cours de yoga, c'est à la fois physique et mental, on sort de là relâché et détendu, c'est vraiment une sensation agréable. Il y a la piscine aussi, j'y vais de temps en temps, nager permet de se concentrer sur l'instant présent, et d'oublier ses soucis. Après je sais qu'il y a des ateliers peinture ou même des groupes de rire ! Ça permet d'élargir le cercle d'amis avec des personnes qui ont les mêmes envies que toi, comme ça tu t'enrichis tout en rencontrant de nouvelles personnes ! Qu'est-ce que tu en penses ? Ça te tenterait d'essayer tout ça ? Mardi prochain j'ai mon cours de yoga, la prof est super, viens essayer ! Notre petit groupe est très sympa !

Unité 4

Activité 1 .... p. 42
a a. On ne sait pas b. Faux c. Vrai d. Vrai
b Pendant le Black Friday, les prix sont réduits. Cela incite les consommateurs à acheter de manière irresponsable.

Activité 2 .... p. 42
jeter → trier → ramasser → traiter → recycler

Activité 3 .... p. 43
a. surpoids
b. surconsommation
c. surproduction
d. surpopulation
e. suremballage

Activité 4 .... p. 43
a. Je vais dans un magasin où on vend des produits en vrac.
b. Cette ferme propose des paniers qui sont livrés chez vous.
c. Le Green Friday est une initiative citoyenne que je trouve intéressante.

Activité 5 .... p. 43
a. que – PLASTIQUE
b. qui – TORTUE
c. que – TONGS
d. où – MARCHÉ
e. qui – GUADELOUPE

Activité 6 .... p. 43
b. c.

Activité 7 .... p. 43
Ils‿ont lancé une initiative pour participer au développement durable. Les clients apportent leur propre emballage et ils‿achètent leurs produits en vrac. Les entreprises proposent en plus de recycler elles-mêmes les déchets en les réutilisant.

cent trente-cinq **135**

Activité 8 .... p. 43
découvrir = On a trouvé un trésor !
penser = Je trouve que cette idée est très bonne !
se situer = Cette plage se trouve au sud de la Guadeloupe.
se considérer = Elle se trouve trop grande pour porter des talons.

Activité 9 .... p. 43
Proposition de corrigé :
Je vous présente un nouveau matériau qui pourra remplacer le plastique. Le matériau que je vous présente maintenant est fabriqué à partir de coquilles d'œuf. C'est étonnant, non ? C'est un matériau qui est très solide et qui est entièrement biodégradable. Tous les objets dont vous avez besoin au quotidien peuvent être fabriqués dans ce matériau : tous les objets de la salle de bains, de la cuisine, tous les emballages peuvent être faits à partir de cette matière. J'espère que mon invention sera bientôt utilisée par les grandes marques pour remplacer totalement le plastique !

Activité 10 .... p. 43
Proposition de corrigé :
Le plastique est un matériau très utilisé dans tous les aspects de notre vie. Le plastique représente plusieurs milliards de tonnes de déchets. Le problème, c'est que le plastique est difficilement recyclable et que ces déchets s'accumulent année après année.
Personnellement, j'évite d'acheter des produits suremballés. Je préfère également les produits emballés dans du carton. Je fais donc attention à ne pas acheter de plastique qui finira directement à la poubelle. Mais, je sais que je pourrais faire plus d'efforts. Par exemple, je pourrais remplacer les jouets en plastique de mes enfants par des jouets en bois ou par des livres.

Activité 11 .... p. 43
soutenir – lancer – réduire

Activité 1 .... p. 44
a. Faux. La fleur représente la pureté de la nature.
b. Vrai. C'est un objet qui ne sert à rien.
c. Vrai. On ne sait pas tous les recycler.
d. Faux. On en produit 400 millions de tonnes par an.
e. Vrai. 40 % du plastique provient des emballages.

Activité 2 .... p. 44
décoller – **dé**bloquer – **dé**coiffer – **dé**saccorder

Activité 3 .... p. 44
1. microparticules
2. recycler
3. toxique
4. invincible
5. infestés

Activité 5 .... p. 44
a. Ce sont des objets décoratifs.
b. Il recycle les déchets en œuvres d'art.
c. Ces artistes travaillent le bois.
d. Ils aiment participer à des expositions.
e. Jette les ordures dans la poubelle !

Activité 6 .... p. 45
qui – qu' – dont – dont – où

Activité 7 .... p. 45
a. J'ai fait une série de photos de paysages dont je suis très contente.
b. De nombreuses sculptures de déchets plastique existent dans le monde, dont la baleine Skyscraper.
c. La pollution par le plastique est un problème dont peu de personnes sont conscientes.
d. Ils ont acheté une maison écologique dont le prix était raisonnable.
e. Les maladies respiratoires dont ce médecin s'occupe sont généralement liées à la pollution.

Activité 8 .... p. 45
Situation 1 – Il a trouvé le temps long – photo b.
Situation 2 – Il s'est trouvé mal – photo d.
Situation 3 – Il a trouvé chaussure à son pied – photo c.
Situation 4 – Il s'est trouvé nez à nez – photo a.
Situation 5 – Il a trouvé porte close – photo e.

Activité 9 .... p. 45
Proposition de corrigé :
K-ro est une artiste qui travaille beaucoup à partir de déchets plastique. Ce qui l'intéresse, c'est de recycler tous ces déchets afin d'en faire des œuvres d'art. L'œuvre que vous voyez représente un vase dans lequel se trouvent une dizaine de fleurs. K-ro a choisi de représenter des fleurs car, pour elle, les fleurs symbolisent la pureté de la nature. La transparence est aussi un signe de pureté. Mais quand on regarde de près et qu'on s'aperçoit que les fleurs sont en plastique, on se pose des questions sur la relation entre le plastique et la nature. K-ro veut dénoncer la pollution de l'environnement par le plastique. Elle voudrait faire réfléchir les gens et faire changer les comportements.

Activité 10 .... p. 45
Proposition de corrigé :
Lorsque je regarde ma salle de bains, je vois plein d'objets en plastique qui pourrait être supprimés.
Par exemple, j'ai une brosse à dents en plastique. Je sais qu'il existe des brosses à dents en bois beaucoup plus écologiques. J'utilise aussi du shampooing et du gel douche qui sont emballés dans des bouteilles en plastique. J'ai envie de changer mes habitudes ! Je vais remplacer le gel douche par du savon et, pour le shampooing, je vais aller dans un magasin qui propose du shampooing en vrac. C'est décidé !
Dans la cuisine, j'ai aussi des pâtes, du riz, des céréales emballés dans du plastique. Pour éviter tous ces emballages, il suffit juste d'acheter des produits en vrac. Ce n'est pas très compliqué !

Activité 11 .... p. 45
C'est *en* bois.
Ça *mesure* 1 mètre. = Ça *fait* 1 mètre.
Ça *pèse* 30 kilos. = Ça *fait* 30 kilos.
Ça *sert* à décorer.

Activité 1 .... p. 46
ⓐ Julien a 27 ans, il est fils d'agriculteurs, il est végétarien depuis deux ans, il a une compagne végétarienne, elle aussi.
ⓑ Parce que sa petite amie est végétarienne.
Parce que c'est bon pour l'environnement.
Parce que c'est bon pour la santé.
Parce qu'il aime les animaux.

Activité 2 .... p. 46
ⓐ fréquemment – complètement – progressivement – considérablement – suffisamment
ⓑ petit à petit = progressivement
souvent = fréquemment
tout-à-fait = complètement
beaucoup = considérablement
assez = suffisamment

Activité 3 .... p. 46
a. marcher
b. imiter
c. assister
d. longer
e. regarder

Activité 4 .... p. 47
e. → c. → d. → b. → a.

Activité 5 .... p. 47
b. d. e.

Activité 6 .... p. 47
a. Ce sont des expériences intéressantes.
b. J'aime cueillir les baies et les fleurs.
c. Il y a eu un changement important.
d. Je cultive des légumes et des fruits.

Activité 7 .... p. 47
a. avais prêté
b. était devenu
c. avaient discuté
d. n'étions jamais partis
e. s'était levé

Activité 8 .... p. 47
Proposition de corrigés :
a. En 2018, en se promenant sur la plage près de chez elle, elle avait trouvé des dizaines de bouteilles en plastique. Alors elle avait décidé de les utiliser pour des sculptures.
b. L'année dernière, elle avait lu une vidéo montrant l'impact de l'élevage sur l'environnement. À ce moment-là, elle avait décidé de ne plus manger de viande.
c. L'hiver précédent, avant son départ, il avait acheté un vélo confortable et résistant et il s'était renseigné sur les pos-

CORRIGÉS

sibilités de dormir chez l'habitant.
Activité 9 .... p. 47
Proposition de corrigé :
Bonjour à tous ! Notre vidéo d'aujourd'hui s'intitule « Réparer au lieu de jeter ». Pourquoi ? Parce que nous vivons dans une société où les objets n'ont pas beaucoup de valeur et où on a tendance à trop jeter et à produire beaucoup de déchets.
Un exemple. Une de mes amies, l'autre jour, m'a dit que son sèche-cheveux ne marchait plus et qu'elle l'avait jeté ! Ben oui, un sèche-cheveux, ça ne coûte pas cher ! Mais si chaque personne jette un sèche-cheveux par an et si on fait la même chose avec tous les objets qu'on utilise tous les jours (aspirateur, machine à café etc.), vous imaginez la quantité de déchets ?
Alors, j'ai dit à mon amie d'aller rechercher son sèche-cheveux dans la poubelle et nous avons cherché ensemble comment le réparer. Sur Internet, nous avons trouvé un site qui propose des solutions pour réparer soi-même les appareils électriques en fonction de la panne. Et si vous n'avez pas envie de bricoler, vous pouvez trouver, sur Internet toujours, des personnes qui savent réparer ces appareils.
Alors, avant de jeter, réfléchissez !
À bientôt !

Activité 10 .... p. 47
Proposition de corrigé :
Monsieur,
Vous avez accordé un permis de construire afin d'installer un hypermarché sur la Place des oiseaux. Votre argument principal est que cet hypermarché va créer des emplois. Je ne partage pas votre avis, c'est pourquoi je vous écris ce courrier.
D'abord, tous les matins, un marché a lieu sur la Place des oiseaux. Les commerçants présents sur le marché sont de petits producteurs locaux qui viennent vendre leurs produits. L'installation d'un hypermarché tuerait ce type de commerce.
Ensuite, les gens du village et des villages voisins ont l'habitude de s'y retrouver. Ce marché facilite donc les relations entre les habitants, il crée du lien social.
Enfin, un hypermarché génère beaucoup de pollution. Il faut construire le bâtiment et le parking, avec des matériaux non-écologiques et les produits vendus dans les grandes surfaces viennent généralement de plus loin.
Nous espérons que vous accorderez votre attention à ce courrier et nous sommes prêts à vous rencontrer pour discuter de ce projet.
Nous vous prions d'agréer, Monsieur, l'expression de nos salutations distinguées.

Activité 11 .... p. 47
a. un maraîcher
b. une serre
c. échanger

J'agis .... p. 48
Proposition de corrigé :
éviter de prendre l'avion – utiliser son vélo – ne pas prendre la voiture
acheter des produits de saison – éviter les hypermarchés – ne pas utiliser de sacs plastiques
éviter les produits suremballés – faire attention aux dates de péremption – réutiliser les objets
faire un jardin potager – éviter les pesticides – acheter des graines locales

Je coopère .... p. 48
Proposition de corrigé :
J'aime particulièrement le travail de Niki de Saint-Phalle. C'est une artiste franco-américaine qui a fait une série de sculptures qui s'intitule « les Nanas ». Ces sculptures représentent des femmes. Ce sont des sculptures monumentales, de plusieurs mètres de hauteur. L'artiste utilise du grillage pour la structure, puis du papier et de la peinture multicolore. Ces œuvres sont des œuvres féministes car l'artiste veut montrer la liberté des femmes.

J'apprends .... p. 48
a Je ne me sens pas concernée. / Et alors, c'est pas de ma faute ?
Il est encore temps d'agir ! / Il suffirait d'un geste pour sauver la planète.
b a. Pensez à bien é**tein**dre les ap**pareils** électriques !
b. C**onsomm**ez des produits bio**logiques** !
c. N'oubliez pas de bien **fer**mer le ro**binet** !
d. Pour vous d**éplacer**, prenez votre **vélo** !
e. Arrêtez d'**utili**ser des **emball**ages plastiques !

Je produis .... p. 48
Proposition de corrigé :
Pour aller au travail, pour faire nos courses, pendant nos vacances, nous sommes tous obligés de nous déplacer. Pourtant, le transport est responsable d'une grande partie des émissions de gaz à effet de serre.
La façon de se déplacer qui est la plus écologique est la marche, bien sûr ! Pour la plupart des déplacements que nous faisons, nous pourrions marcher. Malheureusement, de nombreuses personnes utilisent encore leur voiture pour les petits trajets.
Le vélo est également un moyen de transport écologique. Quelques conseils : équipez votre vélo de lumières puissantes, gonflez régulièrement vos pneus et achetez des vêtements adaptés pour les jours où il pleut ou quand il fait froid ! De plus, les trajets à vélo sont bons pour la santé physique et morale. Si vous faites le choix de prendre le vélo plutôt que la voiture, c'est une décision dont vous serez fiers et qui fera l'admiration de vos proches.
Enfin, pour les trajets plus longs, préférez le train plutôt que la voiture ou l'avion !

J'agis .... p. 49
b Il faudrait un jour comme le Black Friday tous les mois. C'est bon pour la consommation et pour l'économie. → Je ne partage pas cette opinion. Je pense que le Black Friday n'est pas bon pour l'économie. La plupart des produits achetés ce jour-là sont fabriqués dans des pays où les ouvriers sont mal payés.

J'apprends .... p. 49
a **Expressions de cause :** Parce que – à cause de – Grâce à – Comme – car
Expressions de conséquence : C'est pourquoi – Donc, – alors – Par conséquent, – C'est pour cela que
b - parce que / car
- c'est pourquoi / alors / par conséquent / c'est pour cela que
- Grâce à
- C'est pourquoi / C'est pour cela que
- Comme

Je produis .... p. 49
Proposition de corrigé :
a Je pense que le Black Friday n'est pas bon pour l'économie car la plupart des produits achetés ce jour-là sont fabriqués dans des pays où les ouvriers sont mal payés.
b Je ne pense pas que tout le monde doive devenir végétarien pour sauver la planète.
Premièrement, le respect de la liberté de chaque personne est essentiel. C'est pourquoi je pense qu'il faut respecter la liberté de chacun de se nourrir comme il le veut. On ne peut pas imposer le végétarisme à tout le monde et les personnes qui mangent de la viande ne doivent pas se sentir coupables d'en manger.
Deuxièmement, la viande que l'on achète au supermarché est la plupart du temps produite de manière industrielle. Mais si l'on achète la viande ou les produits laitiers à de petits producteurs, on aide l'agriculture locale. Les petits producteurs sont de plus en plus nombreux à se tourner vers l'agriculture bio. C'est pour cela que si on leur achète des produits, on soutient l'agriculture biologique et on encourage leurs efforts.

GRAMMAIRE

Activité 1 .... p. 50
a. que b. où c. qui d. dont e. qui
Activité 2 .... p. 50
qui – où – que – qu' – dont
Activité 3 .... p. 50
b. – c. – e. – h. – j.

cent trente-sept **137**

Activité 4 .... p. 50
avaient décidé – avait arrêté – était allé – avaient pris – s'était lancée

Lexique

Activité 1 .... p. 50
a. réservation
b. collectionner
c. cultures
d. défaire
e. tirer

Activité 2 .... p. 51
débloquer – débrancher – désorganiser – surchauffer – suremballer

Activité 3 .... p. 51
a. maraîchage
b. outils
c. verger
d. semences
e. champ

Activité 4 .... p. 51
a. sérieusement
b. récemment
c. attentivement
d. personnellement
e. vraiment

Phonétique

Activité 1 .... p. 51
a. obligatoire
b. interdite
c. obligatoire
d. obligatoire
e. interdite

Activité 2 .... p. 51
a. Ils achètent en vrac.
b. On aime composter nos déchets.
c. Elles ont créé un projet écologique.
d. Ils utilisent des outils originaux.
e. Nous avons envie de favoriser le commerce local.

Compréhension des écrits .... p. 52
1. Les plus riches se sentent plus concernés par les questions environnementales que les autres.
Les plus riches polluent plus que les autres.
Au quotidien, les plus riches adoptent beaucoup de petits gestes verts.
2. Ils utilisent beaucoup d'appareils numériques.
Ils voyagent beaucoup.

Production orale .... p. 53
Proposition de corrigés :
Partie 1 :
Je suis étudiant et j'habite dans une grande ville où il y a beaucoup de problèmes de pollution. De plus en plus de personnes se déplacent en voiture, cela crée des embouteillages et l'air est très pollué, malheureusement.
Pour faire mes courses, je vais souvent chez l'épicier qui est en bas de chez moi. Il vend un peu tous les produits, c'est très pratique. Mais je pense que ses fruits et légumes ne sont pas de bonne qualité alors quand j'ai le temps, je vais au marché. Les commerçants sont sympathiques et les produits sont de meilleure qualité.

Partie 2 :
- Tu t'intéresses à l'écologie, toi ?
- Moi, oui, mais mes enfants, c'est une catastrophe ! Ils achètent plein de produits qu'ils jettent aussitôt ! D'ailleurs, je pense que les jeunes en général ne s'occupent pas de l'environnement.
- Je pense que tu as tort ! Regarde dans les médias. On parle de plus en plus des marches organisées pour le climat. Et ce sont des jeunes qui les organisent !
- Oui, mais ce n'est pas la majorité.
- Peut-être mais j'ai l'impression que les jeunes sont de plus en plus sensibles aux questions écologiques. Beaucoup sont membres d'associations de défense de l'environnement. Et beaucoup aussi font le choix de devenir végétariens.
- Mais c'est une mode, ça !
- Non, je ne crois pas !

Partie 3 :
Ce document est extrait du site lanutrition.fr et présente les chiffres et les problèmes liés au gaspillage alimentaire. D'abord, on voit que 10 millions de tonnes de nourriture sont jetés chaque année alors que cette nourriture est encore consommable. Ce chiffre est énorme et le texte pose la question de l'éthique. Il est en effet intolérable de jeter de la nourriture alors que des personnes ont des difficultés pour se nourrir.
Ensuite, le gaspillage alimentaire pose des questions écologiques. En effet, la production de nourriture a des conséquences sur l'environnement. Pourquoi produire autant alors que cette nourriture finit à la poubelle ?
Enfin, le texte propose au lecteur de changer ses habitudes. En effet, si chaque personne fait attention à sa consommation, on peut éviter une grande partie de ce gaspillage. Par exemple, quand on fait ses courses, il faut bien vérifier les dates de péremption des aliments. De même, on peut faire des menus pour la semaine. De cette façon, on n'achète que ce dont on a besoin. Il est aussi important de bien ranger son frigo en mettant devant les produits qui doivent être consommés rapidement.

Unité 5

Activité 1 .... p. 54
a À des enfants.
b Les buts du métier de scientifique.

Activité 2 .... p. 54
4. élaborer une théorie
2. faire une hypothèse
1. poser une question
3. réaliser des expériences
5. diffuser une connaissance

Activité 3 .... p. 54
Savoir, ça sert à :
- Mieux **comprendre** le monde et **enrichir** ses connaissances
- Faire **progresser** les sciences
- **Développer** de nouveaux outils pour **améliorer** la vie des gens

Activité 4 .... p. 54
a. incertain
b. certain
c. incertain
d. incertain
e. certain
f. incertain

Activité 5 .... p. 55
a. Il a servi de modèle
b. À quoi ça sert ?
c. Ça ne sert à rien !
d. Sers-toi !
e. Qu'est-ce que je vous sers ?

Activité 6 .... p. 55
a. question
b. affirmation
c. question
d. question
e. affirmation

Activité 7 .... p. 55
a. Tu préfères partir dans l'espace ↗ ou à la mer ↘ ?
b. Tu utilises la trottinette ↗ ou le vélo ↘ ?
c. Tu voudrais rencontrer un astronaute ↗ ou un scientifique ↘ ?
d. Tu veux regarder le match de foot ↗ ou de basket ↘ ?
e. Tu préfères voyager en avion ↗ ou en train ↘ ?

Activité 8 .... p. 55
a. discours direct
b. discours indirect
c. discours direct
d. discourt indirect
e. discours indirect

Activité 9 .... p. 55
a. Manon et Paul disent à Papi qu'ils voudraient son livre sur les oiseaux et qu'ils doivent faire un exposé dans la classe. Papi leur dit qu'ils peuvent l'emprunter sans problème.
b. Léon dit qu'il sait combien de planètes il y a dans le système solaire. Pierre répond que lui aussi, il sait. Il précise qu'il y en a huit.

Activité 10 .... p. 55
Proposition de corrigé :
- Le nombre de femmes exerçant un métier scientifique est estimé à 25 millions. C'est dans les pays d'Europe Centrale qu'il y aurait le plus de femmes scientifiques.
- D'après des chercheurs indiens, la musique aurait un effet calmant sur les insectes. Les moustiques et les guêpes seraient généralement moins agressifs

CORRIGÉS

quand ils écoutent de la musique classique.
- Des scientifiques ont calculé que nous rêvons en moyenne quatre fois par nuit. Chaque rêve (ou chaque cauchemar) durerait environ 20 minutes. Nous rêverions donc au total 80 minutes par nuit.

Activité 11 .... p. 55
Proposition de corrigé :
1. Quels sont les trois premiers mots français que vous avez appris ? : J'ai appris « bonjour », « merci » et « Aux Champs-Élysées » !
2. Comment les avez-vous appris ? : Je pense que j'ai appris « bonjour » et « merci » quand j'étais tout petit. Ça fait partie des premiers mots qu'on apprend dans une langue étrangère. Et « Aux Champs-Élysées », bien sûr, c'est la chanson ! C'est une vieille chanson mais je l'aime bien. Maintenant, je connais les paroles par cœur !
3. Il paraît que c'est difficile d'apprendre le français. C'est vrai ? : C'est vrai que pour bien parler français, il faut connaître toutes les conjugaisons, savoir si les noms sont masculins ou féminins. Je trouve que c'est difficile de bien parler français. Moi, ce qui m'intéresse c'est de communiquer et aussi de comprendre le fonctionnement de la langue. Et, pour ça, le français n'est pas si difficile qu'on pense.

Activité 12 .... p. 55
a. enseignant
b. vulgariser
c. se souvenir
d. amateur

Activité 1 .... p. 56
a a. Vrai b. Faux c. Faux d. Vrai
b - YouTube est un support gratuit et accessible de chez soi.
- Les vidéos sont pédagogiques : le langage est simple et il y a des animations.
- C'est un média interactif.

Activité 2 .... p. 56
1. instructif
2. transmettre
3. curieux
4. vulgariser
5. connaisseur

Activité 3 .... p. 56
poser des questions – transmettre des connaissances – être un spécialiste – réaliser une expérience – s'interroger sur le monde

Activité 4 .... p. 56
voulez savoir – répond – dit – précise – paraît

Activité 5 .... p. 57
a. ↗ b. ↗ c. ↘ d. ↘ e. ↘

Activité 6 .... p. 57
a. C'est un connaisseur ↗ ?
b. Est-ce que ↗ tu l'as appris par cœur ↘ ?
c. Tu préfères la biologie ↗ ou la physique ↘ ?
d. Tu veux regarder un film ↗ ou un documentaire ↘ ?
e. Il y a eu combien ↗ de téléspectateurs ↘ ?

Activité 7 .... p. 57
a. Soumia se demande pourquoi Paris est la capitale de la France.
b. Thomas voudrait savoir si les perroquets savent parler.
c. Héloïse voudrait savoir pourquoi elle ne peut pas voler comme un oiseau.
d. Hanaé demande où elle était avant sa naissance.
e. Robin demande s'il peut s'envoler quand il y a beaucoup de vent.

Activité 8 .... p. 57
L'enseignante demande à Lila quel exercice elle a choisi et si elle peut lui montrer. Lila répond qu'elle a remis les mots dans l'ordre et elle lui demande si c'est bien. L'enseignante répond que c'est parfait et elle ajoute qu'elle a bien travaillé.

Activité 9 .... p. 57
Proposition de corrigé :
Bonjour Jamy,
J'ai vu votre annonce et je souhaiterais vous poser des questions sur 3 lieux de mon pays. Je suis anglais et mon pays ne manque pas de curiosités naturelles. Tout d'abord, dans le Parc National du Dartmoor, j'ai vu des « tors ». Ce sont des collines et, en haut de ces collines il y a des pierres. Je voudrais savoir si ces pierres ont été mises par les hommes ou bien si c'est naturel.
Ensuite, dans ce parc national, il y a également des mégalithes. Je me demande de quand ils datent et à quoi ils servaient.
Enfin, dans le Somerset, se trouvent les grottes de Cheddar qui sont très étonnantes. Je voudrais savoir comment ces grottes se sont formées.
Merci beaucoup pour toutes les réponses que vous me donnerez.

Activité 10 .... p. 57
Proposition de corrigé :
Bonjour à tous,
Aujourd'hui, je vais répondre à trois questions posées par nos abonnés.
D'abord, c'est Paul qui me demande pourquoi près du Palais de l'Élysée à Paris, il y a une sculpture en forme de poing avec des tulipes de toutes les couleurs. Cette sculpture, Paul, a été installée par la Mairie de Paris. Elle a été offerte par l'artiste Jeff Koons en mémoire des victimes des attentats.
Ensuite, c'est une question de Rose. Elle voudrait savoir qui a posé comme modèle pour la Joconde. Et bien, nous ne savons pas. Une femme ou un homme ? On suppose que c'est une jeune fille de la noblesse italienne de l'époque.
Enfin, la troisième question nous vient de Rebecca. Elle demande si les graffitis qu'elle voit dans la rue sont des œuvres d'art. La réponse est : aujourd'hui, elles peuvent être considérées comme des œuvres d'art parce qu'elles sont une expression de notre époque.

Activité 11 .... p. 57
des connaissances – des questions – la curiosité

Activité 1 .... p. 58
a Le fait de faire une découverte par hasard.
b Le hasard ne suffit pas. Il faut aussi que le scientifique comprenne qu'il vient de faire une découverte.
Il est quelquefois utile de faire des erreurs.

Activité 2 .... p. 58
N°2 : La seconde guerre mondiale (1939-1945)
N°6 : Une découverte (2002)
N°5 : La naissance de la République française (1792)
N°1 : Un incendie (1914)
N°4 : L'invention des allumettes (1805)
N°3 : Une grève générale (1968)

Activité 3 .... p. 58
Invention de la brosse à dents
Apparition des robes de mariée blanches
Invention du patin à glace
Invention des chaussures à velcro
Invention de la planche à voile

Activité 4 .... p. 58
a. raconter
b. signifier
c. penser
d. affirmer
e. ajouter

Activité 5 .... p. 58
a. d. e.

Activité 6 .... p. 59
a. Ce qui est incroyable, ce sont ces résultats !
b. La découverte de cette grotte est surréaliste !
c. Sa curiosité est exceptionnelle !
d. Sa démonstration est vraiment remarquable !
e. C'est un projet complètement dingue !

Activité 7 .... p. 59
Ce qui – ce que
Ce qui – Ce dont
ce qu'il

Activité 8 .... p. 59
a. Ce dont je me souviens, c'est de notre chien qui est tombé dans un trou.
b. Ce qui m'a étonné, c'est qu'il y avait un trou plus large à côté.
c. Ce qui était incroyable, c'est l'intérieur, il y avait des peintures partout.
d. Ce que nous avons trouvé, c'est un véritable trésor.

Activité 9 .... p. 59
Proposition de corrigé :
L'hiver dernier, je suis allé dans la ville de Québec au Canada et j'ai visité

cent trente-neuf **139**

le quartier historique du Vieux-Québec. Ce que j'ai préféré, c'est le Château-Frontenac. Il se situe dans la Haute-Ville, près de la Citadelle. Ce qui m'a surpris, c'est que ce château est en fait un hôtel. Il a été construit à la fin du 19ᵉ siècle dans le style château. Il ressemble en effet à ces châteaux européens avec ses hauts murs, ses grandes et petites tours de toutes les formes. Plusieurs hôtels de ce style ont été construits au Canada à la même époque. Ce dont je me souviens, c'est de la grande terrasse. Lorsqu'on est sur cette terrasse, on voit toute la ville et on domine le fleuve Saint-Laurent. C'est absolument magnifique ! Je n'ai pas dormi dans cet hôtel mais un de mes rêves est d'y retourner pour y passer une nuit. Un jour peut-être…

Activité 10 .... p. 59
Proposition de corrigé :
Je me souviens très bien de la fin de l'année 1989. J'avais 13 ans. Au mois de novembre, nous avons vu des images à la télé de la chute du Mur de Berlin. Ce qui était incroyable, c'est la foule des gens qui pouvaient enfin passer de l'autre côté du mur. J'étais jeune, je ne comprenais pas bien ce qui se passait. Mais, maintenant, je sais que c'étaient des moments extraordinaires !

Activité 11 .... p. 59
Marquer – Sauvegarder – Raconter – Commémorer

J'agis .... p. 60
Proposition de corrigés :
ⓐ Science, spécialiste, servir
Apprendre, augmenter, améliorer
Vulgariser
Observer
Instructif, inspirer
Rendre accessible
ⓑ Servir la science, augmenter la connaissance, améliorer la vie des gens, vulgariser des connaissances, observer le monde, inspirer les gens, rendre des savoirs accessibles

Je coopère .... p. 60
Proposition de corrigés :
ⓐ vers 1600 – vers 1700 – 1968
ⓑ L'Île Maurice a commencé à être habitée vers 1600. Ce sont des colons hollandais qui s'y sont installés les premiers. Vers 1700, l'oiseau qui s'appelle le dodo a disparu de l'île. Tous les dodos ont été mangés par les colons et par leurs chiens. Cet oiseau est devenu le symbole de l'Île Maurice. Après les Hollandais, ce sont les Anglais et les Français qui sont venus à Maurice. En 1968, l'Île Maurice est devenue indépendante. Le 12 mars est la date de la commémoration de l'indépendance.

J'apprends .... p. 60
ⓐ 1. Je n'aurais jamais imaginé ça de sa part. Je serais curieux de savoir pourquoi il a réagi comme ça.
2. Petit curieux ! Vous êtes bien indiscret !
3. Non, mais t'es pas sérieux ! Tu déconnes ?

Je produis .... p. 60
Proposition de corrigé :
Quand j'étais petit, j'étais très curieux. Certains domaines me passionnaient. Par exemple, je m'intéressais beaucoup aux dinosaures. Je connaissais par cœur le nom de plusieurs dizaines de dinosaures. Je savais où ils avaient vécu, ce qu'ils mangeaient, leur taille, etc. Ce qui m'intéressait le plus, c'était de savoir quels dinosaures étaient les plus forts. Et surtout, d'imaginer qu'ils pouvaient être aussi grands que des immeubles. Pour moi c'était incroyable ! À mon anniversaire, j'ai eu un jeu où je pouvais faire des expériences sur les dinosaures. Je n'oublierai jamais ce jeu !

J'agis .... p. 61
ⓐ 1. c ; 2. d ; 3. a ; 4. b

ⓑ Cela prouve que – Il est donc possible d'affirmer que – De la même manière, – De façon générale, on peut dire qu'

J'apprends .... p. 61
Proposition de corrigé :
ⓐ D'une façon générale, on peut dire qu'ils connaissent mieux les langues et les cultures étrangères que les plus âgés.
En effet, ils posent plein de questions. De plus, les livres et les films documentaires ont beaucoup de succès auprès des jeunes.
Cela prouve qu'ils ont des idées et qu'ils veulent changer le monde.
ⓑ De la même manière que la langue ou la cuisine, les sites historiques font partie de nous. De façon générale, on peut dire qu'il faut regarder le passé pour construire notre avenir.
Il est donc possible d'affirmer que les documents et les bâtiments anciens participent à l'économie d'un pays.

Je produis .... p. 61
Proposition de corrigé :
À mon avis, les jeunes d'aujourd'hui s'intéressent beaucoup au monde qui les entoure.
D'abord, grâce aux voyages et à Internet, les jeunes sont ouverts sur le monde. D'une façon générale, on peut dire qu'ils connaissent mieux les langues et les cultures étrangères que les personnes plus âgées.
Ensuite, beaucoup d'éléments nous montrent que les enfants et les jeunes sont curieux. En effet, les enfants posent plein de questions. Puis, lorsqu'ils sont plus grands, ce sont de grands lecteurs. Par ailleurs, les films documentaires ont beaucoup de succès auprès des jeunes. Les chaînes YouTube de vulgarisation sont également très regardées par les jeunes.
Enfin, il y a beaucoup de jeunes qui s'engagent dans la politique. Cela prouve qu'ils ont des idées et qu'ils veulent changer le monde. De la même manière, de nombreux jeunes s'engagent dans des actions contre le réchauffement climatique. Ils n'ont pas besoin des hommes politiques pour faire entendre leur voix.

Grammaire

Activité 1 .... p. 62
a. Il paraît que 4 tonnes de frites sont servies chaque année pendant le Tour de France.
b. Un journaliste dit que, sur le Tour, il y a 2400 véhicules pour 200 coureurs.
c. Raymond Poulidor affirme qu'il n'a jamais été un expert du sprint.
d. Un site spécialisé affirme que chaque année, 10 millions de spectateurs viennent voir les coureurs sur le bord de la route.
e. Tristan dit que son coureur préféré, c'est Thibault Pinot et qu'il espère qu'il va gagner cette année.

Activité 2 .... p. 62
a. elle porte
b. elle va être
c. si
d. s'il peut lui lire
e. si

Activité 3 .... p. 62
Ce qui me surprend, c'est que les enfants posent toujours plein de questions.
Ce qui est incroyable, c'est la quantité d'informations que notre cerveau retient.
Ce que j'aime, c'est feuilleter un dictionnaire illustré.
Ce dont je rêve, c'est de savoir parler toutes les langues du monde.
Ce dont j'ai envie, c'est de continuer à apprendre, même quand je serai âgé.

Activité 4 .... p. 62
a. Ce qui
b. Ce que
c. Ce dont
d. Ce dont
e. Ce qui

Lexique

Activité 1 .... p. 63
entretenir la curiosité = donner le goût d'apprendre

apprendre par cœur = mémoriser parfaitement

se poser des questions = s'interroger
transmettre des connaissances = partager des savoirs
vulgariser des connaissances = rendre accessible des savoirs

CORRIGÉS

Activité 2 .... p. 63
a. affirme
b. demande
c. répond
d. paraît
e. demande

Activité 3 .... p. 63
monument – souvenir – guerre – commémoration – rendre hommage

Activité 4 .... p. 63
a. de **b.** de **c.** d' **d.** à **e.** à

PHONÉTIQUE

Activité 1 .... p. 63
a. Tu veux poser une question ↗ ?
b. Pourquoi ↗ il y a des nuages ↘ ?
c. Il y a combien ↗ d'étoiles ↘ ?
d. À quoi ↗ ça sert, cet outil ↘ ?
e. Les astronautes partent sur Mars ↗ ou sur la Lune ↘ ?

Activité 2 .... p. 63
a. C'est tout à fait pro<u>di</u>gieux !
b. Ce livre est phé<u>no</u>ménal !
c. Cette émission est fan<u>tas</u>tique !
d. C'est un monument co<u>los</u>sal !
e. C'est une œuvre gi<u>gan</u>tesque !

COMPRÉHENSION DE L'ORAL .... p. 64

Exercice 1
1. 16 ans.
2. un duo historien-dessinateur.
3. la seconde guerre mondiale.
4. demander conseil à un libraire.

Exercice 2
1. un entretien.
2. médecin spécialiste des enfants.
3. a. Faux **b.** Faux **c.** Vrai **d.** Vrai **e.** Vrai

PRODUCTION ÉCRITE .... p. 65

Proposition de corrigé :
Monsieur le Maire,
J'ai appris que vous aviez décidé de fermer la bibliothèque municipale. Je suis moi-même enseignant et je me pose de nombreuses questions au sujet de cette fermeture. Je viens souvent à la bibliothèque avec mes élèves et je voudrais savoir comment je pourrai donner le goût de lire aux élèves s'ils n'ont plus accès aux ouvrages de la bibliothèque.
En effet, la bibliothèque est un lieu de découverte. Lorsque je m'y rends avec eux, mes élèves disent qu'ils apprécient de pouvoir choisir des livres ou des magazines sur tous les sujets. Ils peuvent emprunter 6 ouvrages et cela leur laisse la liberté de se tromper et d'emprunter un ouvrage qui ne leur plaît pas.
Par ailleurs, je me demande ce que vont devenir les employés qui travaillent à la bibliothèque. Ces personnes sont passionnées de littérature et savent transmettre les savoirs et leur passion aux jeunes. Il ne faut pas qu'ils travaillent dans un autre service de la municipalité. Ce serait gaspiller leurs talents.

J'espère que vous prendrez ce message en considération.
Avec mes sincères salutations.

Unité 6

Activité 1 .... p. 66
a du lancement d'un journal.
b Titre 1 : Politique
Titre 2 : Culture et Société
Titre 3 : Écologie
c a. un déplacement
b. une mobilisation
c. reproduire
d. polluer

Activité 2 .... p. 66
a. radio
b. journal
c. une
d. nouvelle
e. direct

Activité 3 .... p. 66
a. avènement
b. création
c. développement
d. lancement
e. arrivée

Activité 4 .... p. 66
a a. assis<u>tance</u>
b. diffu<u>sion</u>
c. abonne<u>ment</u>
d. modifi<u>cation</u>
e. pas<u>sage</u>
b a. féminin
b. féminin
c. masculin
d. féminin
e. masculin

Activité 5 .... p. 67
a. Arrestation d'un cambrioleur à Meudon.
b. Appel au calme de la police pendant les manifestations.
c. Réforme du système des retraites en France.
d. Élection du président avec 65 % des voix.
e. Sortie en salle du nouveau film d'Arnaud Desplechin.

Activité 6 .... p. 67
a une boisson
b Proposition de corrigé :
Un voyageur perdu lance un SOS en montagne.
L'entreprise XL lance un projet incroyable.
Une chaîne de télé québécoise lance un concours de talents.
Un scientifique lance une alerte pour le climat.

Activité 7 .... p. 67
a. dépen → dance ↘.
b. smart → phone ↘.
c. ré → seaux ↘.
d. d'actuali → té ↘.
e. ra → ppé ↘.

Activité 8 .... p. 67
a. Quelle bonne ↗ nouvelle ↘ !
b. Quelle triste ↗ actualité ↘ !
c. Quel beau ↗ spectacle ↘ !
d. Quel bon ↗ acteur ↘ !
e. Quel décor ↗ étonnant ↘ !

Activité 9 .... p. 67
Proposition de corrigé :
Au Kenya, un nouveau projet a été lancé. Il s'agit d'une pilule « miracle » contre l'absentéisme à l'école. Le pays a institué une journée nationale de traitement contre les parasites, qui sont la première cause d'absentéisme. Un jour par an, 6 millions d'élèves reçoivent un médicament donné par leur instituteur.

Activité 10 .... p. 67
Proposition de corrigé :
2000 : Généralisation du billet électronique par les compagnies aériennes
2001 : Création du baladeur mp3 qui remplace le walkman
2004 : Lancement de la voiture low-cost
2006 : Sortie de la console Wii par Nintendo
2007 : Commercialisation du livre électronique par Amazon

Activité 11 .... p. 67
masculin : environnement, reportage, journal
féminin : édition, universalité

Activité 12 .... p. 67
a. un **b.** une **c.** un **d.** une

Activité 1 .... p. 68
a a. collé des affiches
b. publié l'affiche
c. a été relayé
d. subit de mauvaises plaisanteries
b a. n°2 **b.** n°1 **c.** n°3 **d.** n°4
c le 14 novembre, après avoir, alors, dimanche soir, ce lundi matin

Activité 2 .... p. 68
a. une entrée
b. une naissance
c. une apparition
d. un changement
e. une sortie

Activité 3 .... p. 69
a. communiquer
b. les médias
c. un journal
d. diffuser
e. un écran

Activité 4 .... p. 69
a. ≠ **b.** ≠ **c.** = **d.** = **e.** ≠

Activité 5 .... p. 69
a. « . » **b.** « ! » **c.** « . » **d.** « . » **e.** « ! »

Activité 6 .... p. 69
a. la diffusion
b. la parution
c. le changement
d. la sortie
e. l'apparition

Activité 7 .... p. 69
a. lancer

cent quarante et un **141**

b. diffuser
c. changer
d. réformer
e. manifester

Activité 8 .... p. 69
1. actualité
2. télévisé
3. divers
4. infos
5. direct

Activité 9 .... p. 69
Proposition de corrigé :
En 1944, Howard Aiken invente une machine qui permet de calculer cinq fois plus vite que l'homme.
En 1948, Wallace Eckert crée le premier appareil capable de stocker des informations.
Ce n'est qu'en 1972 que la société R2E sort le premier ordinateur accessible aux particuliers. Il est considéré comme le premier PC (*Personal Computer*).
Neuf ans plus tard, la société Osborne Computer lance le premier ordinateur portable.
En 2010, c'est la sortie du premier IPAD, la première tablette électronique.

Activité 10 .... p. 69
Proposition de corrigé :
Visite du président français en Côte d'Ivoire : Brigitte Macron enflamme la piste de danse !
Élection de Miss France 2020 : qui succédera à Vaimalama Chaves ?
Marion Cotillard : 12 ans d'amour passionné avec Guillaume Canet.

Activité 11 .... p. 69
À partir de maintenant = désormais
De nos jours = aujourd'hui
Ça fait… = depuis

Activité 12 .... p. 69
Proposition de corrigé :
Aujourd'hui, on passe plus de temps avec notre smartphone qu'avec notre famille.
Depuis 10 ans, les gens regardent moins le journal télévisé.
Désormais, Google Assistant peut lire à voix haute des articles du web.

Activité 1 .... p. 70
a. positives.
b. une récompense.
c. vraiment excellent.
d. C'est le film de Marie Pergame qui a été récompensé par les spectateurs.

Activité 2 .... p. 70
ⓐ **a.** 2 **b.** 5 **c.** 4 **d.** 1 **e.** 3
ⓑ **Proposition de corrigé :**
Ce film est à la fois touchant et joyeux : on passe du rire aux larmes, comme dans la vraie vie. Le jeu des acteurs est extraordinaire : on y croit vraiment ! Le réalisateur est vraiment créatif : on n'arrive pas à s'imaginer dans les décors.

Activité 3 .... p. 70
a. pomme
b. bonbon
c. poussin
d. baiser
e. corbeau

Activité 4 .... p. 71
a. forme passive
b. forme active
c. forme active
d. forme passive
e. forme passive

Activité 5 .... p. 71
a. Le dernier *Star Wars* a été réalisé par J. J. Adams.
b. La saga *Star Wars* a été créée par Georges Lucas.
c. Le rôle de Benjamin est joué par Adam Driver.
d. La sortie du film est attendue par les spectateurs.
e. Beaucoup d'articles sont écrits par les journalistes.

Activité 6 .... p. 71
a. C'était nul ?
b. C'était si beau !
c. C'était trop long !
d. C'était bien ?
e. C'était coloré ?

Activité 7 .... p. 71
a. question
b. exclamation
c. question
d. exclamation
e. exclamation

Activité 8 .... p. 71
ⓐ donner envie / le goût = susciter l'intérêt
donner le jour = mettre au monde
tout donner = faire son maximum
donner les moyens = mettre tout en œuvre
ⓑ **a.** tout donné
b. donné le jour
c. donné envie
d. donné les moyens
e. donné le goût

Activité 9 .... p. 71
Proposition de corrigé :
Bonjour et bienvenue au théâtre de l'Alliance française ! On s'intéresse aujourd'hui à la pièce *Carnaval*. Pour ma part, j'ai adoré l'investissement des comédiens. La mise en scène était peut-être un peu lourde mais on peut applaudir son originalité. La musique était magnifique mais les costumes, quelle horreur ! C'était tout de même une jolie soirée théâtre !

Activité 10 .... p. 71
Proposition de corrigé :
Little Joe.
Dans ce drame de science-fiction, une plante a été créée pour soigner des malades jusqu'à ce que l'héroïne réalise qu'un simple contact avec la plante suffit à un individu de transporter son corps dans le corps d'un autre.

Douleur et gloire.
Dans ce drame signé Pedro Almodovar, un réalisateur respecté mais en panne d'inspiration cherche à plonger en lui-même. C'est l'heure des souvenirs et des retrouvailles avec d'anciens amis. Cette quête est motivée par le désir d'écrire à nouveau.

Parasite.
Dans ce thriller sud-coréen, c'est une famille pauvre qui est mise en scène. Elle rencontre alors la famille Park, extrêmement riche. C'est le début d'une histoire très étrange qui est annoncée.

Activité 11 .... p. 71
a. applaud**issements**
b. ovat**ion**
c. costum**é**
d. scén**ique**
e. décor**ation**

J'agis .... p. 72
ⓐ actualité – lancement – reportage – réseau, infos
ⓑ **Proposition de corrigé :**
Un bon lancement pour chaque événement. – Des reportages pour plus de partage. – Les réseaux ne sont pas un cadeau !

Je coopère .... p. 72
ⓐ

un spectacle	un film
le texte	le scénario
la mise en scène	la réalisation
le jeu des comédiens	le jeu des acteurs
le décor, la musique, les costumes, la bande son, les personnages	

ⓒ **Proposition de corrigé :**
un texte bien construit, un scénario absurde, une histoire surprenante, une mise en scène astucieuse, un jeu d'acteurs / de comédiens étonnant, des personnages caricaturaux, un décor haut en couleur, des costumes colorés, une musique joyeuse, une bande-son remarquable

J'apprends .... p. 72
ⓐ Vous avez une nouvelle importante à annoncer : Tu ne vas pas le croire ! – Tu connais la dernière ?
On vous demande comment ça va, mais vous n'avez pas de nouvelle à annoncer : Rien de spécial ! – Rien de neuf, que du vieux !
ⓑ connaître = être au courant
ⓒ se passer – passer

Je produis .... p. 72
Proposition de corrigé :
Réforme des retraites en France : les jeunes retraités deviendront des retraités qui jeûnent.
En France, le gouvernement veut réformer le système des retraites. Et la population n'est pas d'accord. La situation est devenue explosive (Boum !)

CORRIGÉS

avec plus d'un mois de grèves et des citoyens toujours mobilisés contre la réforme. Les manifestations se poursuivent. Quelle en sera l'issue ? L'avenir nous le dira ! (Musique de suspense)

J'agis .... p. 73
c Proposition de corrigé :
Ce n'est pas normal, on ne va pas manger des fruits plein de pesticides !
C'est scandaleux ! On a prouvé que les pesticides étaient très dangereux pour la santé !
Je ne suis pas d'accord ! On devrait interdire les pesticides et revenir à une agriculture qui respecte l'environnement et l'être humain.

J'apprends .... p. 73
a **reformuler** : en d'autres termes ; c'est-à-dire ; en effet
donner un exemple : par exemple ; comme ; notamment
donner une preuve : preuve en est ; de fait ; ainsi
b Proposition de corrigé :
Un jeune sur quatre présente des signes de dépendance. *En effet*, 23 % des jeunes entretiennent une relation problématique avec leur smartphone. *Preuve en est*, une étude révèle que la dépendance au smartphone est comparable à une véritable addiction. *Par exemple*, quand ils sont éloignés de leur téléphone, ils sont paniqués et anxieux. On appelle ce phénomène la nomophobie, *en d'autres termes* la peur d'être séparé de son téléphone. *Ainsi*, on note une baisse des inscriptions aux activités sportives.

Je produis .... p. 73
Je trouve que l'addiction des jeunes aux écrans est un phénomène de société qu'il ne faut pas sous-estimer. Les jeunes passent leur temps sur leur téléphone et réussissent moins à se concentrer sur un sujet. Ce qui m'inquiète le plus, c'est qu'ils vivent aujourd'hui plus dans un monde virtuel que dans le monde réel. Par exemple, on voit des jeunes qui ont des centaines d'amis sur Facebook ou d'abonnés sur Instagram, mais qui restent la plupart du temps seul chez eux. Je trouve ça malheureux et je préfère largement le mode de vie qu'on avait à mon époque. On se retrouvait le soir chez l'un ou chez l'autre et on passait un moment ensemble, à vivre des choses plutôt qu'à les photographier. Je pense donc qu'il faudrait limiter les abonnements aux réseaux sociaux pour les plus jeunes, afin qu'ils y soient confrontés le plus tard possible.

GRAMMAIRE
Activité 1 .... p. 74
a. arrestation
b. commencement
c. lancement
d. pari
e. début

Activité 2 .... p. 74
a. Diffusion
b. Sortie
c. Dépendance
d. Vote
e. Ovation

Activité 3 .... p. 74
a. On a élu le président à la majorité.
b. Beaucoup de téléspectateurs regardent le journal.
c. Les spectateurs ont applaudi le concert.
d. On a créé les téléphones intelligents au 20ᵉ siècle.
e. On a nommé le film au Festival international du film de Toronto.

Activité 4 .... p. 74
a. Un projet écologique a été lancé par l'Union européenne.
b. Une nouvelle loi a été mise en place par le gouvernement.
c. Un groupe de cambrioleurs a été arrêté par la police.
d. La nouvelle exposition du Louvre Abu Dhabi a été plébiscitée par les visiteurs.
e. Le nouveau film de Xavier Dolan a été félicité par la presse.

LEXIQUE
Activité 1 .... p. 75
a. un journal télévisé
b. une actualité
c. faits divers
d. en différé
e. une nouvelle

Activité 2 .... p. 75
a. changement
b. lancement
c. évolution
d. création
e. arrivée

Activité 3 .... p. 75
a. applaudir
b. un costume
c. une mise en scène
d. un groupe
e. un live

Activité 4 .... p. 75
a. s'en donner à cœur joie
b. lancer un projet
c. lancer un appel au calme
d. tout donner
e. donner le goût de la lecture

PHONÉTIQUE
Activité 1 .... p. 75
a. !   **b.** .   **c.** .   **d.** !   **e.** !

Activité 2 .... p. 75
a. C'est une expo-photo ?
b. C'est une pièce moderne !
c. C'est un film magnifique !
d. C'est un concert de rock ?
e. C'est un opéra-comique ?

Activité 3 .... p. 75
a. interrogative
b. exclamative
c. déclarative
d. exclamative
e. interrogative

COMPRÉHENSION DES ÉCRITS .... p. 76
1. du manque de confiance des Français dans les médias.
2. un quart des Français fait confiance aux médias.
3. a diminué.
4. 75 000 personnes de 38 pays.
5. les moins sérieux pour les Français.
6. dans la radio.
7. Faux.

PRODUCTION ORALE .... p. 77
Proposition de corrigé :
Partie 1 :
Bonjour, je m'appelle Anna, j'ai 18 ans et je suis espagnole. Je m'intéresse beaucoup à l'actualité politique de mon pays et des pays européens. Je lis le journal une fois par semaine et je consulte aussi des articles sur mon téléphone dans les transports. Le matin, quand j'ai le temps, j'écoute aussi les infos à la radio.
Partie 2 :
- Salut Sarah ! Tu fais quelque chose vendredi soir ? J'aimerais bien aller voir cette pièce à la Comédie Française, ça te dit ?
- Pas vraiment. Moi, tu sais, la Comédie Française, je n'aime pas trop… Ce ne sont que des classiques, je préfère les pièces plus modernes.
- J'ai lu beaucoup de bonnes critiques : la mise en scène est très originale et les décors sont magnifiques apparemment. Et le jeu des acteurs, il paraît que c'est une pure merveille !
- Pourquoi pas, alors, je veux bien essayer !
Partie 3 :
Cet article parle de l'actualité comme source de stress pour beaucoup de personnes.
Les informations permettent de savoir ce qui se passe, mais aujourd'hui, avec les nouvelles technologies, par exemple le smartphone, certaines personnes consultent trop les infos.
Je pense que c'est assez vrai : on consulte les infos sur les médias sociaux dès que nous avons 5 minutes dans les transports, pendant une pause, ou parfois même en pleine nuit, quand on n'arrive pas à dormir. Mais, pour moi, c'est plus un problème d'hyperconnexion qu'un problème lié aux informations en elles-mêmes. En effet, les actualités ont toujours été assez négatives : c'est rare de voir une bonne nouvelle dans les médias ! Et c'est peut-être difficile à gérer pour certaines personnes. La solution, c'est peut-être

cent quarante-trois **143**

de réserver un temps pour consulter les infos pour ne pas voir de mauvaises nouvelles toute la journée.

Unité 7

Activité 1 .... p. 78
ⓐ À toutes les personnes intéressées par la robotique.
ⓑ Les risques et les opportunités de la robotique.

Activité 2 .... p. 78
Inconvénients : moins d'emplois, moins de communication entre les gens, plus de dépendance envers les technologies
Avantages : briser l'isolement, ne pas prendre des risques inutiles, moins de fatigue au travail

Activité 3 .... p. 78
a. image 3, un drone
b. image 1, un exosquelette
c. image 2, intelligence artificielle
d. image 4, humanoïde

Activité 4 .... p. 79
a. bienfait
b. risque
c. risque
d. bienfait
e. risque

Activité 5 .... p. 79
3 syllabes : c, d
4 syllabes : e
5 syllabes : a, b

Activité 6 .... p.79
a. C'est un réacteur nucléaire.
b. J'anime une séance sur les outils numériques.
c. Je réapprends la robotique.
d. Cet obstacle a réapparu.
e. C'est une expérience réaliste.

Activité 7 .... p. 79
AurelOne
viens – croirait – sort
Lise B.
peux / pourrais – adorerais – serait

Activité 8 .... p. 79
a. peut
b. serait
c. Lance-toi
d. faut
e. finirons

Activité 9 .... p. 79
ⓐ le vent
ⓑ a. passer du temps
b. passer la main
c. passer un savon
d. passer le permis
e. passer le sel

Activité 10 .... p. 79
Cette nuit j'ai fait un rêve incroyable, je ne sais même pas par où commencer. J'ai rêvé que j'étais dans l'espace, accompagné d'un robot humanoïde, et que nous étions perdus ! Quelle inquiétude ! Notre mission était de rejoindre une planète nommée Zildur, sinon l'univers tout entier allait disparaître ! Ne me demandez pas pourquoi, je ne m'en souviens pas ! Alors, le robot m'a dit de prendre les commandes de la navette spatiale et il a projeté par ses yeux la carte grâce à laquelle nous allions atteindre Zildur. Et moi je conduisais comme si j'étais sur la route ! Aussi simple que ça ! Et ensuite, quand nous nous sommes approchés, nous avons vu des exosquelettes nous empêcher d'atterrir. Le robot est alors sorti et est allé à leur rencontre. Quelques instants après il est revenu, et il m'a dit qu'en fait c'était une planète habitée seulement par des chats qui se défendent grâce à ces engins ! Je suis alors allé dans une des armoires du vaisseau, et j'ai pris des sacs de croquettes que je leur ai donné. Mais j'ai compris pourquoi ensuite ! Mon chat était à côté de moi dans le lit et il miaulait parce qu'il avait faim !

Activité 11 .... p. 79
Bonjour Margot ! Oui en effet, c'est une très bonne idée ! Mais il faut peut-être réfléchir à plusieurs choses avant de l'acheter. La première est de savoir si tes grands-parents sauront s'en servir. S'ils ne savent pas où appuyer pour le démarrer ou l'éteindre, ça ne serait pas pratique. Si tu leur montrais avant, ça serait plus simple. Ensuite, si le robot ne les écoute pas, qu'est-ce qui se passerait ? Je ne sais pas si c'est une technologie fiable, tu devrais en acheter un de bonne qualité. Après, si tout cela ne te fait pas peur, ça doit être bien d'avoir un compagnon comme ça, il pourrait même leur faire faire de la gymnastique !

Activité 12 .... p. 79
a. novateur, innovant, une innovation
b. la robotique, robotisé
c. un scientifique, la science-fiction
d. imaginaire, l'imagination, une image

Activité 1 .... p. 80
ⓐ **Proposition de corrigé :**
Yannick est un chercheur qui travaille sur les technologies des voitures autonomes. Il travaille plus particulièrement sur un système de caméra qui améliorerait la vision des voitures pour mieux détecter les ombres et mieux éviter les obstacles.
ⓑ De placer des chats à la place des phares et d'éclairer les routes avec des arbres fluorescents.
ⓒ Elle est impressionnée. Elle rit.

Activité 2 .... p. 80
a. autonome
b. paramètres
c. essai
d. embarqué
e. réalité virtuelle

Activité 3 .... p. 80
a. autoroute
b. autobus
c. autographe
d. autonome

Activité 4 .... p. 80
a. Si tu voyageais dans l'espace, où irais-tu ? → hypothèse
b. Si tu crées cet engin, tu deviendras connu. → condition
c. Si on invente une voiture volante, on pourra se déplacer plus vite. → condition
d. Si tu voulais vraiment, tu y arriverais. → hypothèse
e. Si tu veux être autonome, débrouille-toi seul ! → condition

Activité 5 .... p. 81
a. Si je pouvais, je créerais un drone à énergie solaire.
b. Voyager en train magnétique serait fabuleux si ce n'était pas cher.
c. Tu devrais y courir si c'était ta chance d'y participer.
d. Tu m'accompagnerais à cette formation si j'y allais ?
e. Si nous avions un robot à la maison, nous pourrions nous reposer plus.

Activité 6 .... p. 81
a. C'est un véhicule spatial.
b. J'étudie la zoologie.
c. C'est un néologisme.
d. Ces espèces cohabitent.
e. Il est océanologue.

Activité 8 .... p. 81
Image 1 = Audio n°5 : intelligence artificielle
Image 2 = Audio n°2 : outils digitaux
Image 3 = Audio n°3 : humanoïde
Image 4 = Audio n°1 : hyperconnexion
Image 5 = Audio n°4 : avenir

Activité 9 .... p. 81
Bonjour Franky, j'ai adoré ton flyboard et ça m'a fait pensé à quelque chose que je voudrais te présenter : j'ai songé à des ailes pliables dans un sac à dos ! Je ne sais pas ce que tu en penses, mais avec un moteur comme le tien à l'intérieur, ça pourrait nous propulser dans les airs et on pourrait ensuite planer comme un oiseau ! Avec les ailes pliables, on pourrait les transporter partout, et même au travail. Ensuite, le soir, on pourrait mettre en marche le moteur, sortir les ailes du sac à l'aide d'un bouton et ensuite s'envoler comme tu l'as fait avec le flyboard ! Dis-moi si tu trouves ça intéressant, je pourrais t'expliquer plus en détail ! Et merci encore de donner la possibilité aux gens de rêver !

Activité 10 .... p. 81
Bonjour Théo ! La nuit dernière, je regardais le ciel avec mon téléscope, et je crois avoir vu un OVNI ! Comme tu es le premier de la classe, et que tu es très fort en physique, je me demandais si ça t'intéresserait de m'aider à essayer d'entrer en contact avec les extrater-

CORRIGÉS

restres. On pourrait peut être developper un prototype d'antenne capable d'envoyer des sons assez loin dans le ciel, ou bien trouver un moyen pour leur dire que nous aimerions les rencontrer ! Qu'en penses-tu ? Ça te plairait ? Après nous devrions sûrement analyser les risques possibles, par exemple, si nous y arrivons, savoir s'ils nous veulent du bien ou du mal. Est-ce qu'ils seraient prêts à nous transmettre leur technologie ? Ça pourrait être super ! Ou bien au contraire, s'ils ont pour objectifs de conquérir la terre ! Alors là il faudrait se méfier. En tout cas je pense que ce serait vraiment drôle d'essayer. J'attends ta réponse avec impatience ! À très bientôt, Lucas

Activité 11 .... p. 81
a. hyperconnecté
b. problèmes
c. révolution
d. soumis

Activité 1 .... p. 82
a a. Faux – b. Faux – c. Faux – d. Vrai
e. Vrai
b au bout du compte – tendance – rupture – évolution – changer

Activité 2 .... p. 82
a a. se sentir à l'aise
b. se faire du mouron
c. gagner sa croûte
d. faire la grasse matinée
e. se jeter à l'eau
b la surprise = ne pas en croire ses yeux
l'inquiétude = se faire des cheveux blancs
être perdu = ne plus savoir où donner de la tête
le courage = reprendre sa vie en main

Activité 3 .... p. 82
a. formateur
b. circulation des savoirs
c. stage
d. ateliers
e. changer d'orientation

Activité 4 .... p. 83
a. grâce auxquels
b. dans lequel
c. pendant laquelle
d. avec lesquelles
e. à laquelle

Activité 5 .... p. 83
a. J'ai participé à une super formation grâce à laquelle j'ai pu créer cet outil.
b. L'avenir nous réserve des surprises auxquelles il faut se préparer.
c. Le chercheur vient de proposer un nouveau prototype grâce auquel nous pourrons nous déplacer deux fois plus vite.
d. La surcharge mentale est un vrai problème auquel il est difficile de faire face.
e. Imaginer l'impossible est positif pour avoir un avenir meilleur dans lequel il faut que tout le monde trouve sa place.

Activité 6 .... p. 83
a per-, trans-, sou-, ad-, o-, re-

b a. omettre
b. permettre
c. remettre
d. admettre
e. transmettre

Activité 7 .... p. 83
a. c. d.

Activité 8 .... p. 83
a. C'est un robot autonome.
b. C'est une technologie innovante.
c. Ils ont innové avec ce nouveau projet.
d. Il ne faut pas imaginer le pire !
e. On est soumis à la gravité.

Activité 9 .... p. 83
Bonjour mes chers amis ! Alors aujourd'hui, je vais vous parler d'une tendance qui me tient à cœur, c'est celle du low-tech. *Low* quoi ? *Tech*, comme tehnologie, et *low*, comme basse, le contraire de high-tech en somme ! Alors vous me direz, comment définir une technologie qui ne cherche pas le progrès scientifique mais qui au contraire reste simple et accessible à tous ? Et bien voilà, je viens de le faire ! Rien de plus simple que de faire simple ! C'est en tout cas le pari de tous les créateurs que l'on peut retrouver sur la toile ! Et d'ailleurs, ça ressemblerait à quoi un Internet low-tech ? Peut-être tout simplement à une vieille encyclopédie ! Et cette app pour communiquer ? À une lettre envoyé par la Poste ? Par la poste ? Oui, vous m'avez bien entendu ! Mais attention, ça n'est pas un simple retour en arrière, derrière cette tendance il y a de vrais ingénieurs dont l'objectif est de créer des outils simples et faciles à partager et à fabriquer soi-même ? Alors la prochaine vidéo, on la fait low-tech ? Autour d'un café ? Ciao !

Activité 10 .... p. 83
Bonjour Chloé ! Je suis content que ça t'intéresse ! Je comprends que tu aies besoin d'informations complémentaires. Alors à vrai dire, je n'y ai jamais participé mais d'après ce que l'on m'a dit le formateur est vraiment à l'écoute. L'objectif serait d'apprendre à gagner en confiance, et je sais que parfois tu as du mal au travail quand tu as trop de pression alors que tu es une fille géniale et brillante ! Je suis sûr que ça t'aiderait ! Et de toute façon je serai là aussi, alors aucun problème ! Pour le reste, il s'agit plus précisément d'apprendre à gérer son stress aussi, et d'accepter ses émotions. Il nous arrive à tous de nous laisser aller à la colère, mais nous sommes clairement les premières victimes de cette colère ! En tout cas, je serais vraiment heureux d'y participer avec toi, principalement parce qu'on se connaît vraiment bien et que c'est certain que tu sauras utiliser tous ces conseils pour la vie active !
Pour les détails pratiques, ça dure trois jours, en petit groupe, logés et nourris, la belle vie quoi ! Allez dis oui ! À très bientôt, Johan

Activité 11 .... p. 83
a rupture
b -ion

J'agis .... p. 84
Proposition de corrigés :
a J'aimerais inventer un robot capable de tout faire à notre place !
Il s'appellerait Cogito ergo robot.
c Avantages :
1. Il peut résoudre des problèmes.
2. Il peut imprimer des objets.
3. Il peut nous tenir compagnie.
Inconvénients :
1. Nous deviendrons paresseux.
2. Il n'est pas capable de parler.
3. On n'a plus besoin de voir nos amis.

Je coopère .... p. 84
a Mots à utiliser :

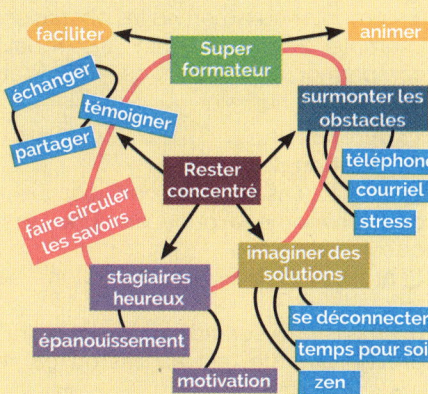

J'apprends .... p. 84
Proposition de corrigés :
a Le ciel est bleu parce que la lumière est filtrée par l'ozone, qui est un gaz.
b 1. Ce sont les océans qui reflètent leur couleur bleu dans le ciel.
2. Le ciel est en fait transparent : le bleu provient de l'espace.
3. C'est à cause de l'ozone qui filtre la lumière et rejette la couleur bleue.

Je produis .... p. 84
Proposition de corrigé :
Le monde a bien changé. Le téléphone portable, Internet, le transport aérien, les robots, tout cela fait déjà partie de notre quotidien. Et tout ça pour le meilleur ! Enfin presque ! Depuis une vingtaine d'années nous sommes plus connectés, nous nous déplaçons plus vite, nous sommes aidés par de nombreux outils. Cependant, nous avons maintenant l'impression que tout va trop vite. Par exemple au travail. En effet, nous utilisons beaucoup d'outils numériques qui nous simplifient la vie à condition de ne pas se sentir dépassé ! La robotique également nous promet un avenir meilleur, à condition que chacun puisse trouver un emploi. À vrai dire, avec toutes ces nouvelles technologies, de nouveaux problèmes sont

apparus. Pollution, burn-out, manque de vie privée. Si nous n'apprenons pas à bien vivre avec, tout cela risque de nous dépasser. Alors, en supposant que nous puissions établir des règles, c'est-à-dire en arrivant à les utiliser pour le bien de tous, oui, les innovations pourront nous garantir un avenir meilleur. Mais il y a aussi des effets négatifs que nous devons regarder en face.

J'agis .... **p. 85**
Proposition de corrigés :
ⓐ Comment ? En se révoltant.
Pourquoi ? Car ils sont devenus intelligents.
Quand ? En 2050.
Où ? Partout sur la planète.
ⓑ En 2050 les robots, qui seront devenus intelligents remplaceront les humains partout sur la planète suite à une révolte.
ⓒ Exemple 1 : En effet, ils auront appris à surmonter eux-mêmes les obstacles.
Exemple 2 : Notamment les robots compagnons, qui auront déjà appris au contact des humains.

J'apprends .... **p. 85**
Proposition de corrigés :
ⓐ si – au cas où – à condition que – dans l'hypothèse où – en supposant que
ⓑ a. si + *indicatif* → Si tu veux, viens me voir.
b. au cas où + *conditionnel* → Il faudrait prévoir plus de test au cas où ça ne marcherait pas.
c. à condition que + *subjonctif* → J'irais voyager dans l'espace, à condition que ce soit sûr.
d. dans l'hypothèse où + *conditionnel* → Dans l'hypothèse où tu n'aurais pas compris, tu pourrais lui redemander.
e. en supposant que + *subjonctif* → En supposant qu'il soit capable de créer un tel robot, il faudrait déjà savoir s'il en a envie.
ⓒ a > c > b > d > e

Je produis .... **p. 85**
Proposition de corrigés :
ⓐ Trois exemples qui justifient : L'innovation technologique nous permettra de moins nous fatiguer.
Grâce à elle nous pourrons communiquer plus vite et réduire les distances. Nous pourrons faire travailler les robots et nous concentrer sur des tâches plus solidaires.
Trois exemples qui invalident : On ne sait jamais de quoi l'avenir est fait, ça peut être le meilleur ou le pire.
La technologie n'empêche pas les catastrophes naturelles ou les guerres.
Si nous comptons trop sur l'innovation, nous ne saurons plus vivre ensemble.
ⓑ On voit de plus en plus d'image nous promettant que l'avenir sera meilleur grâce aux nouvelles technologies. En supposant que ce soit vrai, qu'est-ce qui nous le garantit ? Un nouveau téléphone, un nouveau robot aspirateur, un casque de VR, tout cela transforme notre quotidien et transforme nos habitudes. Mais l'avenir sera-t-il meilleur pour autant ? Personne ne peut lire l'avenir. Il est vrai que l'apparition des robots dans les usines ou de l'intelligence artificielle dans les laboratoires ont permis de faciliter le travail des humains. Moins de fatigue et plus de progrès. Tout le monde en profite finalement. C'est précisément cela qui améliore l'avenir de tous. Alors si ces innovations nous permettaient de nous concentrer sur les choses importantes ? La famille, les amis, la solidarité ? Ce serait en effet merveilleux. Mais d'un autre côté, toutes ces technologies n'empêche pas les guerres par exemple. Oui les drones permettent d'épargner les vies de nombreux soldats, mais il y a toujours des morts. Et quand est-il de la nature ? On le voit bien par exemple avec les feux de forêts en Australie. C'est un pays développé, technologique, mais lorsque la nature se met en colère, que peuvent faire nos téléphones, nos robots ou nos drones ? Rien. Alors pour un avenir meilleur, il faudrait peut-être penser à quelle innovation nous souhaitons créer pour que, non pas seulement l'avenir, mais le monde devienne meilleur.

GRAMMAIRE

Activité 1 .... **p. 86**
Un robot serait pratique si on voulait travailler moins.
Si on veut accélérer les déplacements, il faudrait créer de nouveaux moyens de transports.
Construis ta propre machine si tu veux te simplifier la vie.
Sans la technologie, nous serions encore dans des cavernes.
Si tu venais, je serais très heureuse.

Activité 2 .... **p. 86**
a. Ça serait vraiment génial si on pouvait se téléporter directement chez soi.
b. Si tu arrives avant moi, écris-moi !
c. Nous devrions nous former plus à la technologie.
d. Si tu achètes / achetais une voiture hybride, tu feras / ferais des économies.
e. Si tu étais né 100 ans plus tard, tu aurais sûrement pu voyager sur Mars.

Activité 3 .... **p. 86**
a. laquelle
b. lequel
c. auxquels
d. laquelle
e. lesquels

Activité 4 .... **p. 86**
a. contre lesquelles
b. grâce auquel
c. pour lequel
d. auxquelles
e. auxquels

LEXIQUE

Activité 1 .... **p. 86**
a. scientifique
b. vendre
c. se plaindre
d. transmettre
e. augmenter

Activité 2 .... **p. 87**
avenir – robots – changements – évolution – formation – innovantes – connectés

Activité 3 .... **p. 87**
a. imaginent le pire
b. impacte
c. se plaint
d. Être soumis
e. être surchargé

Activité 4 .... **p. 87**
a. transmettre
b. passera
c. permettre
d. passé
e. promettre

PHONÉTIQUE

Activité 1 .... **p. 87**
a. Oui : Il y a eu un ralentissement important.
b. Non : Ils écrivent un scénario futuriste.
c. Oui : J'ai appris à diriger un robot.
d. Non : J'ai aimé me servir de cette machine.
e. Oui : Ils se sont adaptés aux besoins de l'homme.

Activité 2 .... **p. 87**
a. C'est une orientation envisageable.
b. C'est une évolution historique.
c. C'est un atelier intéressant.
d. C'est une formation incroyable.
e. C'est un progrès inimaginable.

COMPRÉHENSION DE L'ORAL .... **p. 88**
Exercice 1
1. Son anniversaire.
2. Une annonce de formation originale.
3. Parce que ça doit être fatiguant et ennuyant.
4. Des vieux objets électroniques recyclés.
5. Le 19.
6. Un skateboard volant.
7. L'hébergement et le couvert.
Exercice 2
1. Un projet de ville autonome.
2. L'origine des produits achetés.
3. Les nouvelles technologies et l'écologie.
4. Tout est d'origine locale.
5. Des ingénieurs et des artisans locaux.
6. *Et si nous réalisions nos rêves.*

PRODUCTION ÉCRITE .... **p. 89**
Proposition de corrigé :
Bonjour Léa !
Comment vas-tu ? Ça fait longtemps

CORRIGÉS

que je n'ai pas eu de tes nouvelles ! J'espère que tu es heureuse au travail. Ah les nouvelles technologies ! C'est utile mais compliqué. Oui j'ai fait une formation similaire l'année dernière, et je t'avoue qu'au début j'étais un peu comme toi, car ça ne me passionnait pas, au contraire, je trouvais ça plutôt envahissant tous ces outils digitaux ! Mais finalement, pendant les ateliers tout a été abordé, même le côté négatif. Et ne t'inquiète pas, en général ce n'est pas technique du tout ! C'est précisément fait pour les gens comme toi et moi qui les utilisons au quotidien. En tout cas moi j'ai beaucoup appris et je continue d'utiliser les conseils qui nous ont été transmis. Ne pas se laisser déborder, ne pas se stresser, apprendre à surmonter les obstacles en communiquant plus avec les collègues. À vrai dire, c'est justement parce que nous ne sommes pas des machines que nous sommes créatifs ! Tu peux y aller sans te faire du mouron, et puis tu vas pouvoir partager et échanger avec les autres, c'est sympa !
Écris-moi dès que tu as terminé ! J'ai hâte que tu me racontes !
Bises
Marie

Unité 8

Activité 1 .... p. 90
ⓐ Martin et Xavier sont collègues.
ⓑ **a.** Faux. Il est rentré jeudi dernier.
b. Faux. Elle fait 166 kilomètres.
c. Vrai. Il faut s'adapter à l'altitude et aux températures extrêmes.
d. Vrai. Il a fait deux pauses de 30 minutes pour dormir.
ⓒ Il a fait beaucoup de méditation et des exercices de visualisation de la course.

Activité 2 .... p. 90

a.	A	U	D	A	C	I	E	U	X
b.	O	S	E	R				
c.	R	I	S	Q	U	E	R	
			d.	E	X	P	L	O	R	E	R
e.	S	U	R	V	I	V	R	E
			f.	T	E	N	T	E	R

Activité 3 .... p. 90
en solitaire – en compétition – masculine – victoire – stratégie

Activité 4 .... p. 91
a. Vivre une expérience extraordinaire = expérimenter
b. Vivre des moments difficiles = traverser
c. Vivre une joie immense = ressentir
d. Vivre dans une ville = habiter
e. Vivre une vie dangereuse = avoir

Activité 5 .... p. 91
a. bou/lau
b. peu/ren
c. j'ex/plo/run
d. l'a/ven/tu/ret
e. ex/trê/met

Activité 6 .... p. 91
a. C'est une victoire au mental.
b. C'est le but à atteindre.
c. C'était un match impressionnant.
d. C'était une défaite amère.
e. C'est une joueuse audacieuse.

Activité 7 .... p. 91
mettant – allant – descendant – pouvant

Activité 8 .... p. 91
voulant – souhaitant – ayant – parlant – faisant

Activité 9 .... p. 91
Proposition de corrigé :
En Amazonie
Je suis dans la jungle amazonienne depuis bientôt une semaine. Je me déplace à pied et en bateau. Je suis seul, sans assistance et j'essaie de survivre dans ce milieu extrême. Les conditions sont encore plus difficiles que j'imaginais. Les températures sont très élevées et dépassent souvent les 40°C. De plus, il fait extrêmement humide. Je transpire énormément. Petit à petit, mon corps s'est adapté à ces conditions climatiques. Je respire plus facilement que lorsque je suis arrivé et, la nuit, je dors mieux. Mais il y a aussi des animaux dangereux. Pour éviter une mauvaise rencontre, je suis très vigilant et j'écoute les bruits de la forêt.
Cette aventure me confirme que la force mentale est très importante pour survivre dans un milieu comme celui-ci.

Activité 10 .... p. 91
Proposition de corrigé :
Je suis cycliste amateur et je fais des courses tous les week-ends. Je me souviens d'une course particulièrement marquante. Dès le top départ, j'ai fait une mauvaise chute. Je me suis blessé à la jambe. Mais j'ai accepté la douleur et je suis remonté sur mon vélo. J'ai repris la course. J'étais dernier, les autres coureurs avaient plusieurs centaines de mètres d'avance sur moi. J'ai trouvé la force mentale de continuer et j'ai roulé, roulé le plus vite que je pouvais. J'avais mal à la jambe mais je suis allé jusqu'au bout. Je n'ai pas gagné cette course mais j'étais fier de l'avoir terminée.

Activité 11 .... p. 91
a. puissant
b. fort
c. une aventure
d. la peur

Activité 1 .... p. 92
a. Mike Horn.
b. n'est pas l'unique aventure de Mike Horn.
c. a exploré de nouvelles zones de l'Antarctique.
d. évoque le futur de l'Antarctique.

Activité 2 .... p. 92
s'adapter à un environnement – entreprendre un long voyage – faire preuve de courage – survivre dans un milieu hostile – explorer des régions vierges

Activité 3 .... p. 92
a. la Savoie
b. les Pyrénées
c. l'Alsace
d. le Québec
e. la Suisse

Activité 4 .... p. 93
parisienne – bretonnes – marseillaise – provençaux – niçoise

Activité 5 .... p. 93
5 syllabes : a
6 syllabes : b
7 syllabes : c, d, e

Activité 7 .... p. 93
a. Exprimer une cause
b. Caractériser
c. Exprimer une cause
d. Caractériser
e. Caractériser

Activité 8 .... p. 93
a. Olivier Archambeau est un géographe **s'intéressant** aux milieux extrêmes.
b. C'est aussi le président d'une association **regroupant** plus de 250 explorateurs.
c. **Estimant** que la géographie s'apprend grâce aux voyages, il emmène souvent ses étudiants avec lui.
d. Pour lui, il y a beaucoup de régions **restant** à explorer.
e. **Étant** aussi photographe, il réalise des reportages-photo de lieux inexplorés.

Activité 9 .... p. 93
Proposition de corrigé :
Ma rue a beaucoup changé depuis une vingtaine d'années. Ça n'a rien à voir avec autrefois. Avant, il y avait plus d'arbres. Les trottoirs étaient moins larges et en mauvais état. Les arbres ont été coupés et on a fait des trottoirs plus larges pour que les piétons circulent plus facilement. Les trottoirs sont en bon état, c'est plus pratique pour les poussettes et pour les personnes en fauteuils roulants. Il y a aussi des pistes cyclables qui n'existaient pas autrefois. Les bâtiments aussi ont changé. Avant, il y avait plus de maisons avec des jardins. Ces maisons ont été remplacées par des immeubles. Les choses ont beaucoup changé en 20 ans !

Activité 10 .... p. 93
Proposition de corrigé :
Alexandra David-Néel est une exploratrice française que j'admire énormément. Elle est née près de Paris en 1868. Étant passionnée de voyages depuis l'enfance, elle est partie étudier

à Londres. Elle a découvert la philosophie orientale et a appris le sanskrit, la langue parlée en Inde autrefois. En 1890, elle a entrepris son premier voyage en Inde. À son retour en Europe, elle s'est mariée. Mais ne rêvant que de retourner en Asie, elle a annoncé à son mari qu'elle allait continuer ses recherches dans le nord de l'Inde. Elle a exploré le sud de l'Himalaya. Les conditions climatiques et géographiques étant très difficiles, elle a dû surmonter beaucoup d'épreuves. À l'âge de 56 ans, faisant preuve d'audace et de détermination, elle a réussi à entrer dans Lhassa, la capitale du Tibet. C'est un acte risqué, Lhassa étant à l'époque interdite aux étrangers. À la fin de sa vie, elle a travaillé sans cesse, elle a donné des conférences et a écrit le récit de ses aventures. Alexandra David-Néel est morte à l'âge de 100 ans.

Activité 11 .... p. 93
Oser l'aventure – Tenter l'aventure
Explorer des régions inconnues – Découvrir des régions inconnues

Activité 1 .... p. 94
a. Il vient d'un site Internet
b. Il s'adresse aux auditeurs d'une radio.
c. C'est le nom d'une émission de radio.

Activité 2 .... p. 94
a. compliquées
b. côtoyer
c. inoffensives
d. venir à bout de

Activité 3 .... p. 94
a. Avoir peur de l'eau → image n° 4
b. Avoir peur des espaces fermés → image n° 5
c. Avoir peur de la foule → image n° 2
d. Avoir peur de l'avion → image n° 1
e. Avoir peur des araignées → image n° 3

Activité 4 .... p. 94
j'ai la boule au ventre, je transpire, la terreur me paralyse, j'ai du mal à me lever, j'ai la voix qui tremble, je ne trouve plus mes mots.

Activité 5 .... p. 95
a. Je suis tellement contente qu'il me demande en mariage !
b. Je suis surprise qu'il fasse sa demande dans la rue.
c. J'ai un peu peur de m'engager.
d. Je suis ravie que nous prenions un appartement ensemble.
e. J'ai envie de vivre toute ma vie avec lui.

Activité 6 .... p. 95
quitte – vivions – ait – fasse – sois

Activité 7 .... p. 95
a. 6 b. 6 c. 8 d. 9 e. 7

Activité 8 .... p. 95
a. C'est un couple exemplaire.
b. C'est une rencontre imprévue.
c. Je tremble en avion.
d. Tu veux prendre un taxi ?
e. Il ne faut pas craindre une rupture.

Activité 9 .... p. 95
Personne a. → Réponse 3
Personne b. → Réponse 5
Personne c. → Réponse 4
Personne d. → Réponse 2
Personne e. → Réponse 1

Activité 10 .... p. 95
Proposition de corrigé :
Coucou Juan !
J'ai été très content de recevoir ton message. C'est une excellente nouvelle que tu m'annonces ! Toutes mes félicitations !
Marina est formidable, c'est la femme de ta vie. Tu me l'as dit dès le début de votre relation. Je suis très heureux que vous ayez le projet de vous marier. Et je suis touché d'être la première personne à qui tu parles de ce projet !
Je vous souhaite une longue vie d'amour et d'aventures extraordinaires à tous les deux. Je souhaite que votre avenir soit rempli de grands et de petits bonheurs. Je vous souhaite également d'avoir de beaux enfants (je sais que tu voudrais en avoir plusieurs ☺)
En un mot, je vous souhaite le meilleur ! Tu me tiendras au courant quand vous aurez décidé de la date et du lieu de la cérémonie.
Je vous embrasse tous les deux.
Pablo

Activité 11 .... p. 95
Proposition de corrigé :
Bonjour à tous les auditeurs,
Depuis que je suis toute petite, j'ai peur des médecins et des hôpitaux. Mes parents pensaient que cette peur allait disparaître avec l'âge mais pas du tout ! Lorsque je suis malade, j'évite au maximum d'aller chez le médecin. Un jour, j'ai eu un accident de voiture. J'ai été légèrement blessée et j'ai été transportée à l'hôpital par les pompiers. Quand je me suis rendue compte que j'allais à l'hôpital, j'ai commencé à trembler et à transpirer. Je me suis sentie vraiment mal. J'ai même oublié la douleur de mes blessures ! La peur de l'hôpital était plus forte ! Je sais qu'en vieillissant, je devrai me rendre plus souvent chez le médecin et cela m'inquiète beaucoup. Je voudrais savoir comment surmonter cette peur. Merci.

Activité 12 .... p. 95
a. être – être – avoir
b. être – être – avoir

J'agis .... p. 96
a Proposition de corrigé :
Photo 1 : Elle était en compétition avec d'autres filles. Elle a remporté la victoire. Elle est allée au bout de la course. Elle est allée chercher la victoire au mental. Elle a surmonté la douleur.
Photo 2 : C'est le premier à se lancer dans cette aventure. Il a tenté l'ascension de ce sommet. Il a fait preuve d'audace. Il a trouvé la force mentale de grimper jusqu'en haut. Il a testé ses capacités d'adaptation.
Photo 3 : Il a peur de prendre la parole. Il transpire beaucoup. Il a la boule au ventre. Il a les mains qui tremblent. Il ne trouve plus ses mots.
b Proposition de corrigé :
J'ai fait une randonnée de plusieurs jours en montagne avec des amis. Nous dormions dans des refuges. Un jour, à cause du brouillard, nous n'avons pas trouvé notre refuge. Nous étions épuisés mais nous avons trouvé la force mentale de continuer à marcher. Et finalement, le brouillard a disparu et nous avons pu nous installer dans le refuge.

J'apprends .... p. 96
a partir – avoir – tenter – avoir
b Proposition de corrigé :
1. C'est un peu risqué, non ?
2. Oh oui, ça me tenterait bien !
3. Je ne sais pas si j'aurai le courage.

Je produis .... p. 96
Proposition de corrigé :
Je suis de nature plutôt prudente. Je n'ai pas vraiment le goût du risque. Lorsque je voyage, par exemple, je choisis toujours des destinations que je connais ou dont la culture est proche de la mienne. Je me souviens, quand j'étais un peu plus jeune, une amie m'a proposé d'aller visiter le Japon avec elle. Elle voulait prendre un billet aller-retour et réserver seulement la première nuit d'hôtel. Elle voulait ensuite découvrir le pays, en train ou en bus, sans réserver les hébergements à l'avance. Moi, je me suis dit que ce serait trop compliqué de partir à l'aventure. Ce qui me faisait peur, c'était que je ne connaissais absolument pas la langue. Et je me demandais comment on allait se débrouiller alors que l'alphabet est totalement différent du nôtre. Finalement, mon amie est partie avec une autre personne. Elles ont fait un voyage extraordinaire. Et, moi, encore aujourd'hui, je regrette d'avoir été si prudente à ce moment-là.

J'agis .... p. 97
a Pas exactement. – À vrai dire, c'est plutôt… – Je ne crois pas que ce soit toujours vrai. – Ce serait plus juste de dire que….
b Proposition de corrigé :
Tu es un vrai casse-cou, toi ! : À vrai dire, je suis plutôt prudent.
Grâce à son mental, l'Homme peut survivre dans toutes les situations extrêmes. : Je ne crois pas que ce soit toujours vrai.

J'apprends .... p. 97
b Proposition de corrigé :
« Les meilleurs moments, dans la vie à deux, c'est quand on est tout seul. »
Pierre Dac, humoriste français
Ce serait plus juste de dire que, lorsque

CORRIGÉS

l'on vit à deux, il est parfois nécessaire d'avoir des moments où l'on est seul. Je pense qu'il est important, par exemple, de pouvoir faire des activités seul ou avec un groupe d'amis, mais pas avec notre conjoint. Mais je crois que la vie à deux peut nous apporter beaucoup de bonheur et que le soutien de notre conjoint peut être important dans les moments difficiles.

Je produis .... p. 97
Proposition de corrigé :
Dans votre dernier numéro, j'ai lu cette phrase : « Être célibataire permet toujours d'avoir une vie pleine d'audace et de vivre des expériences extraordinaires ». Il est vrai que le célibat permet beaucoup de liberté. On peut rentrer chez soi le soir à l'heure que l'on veut par exemple. On peut aussi partir en vacances, faire des activités sportives ou culturelles au moment où l'on souhaite. On n'a pas de contraintes.
Cependant, je ne crois pas que les célibataires aient toujours une vie plus riche d'aventure que les personnes en couple. Le partage d'expériences est quelque chose qui me semble très important dans la vie. Il me semble que si on est deux, on peut vivre les choses plus intensément, on peut aller plus loin ensemble, avoir plus de courage.
Si l'une des deux personnes a envie de tenter une expérience comme un saut en parachute par exemple, l'autre personne peut la motiver et pourquoi pas partager cette expérience avec elle. À deux, il y a une motivation, une émulation qu'on n'a pas en étant seul.

Grammaire

Activité 1 .... p. 98
a. ayant → caractérisation
b. visant → caractérisation
c. Étant → cause
d. Voyant → cause
e. touchant → caractérisation

Activité 2 .... p. 98
voulant – faisant – se situant – sachant – datant

Activité 3 .... p. 98
veuille – nous entendions – se termine – rencontre – nous séparions

Activité 4 .... p. 98
a. de prendre
b. d'emménager
c. que vous preniez
d. que mon frère parte
e. de ne pas pouvoir

Lexique

Activité 1 .... p. 99
être pionnier = être premier à se lancer
faire preuve d'audace = montrer son courage
tenter l'expérience = oser l'aventure
vivre une victoire = gagner une compétition
soulever des montagnes = réaliser l'impossible

Activité 2 .... p. 99
a. provençale
b. savoyard
c. alsacien
d. bretonne
e. alpin

Activité 3 .... p. 99
phobie – terrifié – angoissé – mains qui tremblent – vaincre

Activité 4 .... p. 99
Il est technophobe. = définition e
Il est claustrophobe. = définition d
Il est arachnophobe. = définition c
Il est aérodromophobe. = définition a
Il est sociophobe. = définition b

Phonétique

Activité 1 .... p. 99
a. Elles prennent un risque.
b. Il survit à ce milieu.
c. Elles vainquent une peur.
d. Ils ressentent une phobie.
e. Elles combattent une maladie.

Activité 2 .... p. 99
a. J'en tremble encore !
b. Notre envie d'explorer le monde est immense !
c. Elle va apprendre à s'adapter.
d. Il peut survivre à cette épreuve.
e. On peut le battre à son propre jeu !

Compréhension des écrits .... p. 100
1. a. n° 3   b. n°1   c. n°2
2. a. Faux   b. Faux   c. Vrai   d. Vrai   e. Vrai
   f. Vrai   g. Vrai   h. Faux   i. Vrai   j. Vrai

Production orale .... p. 101
Proposition de corrigés :
Partie 1 :
Bonjour, je m'appelle Nengsheng et je suis chinois. Le week-end, j'aime bien rester tranquille chez moi. Je regarde des films et je joue beaucoup aux jeux vidéo. Je joue souvent en ligne avec mes amis, cela me permet de garder le contact avec eux. Mais, j'aime bien aussi sortir pour faire du sport. Je fais du basket deux fois par semaine. Je préfère les sports collectifs parce qu'ils me permettent de partager des choses avec les membres de mon équipe. C'est un sentiment très fort lorsque nous partageons une victoire ou une défaite.

Partie 2 :
- Tu sais, demain, je dois faire mon exposé devant toute la classe.
- Ah oui, c'est vrai ! Et ça va, tu es prêt ?
- Oui, j'ai bien préparé mais j'ai vraiment peur de parler devant tout le monde.
- Mais qu'est-ce qui te fait peur ?
- J'ai peur d'oublier des choses. J'ai peur de perdre mes moyens. Tu sais, je n'aime vraiment pas prendre la parole en public. J'ai toujours la voix qui tremble et j'ai l'impression de dire n'importe quoi !
- Tu peux essayer de répéter ton exposé, tout seul dans ta chambre, à voix haute. Je pense que cela peut t'aider.
- Merci, je vais suivre ton conseil.

Partie 3 :
Ce document est un extrait d'article sur le nouveau concept de « micro-aventure ». Alors, la micro-aventure », qu'est-ce que c'est ? C'est le fait de préférer vivre des aventures, en plein air, sans obligatoirement aller dans une contrée lointaine. Par exemple, c'est descendre une rivière proche de chez soi plutôt que de partir à l'autre bout du monde.
Ce concept est maintenant à la mode car il offre plusieurs avantages.
D'abord, une micro-aventure est moins coûteuse qu'un billet d'avion. Il n'est pas nécessaire d'économiser pendant des mois pour s'acheter le matériel nécessaire à une randonnée de plusieurs jours. Et on peut maintenant louer un bateau, des skis ou une tente pour pas très cher.
Ensuite, c'est un loisir écologique. On parle de plus en plus de l'impact des vols en avion sur l'environnement. Les escapades près de chez soi sont moins polluantes que les longs voyages.
Enfin, les micro-aventures permettent de découvrir notre environnement proche. Avant de découvrir des pays éloignés et des cultures lointaines, pourquoi ne pas s'intéresser à la campagne et aux traditions de notre propre pays ?
Il existe maintenant de nombreux guides et sites qui proposent des idées de micro-aventures. Cela m'intéresse beaucoup car je suis un passionné de nature. Pour mes prochaines vacances, je vais sans doute tenter une micro-aventure !

Unité 9

Activité 1 .... p. 102
a Une estimation du nombre de francophones en Afrique en 2050.
Une estimation du nombre de francophones dans le monde en 2070.
La situation de la langue française en 2019.
b a. Faux. « l'Afrique représentera 70% de la totalité des francophones »
b. Vrai. « au moins 450 millions »
c. Faux. « le français est déjà la 5e langue […] et l'arabe »
d. Faux. « c'est une langue officielle de 32 pays »

Activité 2 .... p. 102
a. les trois quarts
b. 60 %
c. presque 50 millions
d. la moitié
e. une trentaine

cent quarante-neuf **149**

Activité 3 .... p. 103
les trois-quarts – un dixième – un tiers – un quart – le double

Activité 4 .... p. 103
littoral – rurale – résidence secondaire – biodiversité – sauvegarde

Activité 6 .... p. 103
a. Ils se préoccupent de l'environnement.
b. Je suis prêt à changer les choses.
c. Il y a un demi-milliard de francophones.

Activité 7 .... p. 103
Articulateurs de concession : toutefois, malgré, même si
Articulateurs d'opposition : contre, en revanche,

Activité 8 .... p. 103
a. alors que / tandis que
b. Cependant / Pourtant
c. Même si

Activité 9 .... p. 103
Proposition de corrigé :
Dans le monde, on estime à 280 millions le nombre de personnes qui parlent russe. La moitié des locuteurs le parle comme langue maternelle. C'est la langue officielle de la Russie et une des langues officielles de trois pays : la Biélorussie, le Kazakhstan et le Kirghizistan. C'est également une des langues officielles de l'ONU. Après les années 1990, le nombre de locuteurs de russe a baissé en Europe centrale mais le russe est encore utilisé dans de nombreux pays de l'ex-URSS. Aujourd'hui, il y a de plus en plus d'apprenants de russe en Europe et dans le monde.

Activité 10 .... p. 103
Proposition de corrigé :
Je vis en Hongrie, dans une petite ville de moins de 100 000 habitants. J'habite dans une petite maison avec un jardin. Je passe beaucoup de temps dans mon jardin, je cultive mon potager et je m'occupe de mes fleurs. J'aime beaucoup être dehors et je me sens proche de la nature. Le week-end, je vais souvent me promener dans la campagne avec ma famille. Pendant les vacances, nous partons souvent dans notre résidence secondaire au nord du Lac Balaton. Elle est située dans un parc naturel et nous apprécions les paysages. Je ne suis pas engagé dans la protection de la nature mais c'est un sujet qui me préoccupe.

Activité 11 .... p. 103
Se battre contre la destruction de la biodiversité
Protéger les zones naturelles
Se préoccuper de l'environnement

Activité 1 .... p. 104
ⓐ **a.** une sociologue
b. une maman
ⓑ **a.** Karine
b. paternelles
c. étrangère
d. s'intégrer

Activité 2 .... p. 104
chercher ses racines = être en quête d'identité
ne pas s'intégrer = se replier sur soi
savoir se situer = trouver un équilibre
se mettre dans une case = se donner une étiquette
être un enfant d'immigrés = être d'origine étrangère

Activité 3 .... p. 104
3 = rejoindre sa famille
5 = obtenir le statut de réfugié
2 = marcher jusqu'à la frontière
1 = fuir le pays
4 = être accueilli dans un centre

Activité 4 .... p. 105
a. prouve
b. fait preuve de
c. présente
d. désigne
e. explique

Activité 6 .... p. 105
a. C'est un migrant italien.
b. Je pars au bord de la mer.
c. Ils sont d'origine espagnole.

Activité 7 .... p. 105
a. 2 – **b.** 4 – **c.** 3 – **d.** 5 – **e.** 1

Activité 8 .... p. 105
Toutefois / Pourtant / Néanmoins / Cependant – même si / bien que – alors que / tandis que – Bien que – En revanche / Par contre

Activité 9 .... p. 105
Proposition de corrigé :
William est québécois, ses ancêtres sont originaires de l'ouest de la France. Il est marié avec Carrie qui est d'origine chinoise et dont les parents habitent à Shanghai. William et Carrie se sont rencontrés il y a 12 ans lorsque Carrie faisait ses études au Canada. Après avoir fini ses études, Carrie a décidé de rester au Canada bien qu'elle soit très attachée à sa famille et à ses racines. Ils ont eu deux petits garçons. À leur naissance, ils se sont posé la question du prénom. Même s'ils vivaient au Canada, ils ont choisi de donner un premier prénom chinois et un deuxième prénom francophone. William et Carrie ont fait le choix de parler à leurs enfants en deux langues. William leur parle en français alors que Carrie leur parle en mandarin.

Activité 10 .... p. 105
Proposition de corrigé :
Je suis de nationalité allemande mais j'ai une double culture : ma mère est allemande alors que mon père est canadien. Je suis donc bilingue en allemand et en anglais. Actuellement, je vis en Allemagne mais j'ai fait une année d'études au Canada. J'étais très heureuse de retrouver mes racines paternelles, de revoir mes grands-parents et de découvrir vraiment la culture canadienne. Ma mère est née à Berlin tandis que moi, je suis née à Munich. Bien que j'aie une identité multiculturelle, je me sens principalement allemande et plus exactement munichoise.

Activité 11 .... p. 105
a. l'hébergement
b. l'équilibre
c. une nationalité

Activité 1 .... p. 106
ⓐ **Agence de voyage :** Nomade Aventure
Destination : la Lune
Date du premier départ : 21 juin 2029
Moyen de transport : capsule « Moon Dragon »
Durée du séjour : 8 jours
Prix minimum du séjour : 768 800 euros
ⓑ **a.** périple **b.** satellite **c.** scaphandre **d.** alunissage
ⓒ L'agence conseille de prendre des photos en noir et blanc sur une pellicule argentique.

Activité 2 .... p. 106
a. Lancement de la navette spatiale
b. Station spatiale internationale
c. Astronaute marchant sur la Lune
d. Extraterrestre sur sa planète
e. Paysage lunaire
f. Éclipse de Soleil

Activité 3 .... p. 107
a. terrestre
b. solaire
c. spatiale
d. lunaire
e. lumineux

Activité 4 .... p. 107
était prévu – était – avaient estimé – mois suivants, ils allaient – serait

Activité 5 .... p. 107
a. Hergé a dit que son pseudonyme venait de ses initiales : R et G.
b. Hergé a dit que les aventures de Tintin l'avaient rendu célèbre dans le monde entier.
c. Hergé a dit qu'il s'était inspiré de personnes réelles pour créer ses personnages.
d. Hergé a dit que le personnage de Tintin lui ressemblait beaucoup.
e. Hergé a dit que, contrairement à Tintin, il n'irait jamais sur la Lune.

Activité 6 .... p. 107
a. mon ami
b. messieurs
c. mon amour
d. mon enfant

Activité 8 .... p. 107
Personne a. → Réponse n°5
Personne b. → Réponse n°2
Personne c. → Réponse n°1
Personne d. → Réponse n°3
Personne e. → Réponse n°4

Activité 9 .... p. 107
Proposition de corrigé :

CORRIGÉS

Des scientifiques ont découvert de la vie sur la planète Mars !
Le 21 juillet dernier, une navette spatiale est partie de la Terre pour explorer la planète Mars. En analysant les photos prises de la planète rouge, les chercheurs ont conclu qu'il y avait de la vie sur Mars. Ils ont affirmé que la présence d'eau rendait possible la vie sur cette planète. Les chercheurs ont également indiqué qu'ils avaient aperçu une créature sur l'une des photos. Bien que le cliché soit flou, ils ont annoncé qu'une forme de vie animale était plus que probable. Cet animal mesurerait une dizaine de centimètres et se déplacerait au-dessus du sol de Mars. Cette information constitue une vraie révolution dans le monde scientifique !

Activité 10 .... p. 107
Proposition de corrigé :
J'adorerais faire ce voyage ! L'espace me fait rêver depuis que je suis tout petit. Encore aujourd'hui, je m'intéresse beaucoup à l'astronautique et je lis régulièrement les articles qui parlent des découvertes liées à l'espace ou à Mars. Pour ce voyage, je choisirais la Lune. Cet astre est visible de la Terre et je crois que tout le monde a déjà rêvé d'aller sur la Lune, comme Tintin ! Je ne souhaiterais pas aller sur Mars car je crois que ce serait trop risqué. Les chercheurs ont dit qu'il n'y avait pas d'atmosphère et que les radiations du Soleil était dangereuses pour l'Homme.
Oui, vraiment, ce voyage sur la Lune serait magique ! Ce qui me fait vraiment rêver, c'est de pouvoir voir la Terre depuis l'espace !

Activité 11 .... p. 107
a. terrestre – atterrir
b. lunaire
c. lumineux – illuminer
d. solaire

J'agis .... p. 108
Mots à placer :

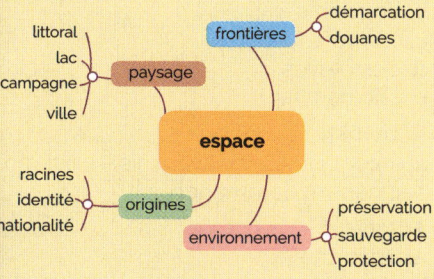

J'apprends .... p. 108
a Vous parlez à votre ami mais il ne vous écoute pas : Tom, tu as encore la tête dans les nuages. – Allô, la Terre, ici la Lune, vous m'entendez ?
Votre ami vous parle de quelque chose et, petit à petit, il change de sujet : Excuse-moi mais tu t'éloignes du sujet ! – Revenons à nos moutons !

b a. rêveuse
b. réaliste
c. réaliste
d. rêveuse

Je produis .... p. 108
Proposition de corrigé :
Personnellement, je pense qu'une forme de vie est possible et même très probable. Il y a tellement de planètes qui existent que je ne pense pas que la Terre soit la seule planète avec de la vie. Pourquoi serions-nous seuls dans l'Univers ?
Cependant, je ne pense pas qu'il existe d'autres créatures qui ressemblent aux hommes sur d'autres planètes. Les films montrent toujours des extraterrestres avec une tête, des bras et des jambes. Mais je pense qu'il peut y avoir des créatures très différentes de nous et des animaux qui vivent sur terre. Peut-être des créatures immenses ou au contraire des créatures minuscules. Mais, en tout cas, s'il y a de la vie sur une autre planète, j'aimerais vivre assez longtemps pour le voir.

J'agis .... p. 109
a Nuancer un propos, c'est dire qu'on est en partie d'accord avec une opinion mais qu'il faut prendre en compte d'autres éléments.
b il ne faut pas généraliser – ce n'est pas aussi simple – il ne faut pas exagérer – à dire vrai

J'apprends .... p. 109
b **Proposition de corrigé :**
• Ce n'est pas aussi simple. Il fait trop froid sur Mars pour pouvoir y vivre.
• Il ne faut pas généraliser ! En plus, il y a de l'atmosphère mais les radiations solaires sont potentiellement mortelles.

Je produis .... p. 109
Proposition de corrigé :
Vous demandez s'il faut complètement supprimer les frontières.
C'est vrai, que la suppression des frontières apporterait plus de liberté car elle permettrait aux Hommes de circuler librement. Mais, à dire vrai, la grande majorité des frontières ne sont pas infranchissables. Les frontières n'empêchent pas toujours la libre circulation. De plus, passer la frontière est un acte symbolique. Les voyageurs aiment passer les frontières car c'est le moment où ils entrent dans un autre pays, dans une autre culture.
D'autre part, on entend souvent dire que, s'il n'y avait pas de frontières, il n'y aurait pas de guerre. C'est vrai que les guerres sont souvent dues à des conflits liés au territoire. Mais il ne faut pas généraliser, ce n'est pas toujours le cas. Par contre, les frontières permettent de se protéger des attaques extérieures.

GRAMMAIRE

Activité 1 .... p. 110
a. Bien que → concession
b. tandis que → opposition
c. Cependant → concession
d. contre → opposition
e. mais → concession

Activité 2 .... p. 110
a. même si
b. tandis qu'
c. Néanmoins,
d. Par contre,
e. malgré

Activité 3 .... p. 110
tu as regardé – a marché – vont – tu pourrais – tu seras

Activité 4 .... p. 110
a. Les scientifiques ont dit qu'il y avait déjà eu de la vie sur Mars.
b. Les scientifiques ont dit qu'ils n'enverraient pas d'hommes sur Mars avant 2030.
c. Les scientifiques ont dit qu'ils s'intéressaient aussi à la face cachée de la Lune.
d. Les scientifiques ont dit que, ce jour-là, ils avaient autorisé l'ouverture de la Station spatiale internationale aux touristes.
e. Les scientifiques ont dit que le premier touriste de l'espace partirait l'année suivante.

LEXIQUE

Activité 1 .... p. 111
une trentaine = ≈ 30 – un tiers = 1/3 – les trois quarts = ¾ – le triple = x 3 – les deux tiers = 2/3

Activité 2 .... p. 111
a. PROTECTION
b. URBAIN
c. ÉROSION
d. LITTORAL
e. LUNE

Activité 3 .... p. 111
a. astronautes
b. spatiale
c. lunaire
d. nocturne
e. illuminées

Activité 4 .... p. 111
a. la frontière
b. les étiquettes
c. un équilibre
d. ses racines
e. sa famille

PHONÉTIQUE

Activité 1 .... p. 111
a. On a une résidence secondaire.
b. Tu veux te promener en forêt ?
c. C'est une cause importante.
d. C'est une zone urbaine.
e. J'aime vivre en ville.

Activité 2 .... p. 111
a. cher ami
b. mes enfants

cent cinquante et un **151**

c. mon amour
d. mon cœur
e. mesdames

COMPRÉHENSION DE L'ORAL .... p. 112
Exercice 1
1. À l'extérieur.
2. La richesse de la biodiversité. – La puissance de la planète Terre. – La beauté de la nature.
3. Une photo d'animaux.
4. Dans de nombreuses régions du monde.
5. Jusqu'au 15 juillet.

Exercice 2
1. le tourisme écologique.
2. Dans les années 2000.
3. En Grande-Bretagne.
4. Camping de luxe.
5. a. Faux - **b.** Vrai - **c.** Faux - **d.** Faux - **e.** Vrai
6. Les Alpes – Les Pyrénées – La Bretagne

PRODUCTION ÉCRITE .... p. 112
Proposition de corrigé :
J'ai vu ce documentaire hier et ce film m'a particulièrement marqué.
Les jeunes que l'on voit dans ce film ont surmonté beaucoup d'obstacles avant de pouvoir venir en France. Ils ont pris des risques pour traverser les frontières. Aujourd'hui, ces mineurs sont accueillis dans un centre d'hébergement et ils attendent de savoir s'ils pourront rester en France. Dans le film, les jeunes ont dit que cette attente était interminable pour eux car maintenant leur avenir dépendait de l'administration. Ils ont ajouté qu'ils voudraient travailler ou étudier mais qu'ils ne pouvaient rien faire d'autre qu'attendre.
Dans ce documentaire, un jeune parle de ses espoirs. Il a dit qu'il aimerait faire des études de médecine pour aller ensuite travailler dans son pays en guerre. C'est un rêve admirable mais malheureusement je pense qu'il est très difficile à atteindre. En effet, pour faire des études, il doit d'abord s'exprimer dans un français parfait.
Quand je suis sortie du cinéma, j'étais bouleversée. Je souhaite vraiment que tous ces mineurs étrangers soient accueillis dans les meilleurs conditions possibles.

Unité 10

Activité 1 .... p. 114
a. d'une enquête.
b. des enfants.
c. du milieu social, du milieu culturel, des revenus, du territoire.
d. sont déjà différents.

Activité 2 .... p. 114
a. maternelle
b. éducation
c. études
d. diplômes

Activité 3 .... p. 114
a. contrastés
b. comparer
c. différents
d. mêmes

Activité 4 .... p. 115
a. passé composé
b. imparfait
c. plus-que-parfait
d. plus-que-parfait
e. imparfait

Activité 5 .... p. 115
a. situation passée
b. action passée
c. situation passée
d. action passée
e. situation passée

Activité 6 .... p. 115
ⓐ **a.** connais
b. sais
c. connais
d. sais
e. connais
ⓑ **Proposition de corrigés :**
a. Je sais reconnaitre un décrocheur scolaire.
b. Je sais que l'école n'est pas égalitaire.
c. Je ne sais pas s'il va finir ses études.

Activité 7 .... p. 115
a. Il y a **b.** Y a **c.** Y a **d.** Y a **e.** Il y a

Activité 8 .... p. 115
a. Il a passé le brevet à 15 ans.
b. Elle a subi des moqueries à l'école.
c. Au collège, je me posais beaucoup de questions.
d. C'est surement la meilleure école du quartier.
e. C'est ce qui m'a permis de comprendre le système.

Activité 9 .... p. 115
Proposition de corrigé :
Dans les écoles françaises, les classes comportent des tables et des chaises, et quelques jeux éducatifs pour les plus petits. En Finlande, on peut trouver dans les classes des instruments de musique, un canapé, des fauteuils : tout est fait pour que les enfants se sentent chez eux.
Concernant l'évaluation, les élèves français sont notés à partir du CP. En Finlande, c'est différent : les notes sont quasiment inexistantes en primaire et ne descendent jamais en dessous de 4/10 au collège. Les emplois du temps sont aussi moins chargés qu'en France et les redoublements très rares. Si un élève décroche, il est pris en charge par un enseignant spécialisé et on lui propose de passer des tests d'orthophonie, de dyslexie…
Enfin, l'approche pédagogique n'est pas comparable entre les deux systèmes : la France reste assez traditionnelle avec une approche plutôt théorique alors qu'en Finlande, les élèves doivent réaliser des projets, dans une approche ludique.

Activité 10 .... p. 115
Proposition de corrigé :
À quel âge avez-vous commencé votre scolarité ?
J'ai commencé ma scolarité à 3 ans, à l'école maternelle. Mais mes parents m'avaient inscrite uniquement le matin car, à l'époque, l'école maternelle n'était pas obligatoire.
Vous avez dû passer un diplôme à quel âge ?
J'ai passé mon premier diplôme à 15 ans, c'était le brevet des collèges à la fin de l'année de troisième. Il y avait une épreuve de mathématiques, de français et d'histoire-géographie si je me souviens bien.
Vous étiez noté avec le contrôle continu ou le contrôle terminal ?
J'étais notée avec le contrôle continu, mais le contrôle terminal comptait plus pour la note finale, je trouve ça dommage d'ailleurs, car les épreuves finales sont souvent stressantes et on ne peut pas montrer toutes ses compétences.

Activité 11 .... p. 115
la maternelle > le primaire > le collège > le lycée > l'université

Activité 12 .... p. 115
former, instruire, éduquer

Activité 1 .... p. 116
a. Faux **b.** Vrai **c.** Vrai **d.** Faux **e.** Faux

Activité 2 .... p. 116
avantages – permet – bénéficient – propose – favorise

Activité 3 .... p. 116
a. Sciences de la vie et de la terre
b. Sciences économiques et sociales
c. Éducation physique et sportive
d. Langue vivante
e. Éducation morale et civique

Activité 4 .... p. 117
a. une cour de récréation
b. un examen
c. un professeur
d. des élèves
e. une cantine

Activité 5 .... p. 117
ai entendu – était – avait mis – s'est renseignés – a commencé

Activité 6 .... p. 117
a. avais choisie
b. ai réussies
c. as motivés
d. avait découragés
e. ai formés

Activité 7 .... p. 117
a. non prononcé
b. prononcé
c. non prononcé
d. non prononcé
e. non prononcé

CORRIGÉS

Activité 8 .... p. 117
Précédé de deux consonnes prononcées : a, d.
Précédé d'une consonne prononcée : b, c, e

Activité 9 .... p. 117
Proposition de corrigé :
Chers collègues, vous connaissez mon ambition de proposer des cours à distance l'année prochaine. Je pense que cette approche a de nombreux avantages pour les apprenants. Ils peuvent en effet trouver leur propre rythme de travail. Cela peut donc favoriser leur autonomie. Pour nous également, ces cours à distance pourraient être une belle opportunité : nous pourrions, comme dans certaines entreprises, travailler de chez nous et donc gagner un temps considérable. Nous aurions aussi un budget plus conséquent puisque le temps de face à face pédagogique pourrait être remplacé par des projets plus ambitieux.
J'espère que ces quelques lignes pourront vous convaincre.
Bien cordialement,
Éric Paroit.

Activité 10 .... p. 117
Proposition de corrigé :
Je suis la maman de Clara, qui a 10 ans. Depuis l'année dernière, nous avons choisi de faire l'école à la maison. Cette décision est très avantageuse pour nous : elle permet à Clara de ne pas perdre de temps dans les transports et donc d'être moins fatiguée. Nous habitons en effet assez loin du centre-ville. Par ailleurs, Clara est une enfant qui a besoin de se dépenser. Avec l'école à la maison, nous pouvons apprendre partout : dans la maison, dans le jardin, à une table ou en marchant. Clara arrive mieux à se concentrer et apprend plus vite. Et depuis un an, nous nous sommes vraiment rapprochées : ce contact permanent nous a permis de tisser des liens plus forts.

Activité 11 .... p. 117
ⓐ une insulte = une moquerie – démotiver = décourager – valoriser = motiver – s'intégrer = s'adapter
ⓑ être en décrochage scolaire

Activité 1 .... p. 118
a. Pour dire non aux inégalités hommes-femmes.
b. Dans le centre de Genève.
c. Des milliers.
d. Le congé parental, le congé maternité et le salaire.
e. La parité.

Activité 2 .... p. 118
1 avancer
2 action
3 changer
4 manifester
5 droit

Activité 3 .... p. 118
a. l'inégalité
b. l'injustice
c. l'incapacité
d. inéquitable
e. impossible

Activité 4 .... p. 119
pronom direct : a, b, e
pronom indirect : c, d

Activité 5 .... p. 119
a. On les leur prête.
b. On les leur donne.
c. On les lui présente.
d. On le lui a envoyé.
e. On les leur a achetés.

Activité 6 .... p. 119
a. J'ai assisté
b. On a assisté à
c. J'ai assisté
d. J'ai assisté à
e. Il faut assister

Activité 7 .... p. 119
a. ne
b. ne
c. ne
d. ne
e. ne

Activité 8 .... p. 119
ⓐ **a.** Elles veulent être mieux payées !
b. Ils veulent être écoutés !
c. On va peut-être manifester !
d. On va se battre pour l'égalité !
e. On va lutter contre ce système.
ⓑ une voyelle

Activité 9 .... p. 119
Proposition de corrigé :
L'égalité hommes-femmes, pour moi, c'est fondamental ! Pour moi, cette égalité est une exigence de la démocratie. Nous devons avoir toutes et tous les mêmes droits et les mêmes opportunités. Je pense aussi que si cette égalité était plus respectée dans les entreprises, les employées seraient plus performantes et plus motivées.

Activité 10 .... p. 119
Proposition de corrigé :
Madame le maire,
Je vous écris car je m'étonne que les structures de la ville ne soient pas adaptées aux personnes handicapées. Être en situation de handicap entraîne déjà de fortes discriminations en soi. Prévenir et lutter contre toutes les discriminations est une affaire de société qui doit engager chacun au quotidien. Je pense que ce combat pourrait commencer en favorisant l'accès aux lieux de la ville pour les personnes handicapées.
J'espère que cette lettre retiendra votre attention.
Bien cordialement,
Sarah Coulet
Association Handi'cap

Activité 11 .... p. 119
ⓐ **a.** avancée
b. manifester
c. lutter
d. se rebeller
ⓑ cause

J'agis .... p. 120
Les diplômes : brevet, bac
Les niveaux : maternelle, primaire, collège, lycée
Les lieux : cantine, cour, salle
Les personnes : élève, professeur
Les matières : discipline, filière

J'apprends .... p. 120
ⓐ équivalence : kif-kif, du pareil au même, comparable
partage : moitié-moitié, cinquante-cinquante, équitable
ⓑ - On fait cinquante-cinquante sur ce projet ? On devrait peut-être équilibrer les équipes ?
- C'est pas très équitable, ton affaire ! Nous ne partons pas sur le même pied d'égalité. Non, mais là, franchement, ce n'est pas comparable ! J'aimerais que nous ayons les mêmes droits !

Je produis .... p. 120
Proposition de corrigé :
Aujourd'hui, la pauvreté touche presque 15 % de la population. Elle est un facteur d'exclusion et provoque souvent des drames familiaux. Au nom de l'égalité, il faut mettre en place des actions concrètes pour lutter contre la pauvreté monétaire !
Il faut défendre et renforcer le système de protection sociale pour que tout le monde ait les mêmes droits. Il faudrait aussi que les candidats fassent de la pauvreté un objectif central de leur programme politique. Cela passe par l'accès à l'hébergement et l'insertion professionnelle.

J'agis .... p. 121
ⓐ expriment une opinion : b, e
donnent une idée d'action à mener : d, f
donnent un exemple concret : a, c
ⓑ **Proposition de corrigé :**
Pour moi, la parité hommes-femmes est importante mais j'ai quelques doutes sur les actions réalisées pour y arriver.
ⓒ **Proposition de corrigé :**
J'ai l'impression que les hommes peuvent en subir les conséquences. À cause du système de quotas mis en place dans certaines entreprises, une femme moins compétente peut accéder à un poste pour que le quota soit respecté.
Il faudrait à mon avis que les femmes et les hommes aient les mêmes droits et les mêmes obligations, notamment pour le congé parental. Ainsi, il n'y aurait plus de discriminations à l'embauche ou pour les propositions de promotion.

J'apprends p. 121
a a. en fait
b. en réalité
c. en vérité

b Proposition de corrigé :
Les garçons ne pleurent jamais. En vérité, ils pleurent au moins autant que les filles.
Les petites filles aiment le rose. En réalité, certains parents refusent que leur garçon porte du rose.
Les petites filles aiment les robes de princesse. En fait, dans les livres et les dessins animés, elles voient surtout des princesses, et jamais de femmes ordinaires.

c Proposition de corrigé :
On dit que les garçons aiment se battre. En réalité, c'est la société qui leur dit d'être violent depuis qu'ils sont tout petits : dans les histoires, c'est toujours le prince charmant qui se bat pour sauver la princesse.
Il paraît que les femmes conduisent mal. En fait, les mauvais conducteurs peuvent être des hommes et des femmes : c'est surtout une question de caractère. Les personnes impulsives sont pour moi de moins bons conducteurs.
On raconte souvent que les hommes ne pleurent jamais. En vérité, il est encore assez mal vu pour les hommes de pleurer. Les hommes s'empêchent donc parfois de pleurer, selon moi.

Je produis p. 121
b En réalité, en diminuant notre consommation, il peut y avoir des changements favorables.
En vérité, il ne faut pas confondre météo et climat. Les périodes froides continueront mais elles seront moins nombreuses à long terme.
En fait si, la production et le transport des aliments et des animaux a un grand impact sur l'environnement.

c Proposition de corrigé :
Le changement climatique est une menace pour l'humanité entière ! Il est donc temps de se mobiliser pour faire avancer les choses. Les catastrophes naturelles se multiplient. On dit parfois qu'elles ont toujours existé, mais en vérité, elles ont largement augmenté ces dernières années.
Défendre le climat, c'est défendre nos droits ! Les populations les plus pauvres sont souvent les plus touchées par ces problèmes climatiques. On raconte qu'ils subissent moins de conséquences car ils ont moins de besoin. Mais en réalité, ces populations rencontrent des problèmes même pour les choses les plus simples : l'accès à l'eau, à la santé, la diminution des ressources agricoles.
Vous vous dites peut-être qu'il est trop tard. En fait, il est encore temps d'agir mais il faut que les politiques et les citoyens s'unissent ensemble pour cette cause !

GRAMMAIRE
Activité 1 p. 122
a. étaient
b. a donné
c. avait redoublé
d. n'avait pas révisé
e. as appris

Activité 2 p. 122
a. montrée
b. rencontrés
c. inscrit
d. choisies
e. équipée

Activité 3 p. 122
a. Je ne le lui ai pas donné.
b. On les leur a achetés.
c. On ne la lui a pas volée.
d. Il vous la prête avec grand plaisir.
e. Elle te les prend aujourd'hui.

Activité 4 p. 122
a. Je lui ai parlé.
b. Tu l'as choisie ?
c. Elle l'assiste.
d. Je les leur ai donnés.
e. Je les leur ai racontés.

LEXIQUE
Activité 1 p. 123
a. collège
b. scolaire
c. discipline
d. études
e. éducation

Activité 2 p. 123
a. Cours élémentaire 1
b. Langue vivante
c. Cours moyen 2
d. Auxiliaire de vie scolaire
e. Contrôle continu

Activité 3 p. 123
a. à
b. vers
c. pour
d. contre
e. contre

Activité 4 p. 123
la cohésion = la coopération
l'entraide = la solidarité
différent = inégal
équitable = semblable
l'unité = la fraternité

PHONÉTIQUE
Activité 1 p. 123
a. d̶e̶
b. d̶e̶
c. d̶e̶
d. de
e. de

Activité 2 p. 123
À mon époque, i̶l̶ ̶n̶'y avait pas d̶e̶ classe mixte : les garçons étaient d'un côté et les filles de l'autre côté ! Et puis en cours, on n'avait pas l̶e̶ droit d̶e̶ parler à n̶o̶t̶r̶e̶ voisin. Sinon, c'était la punition !

COMPRÉHENSION DES ÉCRITS p. 124
1. Faux.
2. Des vêtements. Des jouets.
3. La gérante.
4. Par âge.
5. de leur sexe.
6. Les enfants.
7. Chaque jouet développe des compétences et des qualités.

PRODUCTION ORALE p. 125
Proposition de corrigé :
Partie 1
Je m'appelle Yuliya et j'ai 28 ans. J'ai été à l'école en Bulgarie. Puis, à 18 ans, je suis partie faire mes études en Italie puis en France. J'ai aujourd'hui une solide formation d'architecte.
À l'école, je ne me suis pas vraiment sentie sur un pied d'égalité avec mes camarades. Premièrement, pour des raisons financières : je viens d'une famille modeste et je n'ai pas toujours pu participer aux voyages scolaires organisés par mon école. Pour des raisons personnelles également, je trouve que les professeurs avaient toujours leurs élèves préférés et ils avaient de meilleures notes que les autres parce qu'on les aidait plus.

Partie 2
Je suis complètement d'accord avec toi ! Il faut arrêter de dire que les femmes n'ont pas les mêmes compétences que les hommes, c'est ridicule ! En fait, c'est plutôt la société qui ne laisse pas aux femmes l'opportunité de développer ou même de montrer leurs compétences.

Partie 3
Dans cet article, il est question d'une nouvelle approche pédagogique pour lutter contre le décrochage scolaire. On propose aux « mauvais élèves », comme on dit, de créer des jeux vidéo. Je trouve que cette idée est géniale parce qu'en effet, on n'a pas tous des compétences scolaires. Je pense qu'il est plus facile d'apprendre quand on fait quelque chose de concret, d'apprendre en faisant, en fait. En plus, le choix du jeu vidéo est pour moi très pertinent car il motive les jeunes et il leur permet de développer les compétences qui leur correspond le mieux : design pour les créatifs, programmations pour les « geeks ».

Transcriptions

Unité 1

Piste 2 Activité 4 .... p. 7
a. L'orateur doit convaincre son public.
b. L'orateur doit s'exprimer avec aisance.
c. L'orateur doit bien articuler.
d. L'orateur peut donner des exemples concrets.
e. L'orateur peut exprimer ses sentiments.

Piste 3 Activité 5 .... p. 7
a. Il aime jouer sur les mots.
b. Depuis deux ans, il fait du théâtre.
c. Il a enregistré trois albums en cinq ans.
d. Il s'est lancé dans le cinéma.
e. Il est connu pour ses rimes et ses textes.

Piste 4 Activité 1 .... p. 8
Vous voulez savoir comment créer votre podcast ? Rien de plus simple. En réalité, il suffit de très peu de matériel. Un amateur peut tout à fait s'enregistrer avec son smartphone. Pour commencer, il vous faut un micro.
Faites attention aux bruits de salive qui ne sont pas toujours glamour ! Voilà pourquoi je vous recommande d'acheter un filtre. Je vous conseille aussi d'investir dans un casque. Cela permet de bien entendre le rendu sonore, pour les interviews par exemple. Il y a beaucoup de logiciels audio qui existent et certains sont payants. C'est la raison pour laquelle je vous conseille Audacity qui est un logiciel gratuit et très performant. Selon le type de podcasts que vous faites, vous aurez peut-être besoin de compléter ce logiciel par des applications.
Ensuite, n'oubliez pas de préparer le podcast, c'est-à-dire de trouver votre concept, le thème de votre épisode et de bien l'organiser. Pour enregistrer votre podcast, pensez à vous placer dans un environnement aussi calme que possible. Coupez la sonnerie du téléphone, fermez les fenêtres et ne parlez pas trop vite !
Puis, retravaillez votre enregistrement et ajoutez de la musique.
Enfin, décrivez votre podcast et choisissez un lieu d'hébergement. Beaucoup de podcasters expliquent que Soundcloud permet de créer sa chaîne facilement.
Et voilà ! À présent, vous savez comment créer un podcast en toute simplicité !

Piste 5 Activité 5 .... p. 9
a. Avec le livre audio, ma vie a changé.
b. Grâce aux podcasts, je m'ennuie moins dans les transports.
c. Ma liseuse me suit partout : elle est toujours dans mon sac !
d. Je suis accro aux séries policières.
e. Aujourd'hui, tout est dématérialisé !

Piste 6 Activité 6 .... p. 9
a. J'ai entendu !
b. J'ai entendu un bruit.
c. J'ai entendu un bruit étrange.
d. J'ai entendu un bruit étrange et terrifiant.
e. J'ai entendu un bruit étrange, terrifiant et très aigu.

Piste 7 Activité 7 .... p. 9
a. Parle plus fort !
b. Répétez, je n'ai pas compris !
c. Je voudrais du silence, s'il vous plaît !
d. Vous pourriez parler moins fort !
e. Les enfants doivent se taire maintenant.

Piste 8 Activité 6 .... p. 11
a. Avec mes amis, on s'entend bien.
b. Avec ma femme on se dispute parfois.
c. Avec mes collègues, on s'est liés d'amitié.
d. Mes enfants, je les connais par cœur.
e. Avec ma sœur, on est pareilles.

Piste 9 Activité 7 .... p. 11
a. J'aime les mots.
b. J'aime les mots et les jeux de mots.
c. J'aime les mots, les jeux de mots et les beaux discours.
d. J'aime les mots, les jeux de mots, les beaux discours et les bons orateurs.
e. J'aime les mots, les jeux de mots, les beaux discours, les bons orateurs et les bonnes oratrices.

Piste 10 Activité 9 .... p. 11
a. Pour moi, l'amitié, c'est être capable de partager beaucoup de choses.
b. Il n'est pas nécessaire de se ressembler pour être ami.
c. Être ami, c'est comme être frère !

Piste 11 Grammaire, Activité 4 .... p. 14
Bienvenue sur le podcast « j'ai testé pour vous ». Eh bien, oui, j'ai testé pour vous Audiolibre, le livre audio, une application qui existe depuis plusieurs années déjà. Tous les livres ne sont pas au même prix et certains sont même gratuits ! Pas facile de faire son choix mais il y en a pour tous les goûts et chacun trouvera facilement. Avec Audiolibre, pas facile non plus de rester...

Piste 12 Lexique, Activité 5 .... p. 15
1. - Atchoum !
- Oh, on dirait que tu as pris froid ?
- Oui, je suis sorti hier soir et je n'étais pas assez couvert.
- Tu ne veux pas prendre un ou deux jours de congé ?
- Non, non, t'inquiète pas, ça va passer !
2. - Vous jouez d'un instrument ?
- Oui, du violon. Et vous ?
- Non, mais je joue au badminton !
3. - Tu écoutes quoi ?
- La dernière chanson de Kery James : j'adore sa façon de jouer sur les mots. Et son style, aussi.

Piste 13 Phonétique, Activité 1 .... p. 15
a. Tu es bavarde !
b. Chers auditeurs, bienvenue !
c. Vous êtes à l'écoute de France Inter.
d. Parlez à voix basse, les enfants, s'il vous plaît !
e. Ouvrez grand vos oreilles, on écoute les infos !

Piste 14 Phonétique, Activité 2 .... p. 15
a. Il est bavard...
b. C'est mon amie.
c. Elle est assez timide.
d. C'est une belle amitié...
e. On écoute un podcast...

Piste 15 Phonétique, Activité 3 .... p. 15
a. On a ri, on a pleuré, on s'est bien amusés !
b. On s'est rencontrés et on s'est tout de suite bien entendus.
c. On se ressemble beaucoup avec mon père.
d. On a tissé des liens très forts pendant ce voyage.
e. Quand on s'est rencontrés, on a bavardé toute la nuit.

Piste 16 Exercice 1 .... p. 16
Lucie et moi, cela fait des années que nous sommes amies et en même temps, cela fait longtemps que nous ne nous voyons plus très souvent. Notre amitié a commencé grâce à nos parents qui étaient voisins et qui ont tissé des liens ensemble. Ils s'entendaient très bien et nous passions beaucoup de temps ensemble. Depuis que nous sommes mariées l'une et l'autre, nous habitons très loin et nous avons chacune notre vie. Au début, on essayait

de se retrouver une à deux fois par an mais depuis que nous avons des enfants, c'est devenu compliqué. Et puis, nous ne partageons plus grand-chose de notre quotidien. C'est difficile de conserver une amitié, de maintenir des liens à distance même si nous ne nous sommes jamais fâchées. Nous sommes amies de cœur, comme si nous étions de la même famille pour la vie mais c'est tout !

▶ Piste 17 Exercice 2 .... p. 16
Bonjour à tous.
Je voudrais vous parler d'une application qui m'est indispensable pendant mes vacances : l'application s'appelle Fizzer. Elle permet tout simplement d'envoyer vos photos de votre smartphone directement en cartes postales. L'application est super cool et surtout, très simple d'utilisation. Du coup, je n'envoie plus jamais de cartes postales de dauphins que je n'ai jamais vus ou de recettes traditionnelles que je n'ai jamais goûtées. Je n'envoie que des cartes postales avec mes propres photos !
Comment ça fonctionne ? C'est super facile ! Il suffit de prendre votre smartphone et de télécharger l'application ! Ensuite, vous sélectionnez le modèle de carte postale que vous souhaitez envoyer ; vous choisissez une photo de votre smartphone, vous pouvez ajouter des stickers, des couleurs, des filtres, des petites icônes ; vous entrez votre texte ; vous ajoutez un destinataire ; vous personnalisez votre timbre, vous signez avec votre doigt ; et voilà c'est envoyé ! Il faut savoir que ça marche partout dans le monde. Ce n'est pas plus cher qu'une carte postale traditionnelle et en plus, vous recevez une jolie enveloppe !
Voilà, il ne vous reste plus qu'à la télécharger.

Unité 2

▶ Piste 18 Activité 1 .... p. 18
Bonjour à tous. Je m'appelle Léopold Moreau et je suis le cofondateur du site Auto-School. Savez-vous que le permis de conduire est l'examen qui est le plus passé en France ? Et la formation au permis de conduire coûte cher, 1500 euros en moyenne. Auto-School est une auto-école en ligne. Notre mission, notre rôle est de mettre en relation des candidats au permis de conduire avec des moniteurs d'auto-école. Nous ne sommes pas une auto-école traditionnelle car nos moniteurs, ou enseignants, sont indépendants et ont leur propre véhicule. Auto-School n'a donc pas de bureaux, pas de salariés et pas de véhicules. Grâce à cela, nous pouvons proposer une formation au permis de conduire 50 % moins cher que dans une auto-école traditionnelle mais nous pouvons aussi mieux rémunérer nos enseignants partenaires. Par ailleurs, le modèle d'Auto-School nous semble vraiment adapté aux habitudes des gens qui passent le permis de conduire, à savoir les 18-25 ans. En effet, les usagers peuvent réviser leur code de la route en ligne, à n'importe quel moment de la journée. Il y a également plus de transparence, car les personnes qui travaillent comme moniteurs sont notées par leurs élèves. Aujourd'hui, Auto-School connaît une croissance très importante. Notre entreprise a besoin de personnes qui adhèrent à notre projet, celui de donner la mobilité à tous pour faciliter la recherche d'emploi. Nous recherchons des personnes qui souhaitent innover et s'investir dans un projet responsable. Vos talents peuvent nous intéresser, n'hésitez pas à nous contacter ! Adressez vos mails à Sandra, qui travaille chez nous en tant que secrétaire.

▶ Piste 19 Activité 6 .... p. 19
a. Dans notre entreprise, nous sommes 40 collaborateurs.
b. Dans notre entreprise, nous sommes euh 40 collaborateurs.
c. J'occupe un poste de euh responsable produit.
d. J'occupe un poste de responsable produit.
e. Je suis à mi-temps dans cette euh entreprise.

▶ Piste 20 Activité 7 .... p. 19
a. Mon entreprise s'appelle euh Voyage ensemble.
b. Alors, moi, mon métier, c'est euh chef de projet.
c. Mon objectif, c'est de euh trouver de euh nouveaux clients.
d. Chez nous, on est très euh *corporate*.
e. Je voudrais poser une journée de euh congé.

▶ Piste 21 Activité 4 .... p. 20
1. Mon cabinet est situé dans un immeuble du centre-ville. Il est lumineux, agréable et je l'ai décoré à ma façon. Je reçois mes patients du lundi au jeudi et le vendredi, je me déplace au domicile de mes patients les plus âgés.
2. Je travaille dans une usine automobile. Je suis dans le bruit toute la journée et le soir, quand je rentre, je peux vous dire que je suis crevée ! Mais, j'aime bien mon travail et, surtout, je m'entends bien avec mes collègues !
3. Mon environnement de travail, c'est mon camion ! Je fais souvent des livraisons à l'étranger alors je pars souvent pendant 2 ou 3 jours. Je fais un métier assez solitaire mais ça me convient bien.
4. Je travaille dans une officine dans un petit village. Mon métier est très varié : vente et conseil à la clientèle, préparation et rangement des médicaments… J'ai des journées bien chargées et je travaille parfois le dimanche.

▶ Piste 22 Activité 6 .... p. 21
a. Je suis euh artisan boulanger.
b. Je me réveille tous les jours euh à 4h.
c. J'ai euh trois employés dans mon équipe.
d. Je porte des vêtements euh légers.
e. Il fait très chaud avec euh les fours.

▶ Piste 23 Activité 7 .... p. 21
Je suis coiffeur pour euh le cinéma. Je travaille euh en indépendant pour des productions françaises. Je m'occupe en fait euh des coiffures des comédiens avant les tournages.

▶ Piste 24 Activité 1 .... p. 22
Je m'appelle Elena et j'ai 38 ans. Après le bac, j'ai intégré une école de commerce et je suis devenue cadre dans une grande banque où je suis restée pendant 12 ans. Ma vie était toute tracée ! Mais je sentais que je passais à côté de mes vraies envies et j'ai décidé de me réorienter.
Je suis quelqu'un de très carré, de très organisé. J'aime que tout soit bien rangé. Une place pour chaque chose et chaque chose à sa place ! Mais je suis aussi quelqu'un de sociable. J'aime être entourée de ma famille, de mes amis et partager des choses avec eux. J'ai toujours apprécié d'avoir du monde à la maison, de sélectionner des produits de qualité pour préparer de bons petits plats.
Sens de l'organisation, goût du partage… J'ai finalement mis mes qualités personnelles au service de ma vie professionnelle. J'ai suivi une formation d'un an pour obtenir un CAP et aujourd'hui, je suis cuisinière dans un grand restaurant lyonnais !
Je suis très prise par mon métier, j'ai moins de temps pour régaler mes proches, c'est sûr ! Mais, j'ai l'impression d'évoluer et je ne m'ennuie jamais. C'est ce que j'aime dans ce métier !

▶ Piste 25 Activité 4 .... p. 22
a. J'ai intégré le monde du travail à… à 25 ans.
b. J'ai obtenu un diplôme de… de… mar-

keting en… en 2019.
c. J'ai fait mon premier stage dans… dans cette entreprise.
d. J'ai choisi le métier de… d'artisan.
e. Je suis actuellement au… au chômage.

▶ **Piste 26 Activité 5** .... p. 23
Bonjour, je m'appelle Paul et j'ai 25 ans. J'ai fait des études de… de commerce dans une école prestigieuse et j'ai ensuite fait deux stages dans… dans une grande entreprise. Mais, en ce moment, je suis en recherche d'emploi. En fait, je suis au… au chômage. Les entreprises ne me recrutent pas parce que… parce que je n'ai pas assez d'expérience. J'aimerais que… qu'ils me laissent une chance d'essayer et de montrer mes… mes compétences.

▶ **Piste 27 Activité 6** .... p. 23
Après mon bac, je me suis inscrite en fac de droit. Après mon Master en droit des affaires, j'ai trouvé un poste dans un cabinet d'avocats à Lyon. J'ai travaillé comme juriste pendant 7 ans. Et puis, à la naissance de ma fille, je me suis aperçue que je n'avais pas de temps pour elle, ni pour moi… J'en ai parlé avec mon conjoint qui m'a encouragée à quitter mon poste. Je suis maintenant en reconversion professionnelle. Je voudrais m'orienter vers un métier qui me permette d'utiliser les compétences que j'ai développées lorsque j'étais juriste (la rigueur et l'esprit d'équipe). Mais, je suis aussi créative et je souhaiterais mettre cette qualité au service de mon futur métier. Alors, j'envisage de suivre une formation de graphiste.

▶ **Piste 28 J'apprends** .... p. 24
1. Oh là là, j'en ai marre de ce boulot ! Et puis y a mon ordinateur qui a encore planté !
2. Tu as des vacances ce mois-ci ?
3. Ah ! J'ai passé un super week-end ! Et toi, ça va ?

▶ **Piste 29 Phonétique, Activité 1** .... p. 27
a. J'ai posé ma… ma candidature.
b. Je viens de refaire mon CV !
c. Tu as écris ta lettre de… de motivation ?
d. J'ai passé un entretien d'embauche !
e. J'ai vu une offre d'emploi qui… qui m'intéresse.

▶ **Piste 30 Phonétique, Activité 2** .... p. 27
a. Je suis en reconversion euh professionnelle.
b. J'ai trouvé un job qui… qui me plaît.
c. Je suis en arrêt euh maladie.
d. Mon patron m'a proposé un… un CDI.
e. Elle sait valoriser ses euh compétences.

Unité 3

▶ **Piste 31 Activité 1** .... p. 30
- Bonjour Clara !
- Bonjour Jean ! Comment vas-tu ?
- Très bien et toi ?
- Super. Je viens de finir un livre super. Tu sais que je travaille pas mal en ce moment et j'ai trouvé ce petit livre qui parle de ralentir, de prendre son temps pour mieux en profiter. Je l'ai trouvé vraiment intéressant.
- Ah oui, ça parle de quoi précisément ?
- Et bien, l'auteure part du constat que nous courons tous derrière plein de choses, tout en essayant de garder le contrôle sur nos vies. Il faut donc, selon elle, apprendre à ralentir en prenant du plaisir à faire ce que l'on fait. Mais ce n'est pas un simple conseil pour notre bien-être. En ralentissant, on peut toucher à beaucoup de choses : en consommant moins par exemple, on devient plus écologique, en se donnant du temps on est plus créatif, et en le partageant on s'enrichie mutuellement.
- Ça a l'air d'être une belle lecture en effet. Mais ce n'est pas trop philosophique ? Je n'aime pas trop les livres trop compliqués tu sais…
- Non pas du tout ! Elle prend toujours des exemples simples en expliquant clairement, même sous forme de BD ! Newton qui trouve sa théorie scientifique en flânant, Churchill qui faisait la sieste en préparant ses stratégies militaires, Simone de Beauvoir qui aimait passer du temps dans les cafés parisiens tout en philosophant. Mais comme elle le dit, nous avons gagné du temps et en même temps, on a l'impression de ne pas en avoir assez.
- Oui, c'est vrai, tu as raison, j'ai beau avoir un téléphone, une voiture, prendre l'avion, j'ai toujours l'impression d'être en retard, et de manquer de temps, du coup je procrastine…
- Oui, d'où tout ce stress que l'on accumule. Choisir de ralentir, c'est savoir s'arrêter quelques instants et oser faire des choix.
- C'est vrai, ça nous permet de changer notre rapport au temps.
- Voilà !

▶ **Piste 32 Activité 4** .... p. 30
a. Alors tu as réussi à retrouver tous les membres de ta famille ?
b. Il devrait faire plus attention quand il écrit. Il manque de méthode.
c. Nous devrions être plus attentifs à notre environnement.
d. Qui était président de la République avant Sarkozy et après Mitterrand ?
e. Il a eu une mauvaise note en Sciences de la vie et de la Terre. Il n'avait pas appris sa leçon.

▶ **Piste 33 Activité 7** .... p. 31
a. J'ai fait un burn-out. Mais maintenant ça va mieux.
b. Je manque d'énergie. Je vais prendre des vacances.
c. Je suis débordée en ce moment. J'ai un projet à présenter.
d. Il ne faut pas procrastiner. Ça fait perdre du temps.
e. Je crois que j'ai touché le fond. Mais ce n'est qu'un passage.

▶ **Piste 34 Activité 8** .... p. 31
a. J'ai bien rechargé mes batteries.
b. C'est un vrai moment de détente…
c. Il faut vivre dans l'instant présent.
d. Tu dois accepter de lâcher prise.
e. On a vaincu le mal du siècle…

▶ **Piste 35 Activité 2** .... p. 32
a. Je n'en reviens pas ! Après tous ces efforts ! Maintenant je dois tout recommencer, c'est pas vrai !
b. Je n'en peux plus, je touche le fond. Je n'arriverai jamais à finir tout ça avant les vacances.
c. Ah génial, j'ai enfin réussi à faire tout ce que j'avais noté !
d. Ah, rien de mieux après le travail que de se poser un peu au calme pour se détendre.
e. Il faut vraiment que je le fasse, ça fait trois jours que je repousse ce boulot…

▶ **Piste 36 Activité 4** .... p. 33
a. Il faut que tu t'organises…
b. Ne nous dispersons pas.
c. Tu devrais faire une liste…
d. On doit établir un plan précis.
e. Si tu priorises, tu réussiras.

▶ **Piste 37 Activité 5** .... p. 33
a. C'est en s'organisant qu'on est efficace. Faites une liste !
b. C'est en pratiquant qu'on devient meilleur.
c. En souriant tout le temps, on se fait des amis.
d. En lisant, on s'instruit et on s'évade. C'est mieux que la télévision.
e. En procrastinant, on stresse beaucoup. Mieux vaut s'organiser.

▶ **Piste 38 Activité 8** .... p. 33
a. Tu peux prendre ça pour moi ? Ça me déchargera parce que c'est vraiment lourd.
b. Allez, encore quelques cartons et j'aurais fini de décharger le camion.
c. Je n'en peux plus, je suis vraiment surchargée.
d. Je vais brancher mon téléphone pour le recharger.

e. Ne t'inquiète pas, je me charge de faire les courses.

▶ Piste 39 **Activité 2** .... p. 34
1. Non mais ça suffit, j'en ai marre que vous vous disputiez tout le temps !
2. Pour moi, le plus important, c'est de donner de l'amour à ceux que j'aime.
3. Je vais tous les jours à l'hôpital pour l'aider à vaincre sa maladie
4. Arrête de mentir, parce que sinon on ne va jamais te croire.
5. C'est difficile après avoir enchaîné une journée de travail de s'occuper de la maison.

▶ Piste 40 **Activité 6** .... p. 35
a. J'enchaîne les petits boulots…
b. Je suis indépendante financièrement.
c. Je vais faire des heures supplémentaires…
d. Il touche encore le SMIC.
e. Elle lui verse une pension alimentaire…

▶ Piste 41 **Activité 7** .... p. 35
a. Il faut enchaîner les courses, les lessives et le travail.
b. J'ai continué à travailler grâce à ma famille.
c. J'ai dû faire une pause à cause de ma maladie.
d. Je suis économe parce que je ne gagne pas beaucoup d'argent.
e. Grâce à mes enfants, je trouve toujours de l'énergie.

▶ Piste 42 **Activité 8** .... p. 35
a. Allez viens, ça va vraiment être une super soirée ! Tu vas rencontrer plein de gens géniaux.
b. Encore un effort, c'est normal dans le sport, il faut savoir se dépasser tous les jours.
c. Et voilà, je savais que ça arriverait. Il cause toujours des problèmes avec ses mensonges.
d. Quand j'oublie de faire la lessive cela provoque souvent des tensions à la maison.
e. Je suis tellement content d'avoir réussi ce concours ! Je me suis exercé tous les jours !

▶ Piste 43 **Phonétique, Activité 1** .... p. 39
a. Je vais vous donner un exemple.
b. J'ai l'intention de faire quelque chose…
c. C'est une réaction en chaîne.
d. C'est vraiment l'effet papillon…
e. C'est comme un domino…

▶ Piste 44 **Phonétique, Activité 2** .... p. 39
a. J'essaye de faire attention parce que je suis dépensier. Et ce n'est pas facile tous les jours.
b. Je ne me fais jamais de cadeau parce que je suis économe.

c. Je suis fatigué à cause de mon traitement. Mais je le termine bientôt.
d. Je suis énervé à cause de cette dispute.
e. Je suis fatigué à cause du travail, de mes activités et de mes enfants.

▶ Piste 45 **Exercice 1** .... p. 40
- Salut Nordine.
- Salut Julie !
- Je viens de lire un article super intéressant au sujet de la procrastination.
- Ah oui ? Tu m'en parles parce que ça me concerne ?
- Ça nous concerne tous. D'ailleurs tu sais que le mot procrastination arrive en tête des définitions les plus recherchées sur Internet ! Ils expliquent qu'il a commencé à être très utilisé au XIXe siècle dans un sens ironique qui signifie, un peu comme aujourd'hui, « remettre au lendemain ce qu'on peut faire aujourd'hui ». D'ailleurs, un sondage indique que la procrastination est devenue un sport national en France, un français sur deux s'accorde du temps au travail.
- Ah bon ? En même temps c'est normal de prendre son temps parfois, de surfer sur Internet pour faire une pause, ça libère l'esprit.
- Oui, tu as raison. Dans cet article ils disent que la première raison c'est qu'on demande de plus en plus aux gens d'être performant et que du coup ils procrastinent pour recharger leurs batteries. Deuxièmement, avec les nouvelles technologies c'est beaucoup plus simple de repousser à plus tard !
- Oui ça c'est sûr, aller voir ce que nos amis ont publié sur les réseaux sociaux, préparer le prochain week-end en amoureux, acheter un truc en ligne, lire un article, ça fait du bien, dans une journée de travail, de penser à ceux que l'on aime et à ce que l'on peut faire avec eux.
- Et puis c'est vrai que procrastiner, ça ne veut pas dire ne rien faire ! Moi par exemple, l'autre jour, j'avais un événement à organiser, j'avais fait mes listes etc., et je me suis accordée une petite pause avant de terminer. Je suis allée boire un café avec un collègue et en discutant avec lui j'ai eu une super idée pour la soirée ! Et ça a été un vrai succès ! Il n'y a pas que le bureau pour être créatif ! Les moments de repos sont super importants aussi !
- Oui, je suis tout à fait d'accord avec toi ! J'adore ces moments de pauses où on laisse notre esprit se libérer !

▶ Piste 46 **Exercice 2** .... p. 40
- Cécile Pralant, vous venez de publier un livre : *Maman solo, des clés pour le bien-être*, pouvez-vous nous présenter cet ouvrage ?
- Bonjour, et bien tout simplement, je vois dans mon travail quotidien de psychologue de plus en plus de femmes qui élèvent seule leur enfant. Parfois elles ne sont plus en capacité de faire face à toutes leurs tâches alors j'ai eu envie de les aider.
- Quels conseils pouvez-vous donner ?
- Le premier peut être, c'est d'établir un horaire quotidien. Un peu sur la manière d'une to-do-list, mais chronologique, cela permet d'y voir plus clair. Les rendez-vous, les courses à faire, les activités, le travail : tout planifier permet de ne rien oublier et d'être plus efficace. Ensuite, il ne faut pas trop surcharger son emploi du temps. Il peut être important de supprimer quelques activités extrascolaires. Il est vital pour les enfants de s'ennuyer, cela développe leur imagination ! Et ça vous simplifie la vie ! D'ailleurs il faut aussi apprendre à dire « non » : à ses enfants, à son patron, à sa famille. Savoir respecter ses limites, c'est une des clés de la survie ! Les rituels aussi sont importants. Par exemple, à l'heure du coucher, lire une histoire avant de dormir, occuper son dimanche après-midi à jouer à des jeux de société… Cela permet de se retrouver tous ensemble.
- Et les amis dans tout ça ?
- Et bien il faut savoir se construire un réseau, en effet, à la fois pratique et affectif, pour se sentir soutenu. Les amis, la garderie, l'école, les associations, il est nécessaire de bien s'entourer pour s'accorder des moments de détente. Une des dernières choses aussi, c'est la question budget. Quand on vit seul on a qu'un seul revenu, et s'il est faible, c'est encore plus difficile. Certaines font des heures supplémentaires, mais ça laisse encore moins de temps pour le reste. Il faut consulter les sites qui peuvent vous fournir des aides et des outils pratiques pour vous soutenir. Penser à soi reste le plus important, faire du sport, faire attention à son alimentation, toutes ces choses qui sont la clé du bien-être !
- Merci beaucoup Cécile pour tous ces conseils, je rappelle le titre de votre livre *Maman solo, des clés pour le bien-être*.

Unité 4

▶ Piste 47 **Activité 6** .... p. 43
a. Voilà un projet écologique ambitieux.
b. Je fais mes courses dans une coopérative.
c. On a essayé les magasins en vrac.
d. On vous présente une initiative inté-

TRANSCRIPTIONS

ressante.

▶ **Piste 48** Activité 7 .... p. 43
Ils ont lancé une initiative pour participer au développement durable. Les clients apportent leur propre emballage et ils achètent leurs produits en vrac. Les entreprises proposent en plus de recycler elles-mêmes les déchets en les réutilisant.

▶ **Piste 49** Activité 1 .... p. 44
- Bonjour à tous ! Aujourd'hui, nous recevons une artiste engagée. Elle s'appelle K-ro.
- Bonjour.
- Comment pourriez-vous définir votre travail ?
- Le but de mon travail, c'est de faire réfléchir les gens. J'ai envie qu'ils se posent des questions sur leur environnement, sur leur manière de vivre… J'ai choisi de faire des fleurs car pour moi, la fleur, ça représente la nature dans toute sa pureté. C'est ce qui est le plus beau, le plus pur au monde.
- Et vous avez choisi de travailler le plastique…
- Eh oui, ma matière première, c'est le plastique. C'est la bouteille en plastique. C'est un objet qui ne sert absolument à rien. Mais on a tous, ou presque tous, une bouteille en plastique dans notre sac. Et pourtant, on peut boire l'eau du robinet !
- Votre travail, qui est aussi très esthétique, dénonce la pollution par le plastique.
- C'est vrai que c'est esthétique, cette transparence de la bouteille. Mais le vrai problème vient du fait qu'il y a des dizaines de types de plastique et qu'on ne sait pas tous les recycler. Imaginez, en 1950, on produisait 2 millions de tonnes de plastique par an. Aujourd'hui, on est à 400 millions de tonnes par an ! C'est impossible de recycler tout ça ! Il va falloir rapidement changer notre façon de consommer. Les gens doivent prendre conscience de ce problème.
- J'ai entendu que 40 % du plastique provenait des emballages.
- Les emballages, le suremballage… C'est un véritable fléau ! Il va falloir moins consommer ou consommer différemment.

▶ **Piste 50** Activité 4 .... p. 44
a. Ces œuvres d'art sont innovantes.
b. Ils sont rangés dans des entrepôts.
c. Ils ont trouvé une issue à ce problème.
d. Le collectif dont on parle se trouve à Marseille.
e. Le projet dont ils rêvent va bientôt se réaliser.

▶ **Piste 51** Activité 5 .... p. 44
a. Ce sont des objets décoratifs.
b. Il recycle les déchets en œuvres d'art.
c. Ces artistes travaillent le bois.
d. Ils aiment participer à des expositions.
e. Jette les ordures dans la poubelle !

▶ **Piste 52** Activité 8 .... p. 45
Situation 1 : Il est resté toute la journée seul à la maison, il a trouvé le temps long.
Situation 2 : À cause de la chaleur et de la fatigue, il s'est trouvé mal.
Situation 3 : Il a rencontré une fille qui a les mêmes goûts que lui et avec qui il s'entend très bien, il a trouvé chaussure à son pied.
Situation 4 : Il a rencontré sa collègue vraiment par hasard quand il était en vacances, il s'est trouvé nez à nez avec elle.
Situation 5 : Il a voulu rentrer mais c'était fermé, il a trouvé porte close.

▶ **Piste 53** Activité 5 .... p. 47
a. Voici quatre outils en bois.
b. Voici quatre bons outils.
c. Voici beaucoup d'œuvres incroyables.
d. Voici beaucoup de belles œuvres.
e. Voici un vase en aluminium.

▶ **Piste 54** Phonétique, Activité 2 .... p. 51
a. Ils achètent en vrac.
b. On aime composter nos déchets.
c. Elles ont créé un projet écologique.
d. Ils utilisent des outils originaux.
e. Nous avons envie de favoriser le commerce local.

Unité 5

▶ **Piste 55** Activité 4 .... p. 54
a. Il paraît que le prochain Tour de France va passer dans les jardins de l'Élysée.
b. La NASA a annulé la première sortie spatiale 100 % féminine car il n'y avait pas assez de combinaisons à la bonne taille.
c. On dit que les trottinettes électriques vont être interdites en Suisse à cause de la hausse des accidents.
d. Les Français consommeraient en moyenne deux fois moins de pain que les Turcs ou les Algériens.
e. Les chiens sont capables de reconnaître les expressions faciales de l'Homme et de percevoir les émotions comme la tristesse, la colère ou la joie.
f. Le nombre d'espèces animales sur Terre est estimé à un milliard.

▶ **Piste 56** Activité 5 .... p. 55
a. Bonjour ! Qu'est-ce que je vous sers ?
b. Qu'est-ce que c'est ? À quoi ça sert ?
c. Sers-toi ! Je t'en prie.
d. Ça ne sert à rien !
e. Il a servi de modèle à sa sœur.

▶ **Piste 57** Activité 6 .... p. 55
a. On regarde le Tour de France ?
b. C'est un astronaute français.
c. Il y a encore des chercheurs dans le laboratoire ?
d. Il est déjà allé dans l'espace ?
e. C'est une expérimentation risquée.

▶ **Piste 58** Activité 7 .... p. 55
a. Tu préfères partir dans l'espace ou à la mer ?
b. Tu utilises la trottinette ou le vélo ?
c. Tu voudrais rencontrer un astronaute ou un scientifique ?
d. Tu veux regarder le match de foot ou de basket ?
e. Tu préfères voyager en avion ou en train ?

▶ **Piste 59** Activité 8 .... p. 55
Exemple : Il y a environ 500 000 utilisateurs de trottinettes en France.
a. Être du matin ou du soir serait déterminé par les gènes.
b. 20 % des téléspectateurs disent qu'ils regardent le Tour de France pour les paysages.
c. Selon des chercheurs japonais, les chats sont capables de reconnaître leur nom.
d. Il paraît que Thomas Pesquet joue très bien du saxophone.
e. Thomas Pesquet répond que les voyages spatiaux ont servi à améliorer la vie des gens.

▶ **Piste 60** Activité 1 .... p. 56
Bonjour à tous ! Au menu aujourd'hui : les chaînes YouTube de vulgarisation. Les premières chaînes de vulgarisation scientifique ont été créées il y a une dizaine d'années et, aujourd'hui, Internet foisonne de vidéos francophones dans tous les domaines. Le but ? Développer la curiosité des spectateurs et mettre les connaissances à la portée de tous. Que ce soit Docteur Nozman ou e-penser pour le monde des sciences, Nota Bene pour l'histoire, Miss Book pour la littérature ou Osons causer pour la politique, tous ces Youtubeurs partagent leurs savoirs avec légèreté et passion. Et si ces noms ne vous disent rien, c'est probablement que vous avez plus de 40 ans. En effet, ces vidéos s'adressent à un public de niveau lycée mais séduisent aussi particulièrement les 18-35 ans. Et le succès est bien réel ! Il suffit de regarder le nombre d'abonnés à ces chaînes : plus d'un million pour Docteur Nozman et e-penser, plusieurs centaines de milliers pour les autres ! Alors, qu'est-ce qui attire autant les jeunes ? Et bien, pour commencer,

You Tube est un support gratuit et immédiatement accessible de chez soi. Pas besoin de se déplacer ! Ensuite, les vidéos qui rencontrent le plus grand succès sont pédagogiques, ludiques. Leurs créateurs n'hésitent pas à utiliser un langage simple, à manier l'humour et à illustrer leur propos d'animations. Et pour terminer, c'est un média interactif. Les spectateurs peuvent commenter les vidéos, ajouter des informations. Ils ont ainsi le sentiment d'aider à la construction de ce savoir partagé. Aujourd'hui, de nombreux profs de collège et lycée ont recours à ces vidéos dans leurs classes et il se pourrait bien que cela fasse évoluer les manières d'enseigner !

▶ **Piste 61** Activité 5 .... p. 57
a. Ils vont lui rendre hommage ?
b. Tu es prêt à relever le défi ?
c. Pourquoi tu veux lui rendre hommage ?
d. Elle est passionnée d'histoire ou de sciences ?
e. Est-ce que tu regardes des émissions de vulgarisation ?

▶ **Piste 62** Activité 6 .... p. 57
a. C'est un connaisseur ?
b. Est-ce que tu l'as appris par cœur ?
c. Tu préfères la biologie ou la physique ?
d. Tu veux regarder un film ou un documentaire ?
e. Il y a eu combien de téléspectateurs ?

▶ **Piste 63** Activité 8 .... p. 57
- Quel exercice tu as choisi, Lila ? Tu peux me montrer ?
- J'ai remis les mots dans l'ordre. Est-ce que c'est bien ?
- C'est parfait, tu as bien travaillé !

▶ **Piste 64** Activité 1 .... p. 58
- Bonjour Sofia.
- Bonjour Thomas.
- Sofia, aujourd'hui, vous allez nous parler de sérendipité...
- Oui, alors, pour que nos auditeurs nous comprennent bien, la sérendipité, c'est un mot qui est entré dans le dictionnaire il y a 5 ou 6 ans et qui désigne la capacité de faire une découverte, notamment scientifique, par hasard.
- C'est un peu comme Christophe Colomb quand il a découvert l'Amérique.
- Exactement ! Ou quand des enfants ont trouvé la grotte de Lascaux pendant qu'ils se promenaient avec leur chien. Et dans le domaine scientifique, les exemples sont nombreux. L'invention du four à micro-ondes ou la découverte de la pénicilline sont également dûs à la sérendipité.
- C'est quand même incroyable, non ?
- Oui, mais le hasard ne fait pas tout. Le scientifique doit avoir le sens de l'observation et, au moment où il fait sa découverte imprévue, il doit avoir la capacité de se dire : « Ah, j'ai peut-être trouvé quelque chose d'intéressant… »
- D'accord… Il faut avoir des connaissances préalables, c'est ça ?
- Oui, des connaissances et une conscience scientifique. Alors, il y a une autre chose importante quand on parle de sérendipité, c'est le droit à l'erreur. Reprenons l'exemple de Colomb. Finalement, il n'a pas découvert l'Amérique par hasard, mais plutôt par erreur, car il croyait arriver en Asie. Dans notre système éducatif, l'erreur est dévalorisée et c'est dommage, car, parfois l'erreur est utile.
- Bien ! On apprend plein de choses avec vous, merci Sofia ! À la semaine prochaine !
- Bonne journée à tous !

▶ **Piste 65** Activité 2 .... p. 58
1. En 1914, la ville de Reims a été bombardée et la cathédrale a pris feu. C'est l'un des pires incendies de l'histoire française.
2. L'invasion de la Pologne en 1939 est à l'origine de la seconde guerre mondiale. Ce conflit, né en Europe, a duré 6 ans et a fait des millions de victimes.
3. En 1968, la France a connu une vague de contestations. Au mois de mai, il y a eu grève générale des étudiants et des salariés.
4. En 1805, le Français Jean-Joseph-Louis Chancel a inventé les allumettes. Cette invention est très utile mais le nom de Chancel a été oublié.
5. Après la Révolution Française de 1789, un nouveau régime politique est mis en place en 1792. C'est la naissance de la République Française.
6. En 2002, le paléontologue Michel Brunet a découvert le crâne d'un homme ayant vécu il y a 7 millions d'années. Cette découverte est très importante car ce serait le plus vieil ancêtre des Hommes.

▶ **Piste 66** Activité 4 .... p. 58
a. L'histoire dit que le velcro a été inventé par sérendipité.
b. Le mot « sérendipité » veut dire qu'on trouve quelque chose par hasard.
c. En effet, en regardant des graines de bardane qui étaient accrochées à ses vêtements, un ingénieur suisse, Georges de Mestral, s'est dit qu'il pourrait utiliser ce système comme fixation.
d. De nombreux scientifiques disent que le hasard fait partie de leur travail.
e. Ils disent aussi que les erreurs sont parfois positives.

▶ **Piste 67** Activité 5 .... p. 58
a. C'est un monument extraordinaire !
b. C'est une œuvre remarquable !
c. C'est un véritable connaisseur.
d. C'est un scientifique surprenant !
e. C'est une expérience complètement folle !

▶ **Piste 68** Activité 6 .... p. 59
a. Ce qui est incroyable, ce sont ces résultats !
b. La découverte de cette grotte est surréaliste !
c. Sa curiosité est exceptionnelle !
d. Sa démonstration est vraiment remarquable !
e. C'est un projet complètement dingue !

▶ **Piste 69** J'apprends .... p. 60
1. Tu connais pas la dernière ? Philippe a été convoqué chez la directrice. Et il est parti, furieux, en claquant la porte. Incroyable, non ? Lui qui est si calme d'habitude.
2. Madame, madame ! Dites, vous avez quel âge ?
3. Tu sais pas qui vient de s'installer à côté de chez moi ? Notre ancienne prof de maths au lycée, madame Michot ! Et il paraît qu'elle a 15 chats !

▶ **Piste 70** Phonétique, Activité 1 .... p. 63
a. Tu veux poser une question ?
b. Pourquoi il y a des nuages ?
c. Il y a combien d'étoiles ?
d. À quoi ça sert, cet outil ?
e. Les astronautes partent sur Mars ou sur la Lune ?

▶ **Piste 71** Phonétique, Activité 2 .... p. 63
a. C'est tout à fait prodigieux !
b. Ce livre est phénoménal !
c. Cette émission est fantastique !
d. C'est un monument colossal !
e. C'est une œuvre gigantesque !

▶ **Piste 72** Exercice 1 .... p. 64
- Salut François ! Ça va ?
- Ça va ouais !... Je suis pas mal occupé en ce moment et il faut que j'achète un cadeau pour l'anniversaire de mon neveu qui va avoir 16 ans. Est-ce que tu as des idées ? Tu as des enfants de cet âge-là, toi…
- Euh, il s'intéresse à quoi ton neveu ?
- Il est passionné d'histoire.
- Déjà, ça peut t'aider ! Tu peux peut-être lui acheter une bande dessinée historique.
- Ah ouais ! En plus, je sais qu'il aime lire !
- J'ai vu une série qui s'appelle *Histoire dessinée de la France*. Pour chaque volume, c'est un historien qui s'associe avec un dessinateur. Et chaque volume

TRANSCRIPTIONS

retrace une période de l'histoire de France. Par exemple, j'ai vu qu'il y avait un volume sur le Moyen Âge et les cathédrales.
- Ça pourrait lui plaire, je pense !
- Sinon, il y a pas mal de BD qui parlent de la seconde guerre mondiale. Par exemple, mes enfants en ont lu une qui s'appelle *Les Enfants de la Résistance*, mais c'est pour les plus jeunes… ou bien sûr, il y a *Maus*. M.A.U.S. Tu connais ?
- Oui, ça me dit quelque chose. Je crois que j'ai vu ça sur Internet. Bon, le mieux, c'est que j'aille dans une librairie, que je regarde les BD dont tu m'as parlé et que je demande conseil à un vendeur. Merci beaucoup en tout cas !

▶ **Piste 73** **Exercice 2** .... p. 64
- Chers auditeurs, bonjour. La question d'aujourd'hui : faut-il laisser les enfants croire au Père Noël ? Et pour en discuter, nous recevons Marie-Ève Dutour, pédiatre.
- Bonjour à tous !
- Marie-Ève, à l'approche de Noël, beaucoup de parents ne savent pas s'ils doivent entretenir le mythe du Père Noël ou pas. Pouvez-vous les éclairer ?
- Écoutez, je ne vais pas vous répondre oui ou non. Lorsqu'ils sont tout-petits, vers 2-3 ans, les enfants croient tous au Père Noël. Leurs copains écrivent des lettres au Père Noël, ils peuvent le rencontrer dans la rue, prendre des photos avec lui… Certains enfants qui viennent dans mon cabinet disent même qu'ils ont peur de ce gros bonhomme habillé tout en rouge. Et il faut respecter cette peur.
- Il faut donc respecter les enfants…
- Et pour rebondir sur le respect de l'enfant, je dirais qu'il ne faut pas mettre trop de pression sur eux. On entend souvent des parents qui disent à leurs enfants « Ah, tu n'as pas été sage. Attention, le Père Noël ne va pas te donner de cadeaux ! » C'est vraiment à éviter !
- Mais finalement la question se pose quand les enfants sont plus âgés.
- Oui, vers 6-7 ans, les enfants commencent à poser beaucoup de questions. Ils sont logiques, ils ne comprennent pas comment le Père Noël peut distribuer des cadeaux à tous les enfants en une nuit. Vous savez que vers 7 ans, l'enfant entre dans l'âge de raison. Et là, les parents doivent faire un choix. Certains pensent qu'il ne faut pas mentir aux enfants. D'autres préfèrent garder une part de mystère et évitent les questions des enfants. Je dirais qu'il n'y a pas de choix meilleur que l'autre. Finalement, cela dépend des parents.
- Et jusqu'à quel âge laisser son enfant croire au Père Noël ?
- Je dirais que si un enfant de 9 ans croit encore au Père Noël, il faut lui dire la vérité.
- Eh bien, merci Marie-Ève Dutour !
- Merci à vous !

Unité 6

▶ **Piste 74** **Activité 1** .... p. 66
- À l'écoute de Radio Monde, il est 20 h, l'heure du journal international.
- Et avec moi pour présenter ce journal international, Dana Hamsa.
- Bonsoir Raphaël, bonsoir à tous.
- À la une : la Présidente de la Commission européenne en déplacement à Addis-Abeba. En allant au siège de l'Union africaine, c'est un message politique fort qui est envoyé.
- Autre nouvelle, une mobilisation féministe au Chili, avec danse et chants, qui se reproduit un peu partout dans le monde.
- Nous parlerons enfin d'écologie. Le projet de la nouvelle Commission européenne pour ne pas polluer la planète d'ici 2050 a été dévoilé aujourd'hui.

▶ **Piste 75** **Activité 2** .... p. 66
a. une station qui diffuse des émissions
b. un bulletin d'informations
c. la première page d'un journal ou une actualité importante
d. un événement récent
e. diffusé directement, sans enregistrement

▶ **Piste 76** **Activité 7** .... p. 67
a. Le téléphone crée une dépendance.
b. Les jeunes sont accros au smartphone.
c. Les jeunes s'informent sur les réseaux.
d. Il suit les fils d'actualité.
e. Elle anime un JT rappé.

▶ **Piste 77** **Activité 8** .... p. 67
a. Quelle bonne nouvelle !
b. Quelle triste actualité !
c. Quel beau spectacle !
d. Quel bon acteur !
e. Quel décor étonnant !

▶ **Piste 78** **Activité 4** .... p. 69
a. C'est autorisé. C'est autorisé !
b. Ils ont lancé un nouveau parfum. Ils ont lancé un nouveau parfum !
c. C'est passé aux infos. C'est passé aux infos.
d. Le film vient de sortir ! Le film vient de sortir !
e. Le Premier ministre a démissionné. Le Premier ministre a démissionné !

▶ **Piste 79** **Activité 5** .... p. 69
a. Les jeunes sont accros aux écrans.
b. Un nouveau smartphone vient de sortir !
c. Les manifestants sont nombreux dans les rues.
d. Les syndicats ont appelé à la grève.
e. Ce film est exceptionnel !

▶ **Piste 80** **Activité 6** .... p. 69
a. La diffusion du journal télévisé est à 13 h.
b. La parution de cet ouvrage a remporté un grand succès.
c. Le téléphone a provoqué des changements importants de nos modes de communication.
d. La sortie du dernier épisode de *La Guerre des étoiles* est très attendue.
e. Cette actrice fait quelques apparitions dans des émissions de variété.

▶ **Piste 81** **Activité 1** .... p. 70
- Et c'est le film de Marie Pergame qui a été récompensé par les spectateurs cette année. On va à leur rencontre.
- Extraordinaire. C'était génial ! Vraiment, c'est un film qui fait du bien. Voilà ! On ressort, on a retrouvé le sourire.
- C'était génial, les personnages sont très attachants et c'est très émouvant.
- Ça faisait très longtemps que je n'avais pas vu un film comme ça. J'ai adoré !
- C'est tellement joyeux, tellement créatif, en fait, voilà. On sort… Moi, j'ai beaucoup, beaucoup aimé !
- J'ai trouvé que c'était très touchant, très sincère, très frais.
- Très émue, beaucoup de sincérité, beaucoup d'humour…
- Excellentissime, vraiment.
- Vrai, remuant.
- Plein d'humour !

▶ **Piste 82** **Activité 4** .... p. 71
a. Un article vient d'être publié sur Internet.
b. On a lancé un nouveau groupe de rock.
c. La pièce a rencontré beaucoup de succès.
d. Un reportage a été diffusé sur ce sujet.
e. Le festival de BD est très attendu par les habitants.

▶ **Piste 83** **Activité 6** .... p. 71
a. C'était nul ?
b. C'était si beau !
c. C'était trop long !
d. C'était bien ?
e. C'était coloré ?

▶ **Piste 84** **Activité 7** .... p. 71
a. C'était vraiment mauvais ?
b. C'était génial !
c. Ça s'est fini tard ?
d. Ça a commencé tôt !
e. C'était complètement fou !

▶ **Piste 85** Lexique, Activité 4 .... **p. 75**
Dialogue 1
- Alors, c'était bien ce festival ?
- Oui ! On s'en est donné à cœur joie !
Dialogue 2 :
- Tu as commencé à travailler dans ta nouvelle entreprise ?
- Oui, d'ailleurs, on est en train de lancer un projet très intéressant !
Dialogue 3 :
- Tu as vu ce qui s'est passé ?
- Oui, la police a même lancé un appel au calme !
Dialogue 4 :
- J'ai adoré cette pièce ! Et le premier rôle, wow !
- Oui, c'est clair, il a tout donné sur scène !
Dialogue 5 :
- Quel est l'objectif du salon Mille histoires, mille livres ?
- Pour résumer, je dirais simplement donner le goût de la lecture aux plus jeunes.

▶ **Piste 86** Phonétique, Activité 1 .... **p. 75**
a. J'ai eu des nouvelles de Dakar !
b. C'est un fait divers insolite.
c. Ce reportage parle de politique.
d. Le président est arrivé hier en Côte d'Ivoire !
e. On a créé un nouvel objet connecté !

▶ **Piste 87** Phonétique, Activité 2 .... **p. 75**
a. C'est une expo-photo ?
b. C'est une pièce moderne !
c. C'est un film magnifique !
d. C'est un concert de rock ?
e. C'est un opéra-comique ?

▶ **Piste 88** Phonétique, Activité 3 .... **p. 75**
a. C'était bien ?
b. C'était nul !
c. C'était intéressant.
d. C'est scandaleux !
e. C'est original ?

Unité 7

▶ **Piste 89** Activité 4 .... **p. 79**
a. Au contraire, je pense que ce genre de progrès peut nous simplifier la vie.
b. Il faut vraiment faire attention, un jour, les robots pourraient se retourner contre nous.
c. Et si finalement l'intelligence artificielle réfléchit à notre place et que nous perdons notre esprit critique ?
d. Ce serait une vraie révolution de pouvoir ne plus jamais se sentir seul.
e. C'est dangereux pour notre santé si on n'utilise plus notre propre corps !

▶ **Piste 90** Activité 5 .... **p. 79**
a. réalisation
b. réactivité
c. vidéo
d. théorie
e. préhistorique

▶ **Piste 91** Activité 6 .... **p. 79**
a. C'est un réacteur nucléaire.
b. J'anime une séance sur les outils numériques.
c. Je réapprends la robotique.
d. Cet obstacle a réapparu.
e. C'est une expérience réaliste.

▶ **Piste 92** Activité 9 .... **p. 79**
a. J'adore passer du temps dans mon garage pour créer des objets insolites
b. Il va devoir passer la main, il est trop vieux maintenant pour continuer ce projet.
c. Il était tellement en colère ! Il lui a passé un de ces savons !
d. Tu peux me passer le sel, s'il te plaît ?
e. Tu devrais vraiment passer ton permis si tu veux avoir ce job.
f. Il y a beaucoup de vent aujourd'hui, on ne pourra pas aller à la plage.

▶ **Piste 93** Activité 1 .... **p. 80**
- Bonjour Yannick.
- Bonjour Évelyne.
- Alors vous venez de gagner le prix du meilleur jeune chercheur. Pourquoi travailler sur les engins autonomes ?
- La voiture autonome est en plein essor. Le temps des automobiles avec des pédales et un volant est terminé. Mais beaucoup de paramètres techniques impactent leur commercialisation et il reste encore des détails importants à améliorer pour éviter les accidents. Elles ne sont malheureusement pas assez intelligentes pour s'autocorriger.
- Lesquels par exemple ?
- Si elles arrivent aujourd'hui à rouler seule sur autoroutes ou en ville, avec leur système embarqué automatisé, des accidents arrivent et les essais continuent. Il leur est toujours difficile de faire la différence entre un cycliste ou un piéton et un objet. De même pour les transports en commun, les autobus par exemple.
- C'est là qu'entre en jeu votre invention ?
- Oui, nous avons beaucoup réfléchi, même aux idées les plus folles, comme de savoir si nous pouvions placer des chats à la place des phares de voitures ou bien si nous éclairions toutes les routes avec des arbres fluorescents ? Ou plus sérieusement, si nous améliorerions le système de caméra pour permettre une meilleure réaction en cas de danger ? C'est ce que nous venons de mettre au point : grâce à notre technologie pouvant reconnaître les ombres, nous devrions réussir à réduire le temps nécessaire pour éviter les obstacles.
- Incroyable ! Si cela marche, signez-moi un autographe tout de suite !
- Oui ! Alors maintenant on réfléchit à améliorer la nature. Par exemple si on remplaçait un jour les moustaches des chats par ces Shadowcam, est-ce qu'ils pourraient chasser encore mieux les souris ? Après tout, il existe déjà des casques de réalité virtuelle pour nos félins préférés.

▶ **Piste 94** Activité 7 .... **p. 81**
a. Il boit trop de caféine.
b. Il désobéit à son chef.
c. Il réagit à l'apesanteur.
d. C'est un robot humanoïde.
e. Il coordonne le projet.

▶ **Piste 95** Activité 8 .... **p. 81**
1 : Il a tellement changé depuis la dernière fois, il a vraiment l'air fatigué. Aucun doute qu'il souffre d'une trop grosse charge mentale, à force d'être hyperconnecté.
2 : Moi j'adore ce que nous apporte tous ces nouveaux outils digitaux : télécharger, imprimer, communiquer, et tout ça en un clin d'œil, c'est vraiment une révolution !
3 : Tu savais qu'ils venaient de créer un humanoïde qui peut réfléchir seul ?
4 : De quoi l'avenir sera fait ? Je ne sais pas, mais il faudrait qu'on se pose la question dès maintenant pour qu'on n'ait pas trop d'effets négatifs sur nos vies.
5 : Je viens de lire qu'un scientifique avait créé une intelligence artificielle capable de résoudre à sa place des problèmes mathématiques supposés impossibles !

▶ **Piste 96** Activité 1 .... **p. 82**
- Ça fait longtemps qu'on ne s'est pas vu ! Surtout depuis ta formation. Raconte-moi, c'était comment ?
- Ça a changé ma vie ! Tu sais, je ne savais plus où donner de la tête au travail, avec tous ces courriels, ces nouvelles technologies auxquelles on est tout le temps attaché. Le formateur nous a donné des conseils grâce auxquels je me sens mieux maintenant.
- Ah bon, lesquels ? Ça pourrait peut-être me servir aussi !
- Et bien par exemple, une des premières choses à faire c'est de comparer le temps réel que l'on passe sur notre téléphone avec le temps que l'on croit y passer. Et dans mon cas le décalage entre les deux était fou ! Un autre conseil que j'applique depuis ce stage

c'est de prendre une vraie pause le midi pendant laquelle je souffle et me change les idées, sans téléphone. Et aussi arrêter de me faire du mouron si je ne suis pas joignable !
- Oui c'est vrai, c'est pas toujours facile ça...
- Et noter l'heure aussi à laquelle on consulte son téléphone pour la première fois et celle à laquelle on le regarde pour la dernière fois le soir... Et puis, tu sais, c'était super de pouvoir échanger avec d'autres personnes pour lesquelles se déconnecter n'est pas toujours facile, ça permet de relativiser.
- Et sinon, vous avez fait quoi pendant le stage ?
- Beaucoup d'activités collaboratives, pour recréer un vrai lien, ça correspondait vraiment à mes besoins. Par exemple, on commençait souvent le matin par des activités de relaxation, et d'autres ateliers dans lesquels le formateur nous mettait en situation de stress et nous partageait ensuite des techniques grâce auxquelles on apprenait à se sentir à l'aise, à retrouver le calme. Et puis il y avait des moments où on nous donnait des conseils plus généraux, comme passer de vrais moments avec la famille ou toutes les personnes avec lesquelles on est heureux, ou bien faire une grasse matinée sans penser au boulot !
- Ah c'est vraiment intéressant, j'aimerais bien y participer aussi la prochaine fois !
- Tu sais, au bout du compte, je songe même à me jeter à l'eau et organiser des ateliers moi-même. Pouvoir échanger comme ça, c'est une tendance de fond dans nos sociétés qui nous rapproche et nous permet de progresser, je ne sais pas si c'est une rupture mais c'est en tout cas une évolution à laquelle on ne peut qu'adhérer. Il n'est jamais trop tard pour reprendre sa vie en main et changer d'orientation professionnelle.
- Ah tu me donnes envie ! Je serai ta première stagiaire !

▶ **Piste 97** Activité 6 .... p. 83
a. J'ai oublié d'envoyer un mail au directeur.
b. Je ne t'autorise pas à entrer dans ma chambre.
c. Tu dois me donner ce dossier avant demain.
d. Dis-le que c'est toi qui l'as cassé !
e. Je lui ai appris tout ce que je sais.

▶ **Piste 98** Activité 7 .... p. 83
a. Ils suivent une formation intéressante.
b. Elles préparent un atelier scientifique.
c. Elle a créé une nouvelle machine.
d. Il peut y avoir des effets indésirables.
e. Ils ont fait évoluer cet outil.

▶ **Piste 99** Activité 8 .... p. 83
a. C'est un robot autonome.
b. C'est une technologie innovante.
c. Ils ont innové avec ce nouveau projet.
d. Il ne faut pas imaginer le pire !
e. On est soumis à la gravité.

▶ **Piste 100** Phonétique, Activité 1 .... p. 87
a. Il y a eu un ralentissement important.
b. Ils écrivent un scénario futuriste.
c. J'ai appris à diriger un robot.
d. J'ai aimé me servir de cette machine.
e. J'aime me servir de cette machine.

▶ **Piste 101** Phonétique, Activité 2 .... p. 87
a. C'est une orientation envisageable.
b. C'est une évolution historique.
c. C'est un atelier intéressant.
d. C'est une formation incroyable.
e. C'est un progrès inimaginable.

▶ **Piste 102** Exercice 1 .... p. 88
- Salut Julien !
- Salut Clothilde ! Ça va ?
- Génial, tu sais quoi ? Pour mes trente ans, je voudrais inviter mes amis, dont toi, à faire quelque chose de spécial et j'ai vu une annonce pour deux jours de formation assez originale.
- C'est une drôle d'idée oui, qu'est-ce qu'on va faire pendant ces deux jours ?
- Et bien, en fait, c'est une formation où on nous apprend à réaliser l'objet de notre choix !
- Ah oui c'est marrant ! Tu as une idée de ce que tu aimerais construire ? Moi je suis partant !
- Je sais pas trop, j'ai l'impression que ce sont surtout des objets technologiques.
- Oula ! Mais ça doit être difficile et ça doit coûter assez cher quand même....
- Non, non, pas du tout, en fait le formateur nous apprend les bases, et ensuite on choisit notre projet et nos matériaux. Et tout provient de vieux ordinateurs, télés ou téléphones recyclés.
- Ah oui c'est génial ça ! Et ça serait quand ?
- Et bien mon anniversaire est un mardi cette année, mais je pense que le week-end qui suit, le 12, ça pourrait être pratique pour tout le monde.
- Ah, le 12, je crois que j'ai déjà un rendez-vous pour le boulot. Je travaille vraiment beaucoup en ce moment. Mais le week-end du 19 avec plaisir.
- Super !
- Et alors, tu ne m'as pas répondu, tu aimerais construire quoi par exemple ?
- J'adorerais avoir le même skateboard volant que dans le film *Retour vers le futur* ! Je suis sûre qu'on peut y arriver !
- Ah oui ça serait vraiment un cadeau unique ! Mais tu ne crois que ce serait un peu compliqué à construire ?
- Je leur ai déjà demandé, et en fait, ils m'ont dit qu'ils avaient déjà des plans pour plusieurs objets originaux, dont celui-là.
- Alors c'est parfait ! Et pour le logement ?
- Ne t'inquiète pas, tout le reste est prévu, la nourriture, le logement, donc pas besoin de s'embêter avec ça.
- On va quand même réfléchir pour le gâteau ! Même si on fabrique un objet futuriste, il ne faut pas oublier la cuisine !
- D'accord, très bien. Alors on se recontacte bientôt, dès que j'ai des nouvelles des autres.
- Super, compte sur moi !

▶ **Piste 103** Exercice 2 .... p. 88
- Bonjour Pierre Bulon.
- Bonjour !
- Alors Pierre, vous êtes donc le fondateur de ce projet de ville 100 % autonome baptisée LabVille. Comment vous est venue cette idée ?
- Et bien c'est très simple. Je suis né et j'ai grandi à Paris. Depuis tout petit j'aimais lire les étiquettes des produits que nous achetions, et souvent je demandais à mes parents pourquoi il n'était jamais écrit « Fabriqué à Paris ». En grandissant je me suis aperçu que beaucoup de matières premières, d'énergie venait de loin, voire même de l'autre bout du monde. Nous sommes à une époque qui observe avec beaucoup d'attention les avancées en termes de nouvelles technologies ou d'intelligence artificielle lesquelles devraient favoriser, à mon sens, une croissance plus verte. Alors j'ai tâché de prendre le meilleur de ces deux mondes, notamment en m'entourant de jeunes ingénieurs talentueux, pour développer ce projet.
- Et où en êtes-vous actuellement ?
- Nous avons terminé plusieurs phases de tests grandeur nature. Grâce aux travaux de toute notre équipe et de membres partenaires qui ont été sensibilisés puis formés à notre projet et avec lesquels nous collaborons, nous avons déjà pu réaliser un lotissement regroupant 25 maisons autonomes en énergie, avec le premier centre-ville entièrement autonome lui aussi.
- Qu'est ce que vous voulez dire par centre-ville autonome ?
- Je veux dire par là que l'ensemble des produits vendus dans les différents magasins actuellement installés proviennent tous de ce même centre-

ville. Imaginez que vous êtes en train de faire vos courses, et que chaque bien que vous allez acheter est produit sur place et de saison. Ce ne serait pas formidable ? Et bien c'est le cas de LabVille.
- Mais, pour les autres produits de consommation ? Notamment les vêtements ?
- C'est là que le savoir-faire de tous est au cœur de notre projet. Nouvelle technologie ne rime pas avec oubli des traditions. Grâce aux personnes présentes localement, et avec lesquelles nous élaborons notre projet, nous avons pu former des jeunes et des moins jeunes à des techniques habituellement vues comme ingrates. Mais la transmission des savoirs et des savoir-faire a donné à chacun le goût du partage. Désormais, à condition bien sûr d'avoir bien réfléchi en amont à l'ensemble des facteurs, ce petit village peut produire lui-même la totalité des matières premières qui seront utilisées pour son développement. Si nous pouvions étendre ce type d'initiative, je suis persuadé que nous pourrions réellement changer la face du monde.
- Vous auriez un conseil à donner à nos auditeurs ?
- Mon conseil est très simple. Si quelqu'un vous dit que ce que vous voulez faire est impossible, croyez-le et prenez-le pour un compliment, car c'est que vous venez d'avoir une vraie idée ! Nous devrions tous penser avant toute chose à l'impossible.
- Et bien je vous remercie Pierre, merci pour votre enthousiasme, c'est un projet auquel nous souhaitons le meilleur avenir possible. Je précise le nom de votre dernier ouvrage, *Et si nous réalisions nos rêves*.
- Merci à vous, et vous êtes la bienvenue !

Unité 8

▶ **Piste 104** Activité 1 .... p. 90
- Tiens ! Salut Xavier !
- Salut Martin !
- Alors, comment ça va au bureau ?
- Pas mal, pas mal. Et toi, alors, ça y est, tu es rentré ?
- Oui, je suis revenu de La Réunion jeudi dernier. Tu sais, tu sais que j'ai participé à la Diagonale des Fous ?
- La Diagonale des Fous ? C'est quoi ça ?
- C'est une course d'ultra-trail qui a lieu à La Réunion tous les ans. On est partis de Saint-Pierre, au sud de l'île, et on a rejoint Saint-Denis au nord. 166 kilomètres quand même !
- Waouh ! Et dans la montagne en plus !

Ça grimpe pas mal à La Réunion, non ?
- Oui, les conditions ne sont pas faciles du tout ! Il faut s'adapter à l'altitude et aux températures extrêmes : 25-30° le jour et quasiment 0° la nuit !
- Et tu as mis combien de temps ?
- J'ai mis 40 heures pour faire la course, avec deux pauses de 30 minutes pour dormir…
- C'est vrai ? Mais tu devais être épuisé ! Comment tu as tenu jusqu'au bout ?
- En fait, je m'étais bien préparé, physiquement mais aussi mentalement ! Avant d'y aller, j'ai fait beaucoup de méditation. Et pendant cette préparation, j'ai fait des exercices de visualisation de la course. Je m'imaginais la course, avec toutes les difficultés que je pouvais rencontrer : la pluie, les blessures… et ça m'a beaucoup aidé dans les moments durs de la course. Tu sais, j'ai vu beaucoup de coureurs abandonner avant la fin.
- C'est fou ça ! On a l'impression que le mental est aussi important que le physique.
- Oh oui, je pense ! Plus la course est longue et difficile, plus c'est la force mentale qui nous aide à ne pas lâcher.

▶ **Piste 105** Activité 4 .... p. 91
a. Lorsque j'ai fait la course de la Diagonale des Fous, j'ai vécu une expérience extraordinaire.
b. Pendant la course, tous les participants ont vécu des moments difficiles.
c. Lors de leur victoire, les Françaises ont vécu une joie immense.
d. Je vis dans cette ville depuis un an.
e. Il vit une vie dangereuse.

▶ **Piste 106** Activité 5 .... p. 91
a. J'ai la boule au ventre !
b. J'ai peur en bateau !
c. J'explore un peu le monde.
d. J'aime l'aventure et l'audace.
e. C'est un milieu extrême et dangereux.

▶ **Piste 107** Activité 6 .... p. 91
a. C'est une victoire au mental.
b. C'est le but à atteindre.
c. C'était un match impressionnant.
d. C'était une défaite amère.
e. C'est une joueuse audacieuse.

▶ **Piste 108** Activité 5 .... p. 93
a. Les choses ont changé.
b. C'est du pareil au même.
c. Elle prend des risques importants.
d. C'est une sportive ambitieuse.
e. Elle nage avec des requins.

▶ **Piste 109** Activité 6 .... p. 93
a. Je crains qu'il prenne un risque énorme.
b. Je ne crois pas qu'elles puissent apporter leur équipement.
c. J'ai peur qu'il veuille oser l'aventure.
d. Je ne pense pas qu'elle doive accepter la douleur.
e. Je suis heureux qu'il sache adapter ses efforts.

▶ **Piste 110** Activité 7 .... p. 93
a. Étant très différentes, les stations de Gstaad et de Zermatt n'attirent pas le même type de touristes.
b. Gstaad est un village tranquille se situant dans une vallée longtemps isolée.
c. Les sports d'hiver n'étant pas la priorité de Gstaad, les remontées mécaniques sont toutes situées à l'extérieur du village.
d. Zermatt est une station située au pied de l'emblématique Mont Cervin culminant à 4478 mètres d'altitude.
e. Cette station accueille de nombreux alpinistes désirant se lancer dans l'ascension du Mont Cervin.

▶ **Piste 111** Activité 4 .... p. 94
Dans mon travail, je suis souvent amené à prendre la parole en public, à faire des discours…. et, à chaque fois, je ressens la même angoisse. Avant le discours, j'ai la boule au ventre et je transpire. Et quand vient mon tour de parler, la terreur me paralyse, j'ai du mal à me lever de ma chaise. Alors, je respire un bon coup et je me lève enfin… Mais quand je vois tous les regards tournés vers moi, c'est terrible. J'ai la voix qui tremble et je ne trouve plus mes mots. Je ne sais pas quoi faire pour venir à bout de cette angoisse.

▶ **Piste 112** Activité 7 .... p. 95
a. Elle veut battre un record.
b. Il rencontre un sportif.
c. Il refuse de prendre un avion.
d. J'ai la boule au ventre et les mains moites.
e. Je veux être à la hauteur.

▶ **Piste 113** Activité 8 .... p. 95
a. C'est un couple exemplaire.
b. C'est une rencontre imprévue.
c. Je tremble en avion.
d. Tu veux prendre un taxi ?
e. Il ne faut pas craindre une rupture.

▶ **Piste 114** Activité 9 .... p. 95
a. En ce moment, ça ne va pas avec Lucas… Je l'aime mais notre relation tourne mal. J'ai besoin d'en parler et de demander conseil.
b. Écoute ! J'ai reçu une lettre m'annonçant que j'avais gagné 50 000 euros ! Pourtant, je n'ai joué à aucun jeu. C'est incroyable, non ?
c. J'ai rencontré Josette, ta voisine ! Tu dis qu'elle est désagréable mais moi, je ne trouve pas ! Elle a l'air gentille au contraire.

d. J'ai prêté ma voiture à Jean mais j'ai peur qu'il l'abîme. Tu le connais bien, toi, Jean… Qu'est-ce que tu penses de lui ?
e. Anne et moi, on a reçu un mail d'une collègue qui nous demande de l'argent. On a trouvé ça bizarre, c'est une collègue qu'on ne connaît pas très bien. Tu crois que c'est un vrai message ?

▶ **Piste 115** J'apprends .... **p. 96**
a. Un saut à l'élastique, ça te tente ?
b. J'aimerais bien goûter des insectes. On en commande sur Internet et on les goûte ensemble ?
c. Je vais faire un trek dans le Sahara pendant deux semaines. Tu viens avec moi ?

▶ **Piste 116** Phonétique, Activité 1 .... **p. 99**
a. Elles prennent un risque.
b. Il survit à ce milieu.
c. Elles vainquent une peur.
d. Ils ressentent une phobie.
e. Elles combattent une maladie.

▶ **Piste 117** Phonétique, Activité 2 .... **p. 99**
a. J'en tremble encore !
b. Notre envie d'explorer le monde est immense !
c. Elle va apprendre à s'adapter.
d. Il peut survivre à cette épreuve.
e. On peut le battre à son propre jeu !

Unité 9

▶ **Piste 118** Activité 2 .... **p. 102**
a. 75 % des francophones utilisent le français tous les jours.
b. 6 francophones sur 10 ont moins de 30 ans.
c. Dans le monde, 49 millions de personnes apprennent le français.
d. 50 % des personnes qui apprennent le français vivent en Afrique du Nord ou au Moyen-Orient.
e. 30 États ont le français comme langue officielle ou co-officielle.

▶ **Piste 119** Activité 5 .... **p. 103**
a. Il se promène en forêt.
b. Elles vivent à la campagne.
c. Je découvre un paysage lunaire.
d. On va rejoindre un ami.

▶ **Piste 120** Activité 6 .... **p. 103**
a. Ils se préoccupent de l'environnement.
b. Je suis prêt à changer les choses.
c. Il y a un demi-milliard de francophones.

▶ **Piste 121** Activité 7 .... **p. 103**
Lorsque l'été arrive, la plupart des Français rêve de partir en vacances. Toutefois, 40 % des personnes ne partent pas en vacances d'été. Le manque de moyens financiers est la principale explication malgré le succès des vols low cost et des sites d'hébergement chez l'habitant. Moins d'un tiers des ouvriers prend la route des vacances contre plus de 80 % des cadres.
Même si le littoral reste la destination préférée des Français, la campagne et la montagne attirent de plus en plus de touristes. En revanche, les villes sont des destinations privilégiées pour les week-ends de printemps ou d'automne.

▶ **Piste 122** Activité 1 .... **p. 104**
- Bonjour à tous ! Dans notre émission d'aujourd'hui, nous parlerons de prénoms. Et plus précisément du choix du prénom de l'enfant dans un couple mixte. Nous accueillons la sociologue Chloé Desnos. Bonjour.
- Bonjour.
- Mais pour commencer, je vous propose d'écouter le témoignage de Karine.
- Je m'appelle Karine, je suis française et mon mari est mauritanien. On a parlé du prénom de notre futur enfant très tôt, bien avant que je sois enceinte. Et c'est moi qui ai proposé que notre enfant porte un prénom arabe. Comme on habite en France, je trouvais normal que son prénom rappelle les origines de mon mari. Pendant la grossesse, on a hésité entre Nour, Nora, Noura. Ça signifie « lumière » en arabe. Mon mari penchait plutôt pour Nour parce que c'est le prénom arabe originel. Mais pour trouver un équilibre entre sa culture mauritanienne et sa culture européenne, on a finalement choisi Nora qui est un prénom assez fréquent chez les Anglo-saxons.
- Chloé Desnos, ce témoignage est très intéressant non ?
- Oui, on se rend compte de deux choses. D'abord, il est fréquent que les couples mixtes vivant en France choisissent de donner un prénom qui souligne les origines du parent étranger. C'est comme s'il s'agissait de ne pas oublier ses racines et de marquer sa différence en quelque sorte. Cependant, on voit aussi que les parents font généralement un compromis. Ils choisissent finalement un prénom dont la sonorité est internationale, un prénom qui facilite la vie de l'enfant et qui va lui permettre de trouver sa place dans la société française.

▶ **Piste 123** Activité 3 .... **p. 104**
- Papa, ça fait combien de temps que tu es en France ?
- Ça fait presque 10 ans maintenant. Tu sais, Klea, on a quitté l'Albanie, maman et moi, parce qu'on n'avait pas le choix. Alors, on a pris deux sacs chacun avec nos passeports et quelques affaires et on est partis à pied. On a marché, longtemps, longtemps et on a trouvé un lieu pour passer la frontière.
- C'était dangereux ?
- Et oui, parce qu'on n'avait pas le droit de sortir du pays. Après, on a pris un bus et un autre bus jusqu'en Slovénie. Et puis on a marché des kilomètres. Finalement, on a réussi à aller jusqu'en France.
- Pourquoi vous vouliez aller en France ?
- Pour retrouver ton oncle et ta tante.
- Ah oui, c'est vrai.
- Ils nous ont accueillis quelque temps puis, on a trouvé une place dans un centre d'hébergement. Pour pouvoir rester en France, on a fait une demande officielle. D'abord, notre demande a été refusée. Mais maintenant, on a le statut de réfugié. On a le droit de vivre et de travailler en France.

▶ **Piste 124** Activité 5 .... **p. 105**
a. Il est né de parents allemands.
b. C'est une immigrée espagnole.
c. Elle est réfugiée en France.
d. Il a fui en France.

▶ **Piste 125** Activité 6 .... **p. 105**
a. C'est un migrant italien.
b. Je pars au bord de la mer.
c. Ils sont d'origine espagnole.

▶ **Piste 126** Activité 4 .... **p. 107**
Le premier voyage sur Mars est prévu pour 2030 environ. La distance entre la Terre et Mars est de 70 millions de kilomètres. Mon équipe et moi avons estimé la durée du voyage à 260 jours. Les prochains mois, nous allons travailler sur un projet de navette ultrarapide. La durée de voyage sera alors réduite de moitié.

▶ **Piste 127** Activité 6 .... **p. 107**
a. Tu sais, mon ami, je pars sur la Lune !
b. Vous savez, messieurs, nous sommes engagés ensemble !
c. Je pense, mon amour, qu'on pourrait partir à la mer.
d. Je crois, mon enfant, que tu devrais prendre l'air.

▶ **Piste 128** Activité 7 .... **p. 107**
a. Je voudrais, ma chérie, qu'on parte ensemble.
b. Je te dis, mon cœur, que c'est impossible.
c. J'ai peur, mes amis, que nous devions séjourner ici.

▶ **Piste 129** Activité 8 .... **p. 107**
a. Je n'ai pas vu Martha ce matin. Tu sais ce qu'elle a ?
b. Est-ce que tu sais quel jour sort ce

journal ?
c. Il a 23 ans ? Non !? Mais il a déjà beaucoup de cheveux blancs !
d. Tu as vu ? Ils vont proposer des voyages sur la Lune !
e. Ça va ? La route s'est bien passée ?

▶ Piste 130 **Phonétique, Activité 1**................................. p. 111
a. On a une résidence secondaire.
b. Tu veux te promener en forêt ?
c. C'est une cause importante.
d. C'est une zone urbaine.
e. J'aime vivre en ville.

▶ Piste 131 **Phonétique, Activité 2**................................. p. 111
a. Je crois, cher ami, que tu te trompes.
b. Il pense, mes enfants, que c'est impossible.
c. Je sais, mon amour, qu'on se questionne trop.
d. Je veux, mon cœur, qu'on parte loin.
e. Vous savez, mesdames, que vous devez voyager.

▶ Piste 132 **Exercice 1**.................... p. 112
- L'autre jour, en passant par le Jardin du Luxembourg, je suis tombée sur une expo photo qui s'appelle « Origines ».
- C'était au Musée du Luxembourg ?
- Non, c'était en plein air, les photos étaient accrochées sur les grilles du jardin.
- Ah oui, j'en ai entendu parler. Ce sont des photos d'un Français qui montre comment l'Homme s'est adapté à la nature, c'est ça ?
- Pas vraiment, on ne voit jamais d'homme ou de construction humaine dans ses photos. Il montre plutôt l'énergie et la force de la Terre avec des photos de volcans par exemple. Et puis il y a une partie qui s'appelle « Éden » et qui montre des paysages naturels incroyablement beaux : des forêts, des cascades, des lacs…
- Ce sont seulement des paysages alors ?
- Non, la dernière partie qui s'appelle « Créatures » s'intéresse aux animaux et à la biodiversité. Toute l'expo nous fait réfléchir sur la destruction de l'environnement, sur la fragilité de l'équilibre naturel. Je me souviens en particulier d'une photo sur laquelle on voit deux ours blancs, des mâles, qui sont debout. Ils ont l'air si forts… mais tout le monde sait que cette espèce est en voie de disparition.
- Et les photos sont prises dans une région en particulier ?
- Il me semble qu'il y en a pas mal qui ont été prises en Amérique du Nord, Canada, États-Unis. Mais, il y a aussi beaucoup de photos prises en Afrique ou en Australie. Je pense que le photographe a fait le tour du monde !
- J'aimerais bien aller voir cette expo. Tu sais quand elle s'arrête ?
- C'est du 17 mars au 15 juillet, je crois. Vas-y, tu verras, c'est vraiment superbe !

▶ Piste 133 **Exercice 2**.................... p. 112
- Aujourd'hui, dans notre rubrique « Les échos de l'économie », nous allons parler tourisme vert et d'une nouvelle tendance, le *glamping*.
- D'abord, rappelons ce qu'est le tourisme vert. D'abord synonyme de tourisme rural, l'expression tourisme vert désigne aujourd'hui davantage le tourisme durable, qui respecte la nature. Ce type de tourisme connaît un véritable essor depuis les années 90 et une nouvelle tendance a vu le jour en 2005, en Grande Bretagne. Il s'agit du glamping qui s'est aujourd'hui largement développé en Europe.
- C'est un mot formé à partir de « glamour » et de « camping », hein, c'est ça ?
- Tout-à-fait. On l'appelle d'ailleurs aussi « camping de luxe ». Il s'agit donc de dormir dans la nature dans des hébergements écoresponsables, souvent insolites : yourtes, cabanes, tipis. Le succès du concept repose sur le respect de l'environnement et l'assurance d'un niveau de confort relativement élevé. Vous bénéficiez en effet du même bien-être qu'à l'hôtel : hébergements avec véritables lits, douches et toilettes, et parfois même accès à l'électricité, à la 4G, réception ouverte 24 h sur 24…
- Et pour le budget ?
- On est dans des gammes de prix supérieures à celles du camping mais le *glamping* reste très abordable. Il faudra compter 40 euros par nuit et par personne en moyenne. D'ailleurs, les adeptes de ce type de séjours sont plutôt des urbains, issus des classes moyennes contrairement au camping traditionnel qui reste très apprécié des classes ouvrières.
- Dernière question : où partir ?
- Le *glamping* s'est principalement développé dans les régions de montagnes : les Pyrénées, les Alpes, bien sûr ! Et, si vous voulez passer vos vacances sur le littoral, c'est en Bretagne que l'on trouve l'offre de *glamping* la plus large. Une petite recommandation pour terminer : si vous envisagez ce type d'hébergement pour l'été, dépêchez-vous de réserver, les places partent vite !

Unité 10

▶ Piste 134 **Activité 1**.................... p. 114
- Bonjour à tous, on reçoit aujourd'hui Xavier Bertrand, qui vient de réaliser une enquête sur les familles. Alors, pouvez-vous nous dire comment vous avez choisi vos sujets d'étude ?
- En fait, nous avons pris comme sujets de notre enquête des enfants qui sont en dernière section d'école maternelle. Ces enfants appartiennent à des familles qui viennent de milieux sociaux très contrastés : on a travaillé sur les milieux populaires et aisés. Ces enfants sont dans des réalités très différentes, et ce sont ces situations diverses qu'on a voulu comparer.
- Le milieu social a bien sûr une influence sur les revenus financiers des familles. Y a-t-il d'autres facteurs qui différencient les enfants de votre enquête ?
- Oui, en effet. On sait aujourd'hui que ce qui compte beaucoup sur les parcours scolaires, c'est le milieu culturel dans lequel sont baignés les enfants. La question du niveau de diplôme ou d'études des parents est en réalité plus importante que le milieu social et les revenus financiers. On voit en effet nombre de familles qui n'ont aucun problème économique mais qui sont éloignées de la culture.
- Donc, le niveau social et le niveau d'éducation ont un impact sur la scolarité des enfants. Ce sont les deux critères à retenir ?
- Oui, mais il y en a aussi un dernier, celui du territoire. Nous avons choisi des enfants qui vivent sur des territoires très différents : dans les grandes villes, dans de petites villes de province et même à la campagne. Et là, on s'aperçoit qu'il y a des inégalités territoriales assez frappantes.
- Et du coup, quels sont les résultats de votre enquête pour ces enfants ?
- Eh bien, on pense que les enfants s'adaptent beaucoup à cet âge-là. Mais on se rend compte que quand ils entrent à l'école, ils sont en fait déjà très différents, ce ne sont pas les mêmes enfants.

▶ Piste 135 **Activité 5**.................... p. 115
a. J'étais habituée aux moqueries de mes camarades.
b. Un jour, un professeur a pris ma défense.
c. Avant, je voyais les choses différemment.
d. Mes parents m'ont mise dans une classe spéciale.
e. Les professeurs étaient formés au handicap.

▶ Piste 136 **Activité 7**.................... p. 115
a. Il y a de bons élèves.

TRANSCRIPTIONS

b. Y a des différences dans l'apprentissage.
c. Y a des exclusions dans notre système éducatif.
d. Le problème, c'est qu'y a trop d'inégalités.
e. Je ne sais pas s'il y a des classes spéciales adaptées.

▶ **Piste 137 Activité 8** .... p. 115
a. Il a passé le brevet à 15 ans.
b. Elle a subi des moqueries à l'école.
c. Au collège, je me posais beaucoup de questions.
d. C'est sûrement la meilleure école du quartier.
e. C'est ce qui m'a permis de comprendre le système.

▶ **Piste 138 Activité 10** .... p. 115
À quel âge avez-vous commencé votre scolarité ?
Vous avez dû passer un diplôme à quel âge ?
Vous étiez noté avec le contrôle continu ou le contrôle terminal ?

▶ **Piste 139 Activité 6** .... p. 117
a. L'école que j'avais choisie pour ma fille était gratuite.
b. Les épreuves du bac, je les ai réussies.
c. Tu les as motivés pour le brevet, tes élèves ?
d. Le système scolaire les avait découragés.
e. Ces stagiaires, je les ai formés et ils ont aujourd'hui un emploi.

▶ **Piste 140 Activité 7** .... p. 117
a. Je me suis inscrite à l'école de la deuxième chance.
b. La scolarisation est très réglementée.
c. L'école à la maison permet de profiter de la vie.
d. Avec ce système, il n'y a pas de jugement ni de compétition.
e. On s'interroge sur la scolarité de nos enfants.

▶ **Piste 141 Activité 8** .... p. 117
a. L'avantage de ce système, c'est la flexibilité.
b. Ils sont bien intégrés dans le système.
c. Elle ne subit plus de moqueries.
d. Cette devise comporte le mot « égalité ».
e. Cet établissement est très réputé.

▶ **Piste 142 Activité 1** .... p. 118
Il y a foule sur la plaine de Plainpalais, au centre de Genève. Des milliers de manifestants affluent de tous les coins de la ville. Comme il y a 28 ans, jour pour jour. La première grève des femmes en Suisse avait rassemblé 500 000 personnes. Juste avec le bouche-à-oreille. Depuis, peu de choses ont véritablement changé. Et les Suissesses se sentent toujours aussi mal considérées. Chusa Puras est infirmière et militante au syndicat des services publics : « Il faut relativiser. Peut-être que c'est pas aussi compliqué comparé à ailleurs. Il n'en demeure pas moins que la Suisse quand même est l'un des pays qui respectent le moins l'égalité. Il n'y a pas de congé parental. Il n'y a pas assez de congés maternité. Il n'y a pas de salaire homme-femme pareil ».
Le nerf de la guerre, c'est bien le revenu. Les femmes touchent en moyenne près de 20 % de moins que leurs collègues masculins. Mais même à salaire égal, les discriminations sont encore la règle. Vincent est médecin à l'hôpital de Genève. « On a des salaires égaux, mais les possibilités de carrière sont pas les mêmes. Rien que dans les médecins-cadres ou dans les médecins adjoints aux chefs de service, la parité, elle n'est pas du tout respectée ».
Un seul élément permet de comprendre le retard pris par la Suisse sur les droits des femmes. Le droit de vote ne leur a été accordé qu'en 1971. Dans le canton d'Appenzell, elles ont même dû attendre 1991 pour participer aux élections locales. Les Suissesses le savent : il leur faudra bien plus d'une manifestation pour obtenir la fin des discriminations.
Jérémie Lanche, Genève, Rfi.

▶ **Piste 143 Activité 6** .... p. 119
a. J'ai aidé ces femmes à se battre pour leurs droits.
b. On a participé à une émission sur la Journée internationale des droits des femmes.
c. J'ai réconforté une amie dans le besoin.
d. Je suis allée à une conférence sur les droits de l'enfant.
e. Il faut secourir les personnes qui ont un handicap.

▶ **Piste 144 Activité 7** .... p. 119
a. On s'est pas assez battus.
b. On ne va pas protester.
c. On veut pas se révolter.
d. Ils ne se serrent pas les coudes.
e. Elles sont même pas découragées.

▶ **Piste 145 Activité 8** .... p. 119
a. Elles veulent êt' mieux payées !
b. Ils veulent être écoutés !
c. On va peut-êt' manifester !
d. On va se batt' pour l'égalité !
e. On va lutter cont' ce système.

▶ **Piste 146 J'apprends** .... p. 121
a. On dit que les femmes sont moins bien payées parce qu'elles choisissent des postes moins rémunérateurs. Mais en fait, elles n'ont pas le choix : les hauts postes de management leur sont rarement proposés.
b. On prétend que les femmes n'osent pas prendre la parole lors des réunions. En réalité, elles ne sont simplement pas écoutées ou bien on leur coupe la parole.
c. Certains affirment que les femmes préfèrent s'occuper de leurs enfants quand ils naissent. En vérité, elles n'ont pas le choix puisque les hommes n'ont pas de congé paternité assez long.

▶ **Piste 147 Phonétique, Activité 1** .... p. 123
a. les droits d' l'homme
b. le droit d' vote
c. le droit d' grève
d. le cours de maths
e. le prof de géo

▶ **Piste 148 Phonétique, Activité 2** .... p. 123
À mon époque, y avait pas d' classe mixte : les garçons étaient d'un côté et les filles de l'aut' côté ! Et puis en cours, on n'avait pas l' droit d' parler à not' voisin. Sinon, c'était la punition !

Références des images

4 NLshop - stock.adobe.com **6** «Chronique 4 : Porter sa voix, s'affirmer par la parole, de Stéphane de Freitas, Par Sana le 24 septembre 2018 Stéphane De Freitas, « Porter sa voix », Editions le Robert – © Photo rfi.fr **6** macgyverhh - stock.adobe.com **7** a zentilia - stock.adobe.com **7** d vadim yerofeyev - stock.adobe.com **7** c Buriy - stock.adobe.com **7** e erphotographer - stock.adobe.com **7** b kuz_com - stock.adobe.com **8** hd daviles - stock.adobe.com **8** b martialred - stock.adobe.com **8** e martialred - stock.adobe.com **8** a Рудой Максим - stock.adobe.com **8** c Daniel Berkmann - stock.adobe.com **8** d Vladislav - stock.adobe.com **10** © Giorgio Fochesato - www.agefotostock.com **11** a fejas - stock.adobe.com **11** b Michel Bazin - stock.adobe.com **11** c lhor - stock.adobe.com **11** e Anna - stock.adobe.com **11** c Victor - iStockphoto **12** NLshop - stock.adobe.com **13** NLshop - stock.adobe.com **14** venimo - 123rf **18** vegefox.com - stock.adobe.com **19** hg monkeybusinessimages - iStockphoto **19** bd1 Ruben Mario Ramos - iStockphoto **19** bd2 Odua Images - iStockphoto **19** bd3 ljubaphoto - iStockphoto **20** ha denisismagilov - stock.adobe.com **20** hb murattellioglu - Shutterstock **20** hc denisismagilov - stock.adobe.com **20** ba Karanov images - stock.adobe.com **20** bb Jetta Productions/GO Vision/Photononstop **20** bc Kzenon - stock.adobe.com **20** bd Sam Edwards/Caiaimages/Photononstop **21** bd bongkarn - stock.adobe.com **21** hd Godong/Photononstop **22** hg Wavebreak Media/Photononstop **22** md martialred - stock.adobe.com **22** ma martialred - stock.adobe.com **22** mc snyGGG - stock.adobe.com **22** mb happy_job - stock.adobe.com **22** me Marc - stock.adobe.com **22** bd Nadezhda - stock.adobe.com **30** Choisir de ralentir de Nelly Pons, illustrations de Pome Bernos © Éditions Actes Sud **31** a2 mimagephotos - stock.adobe.com **31** a1 Song_about_summer - stock.adobe.com **31** b1 rh2010 - stock.adobe.com **31** b2 Gorodenkoff - stock.adobe.com **31** c1 Jackin - stock.adobe.com **31** c2 Prod. Numérik - stock.adobe.com **31** d1 Elnur - stock.adobe.com **31** d2 yanlev - stock.adobe.com **31** e1 suthisak - stock.adobe.com **31** e2 ALDECAstudio - stock.adobe.com **31** bd3 Wayhome Studio - stock.adobe.com **31** bd2 kite_rin - stock.adobe.com **31** bd1 Rido - stock.adobe.com **31** b1 rh2010 - stock.adobe.com **32** hg Halfpoint - stock.adobe.com **32** hd Djomas - stock.adobe.com **32** mg contrastwerkstatt - stock.adobe.com **33** a pixdeluxe - iStockphoto **33** b contrastwerkstatt - stock.adobe.com **33** c Ridofranz - iStockphoto **33** d Krakenimages.com - stock.adobe.com **33** e Paolese - stock.adobe.com **34** ba Monkey Business - stock.adobe.com **34** bb pathdoc - stock.adobe.com **34** bc Choreograph - iStockphoto **34** bd olly - stock.adobe.com **34** be aldomurillo - iStockphoto **34** hg Rawpixel - iStockphoto **36** NLshop - stock.adobe.com **37** NLshop - stock.adobe.com **42** Le Green Friday, c'est quoi ? © Fédération ENVIE **42** b1 Dusan Loncar - 123rf **42** b2 Olha_Kostiuk - iStockphoto **42** b3 Wunchai Intararit - 123rf **42** b4 robuart - 123rf **42** b5 breathofriver - 123rf **43** a serezniy - 123rf **43** b fcafotodigital - iStockphoto **43** c Philippe Giraud/Biosphoto **43** d MicroStockHub - iStockphoto **43** e rufar - stock.adobe.com **44** hd ermess - iStockphoto **44** bd lindsay_imagery - iStockphoto **45** b Africa Studio - stock.adobe.com **45** c jackfrog - stock.adobe.com **45** d laflor - iStockphoto **45** a AntonioGuillem - iStockphoto **45** e Gwengoat - iStockphoto **46** Далёные - Ничёнед - 123rf **47** 1Serge Lapouge/Biosphoto **47** 2 kazoka30 - iStockphoto **47** 3 lovelyday12 - iStockphoto **47** 4 More86 - iStockphoto **47** 5 GankaTt - iStockphoto **48** bd « Les gestes écolos : le livre bientôt! Du 4 mars 2019 | Blog, Gestes écolos, Illustration » - https://www.lebruitdesimages.com/les-gestes-ecolos-le-livre-bientot/ **48** 2 Yan Koev - 123rf **48** 3 Yan Koev - 123rf **48** 4 Olga Sadovnikova - 123rf **48** 1 Ihor Obraztsov - 123rf **49** NLshop - stock.adobe.com **54** ONYXprj - stock.adobe.com **55** a mediaphotos - iStockphoto **55** b gpointstudio - stock.adobe.com **55** c constantinos - stock.adobe.com **55** d dima_sidelnikov - stock.adobe.com **55** e JackF - stock.adobe.com **56** Ingram/Photononstop **57** Monkey Business - stock.adobe.com **58** hg filo - iStockphoto **58** 1 www.bridgemanimages.com **58** 2 stockdevil - stock.adobe.com **58** 3 benetma - stock.adobe.com **58** 4 Mary Evans Picture Library/Photononstop **58** 5 constantinos - stock.adobe.com **58** 6 Jacques Boissay/akg-images **59** 1 Bavorndej - stock.adobe.com **59** 2 glisic_albina - stock.adobe.com **59** 3 Wayhome Studio - stock.adobe.com **60** hl NLshop - stock.adobe.com **61** NLshop - stock.adobe.com **65** Ronaldo Schemidt/AFP photos **66** hm blackdovfx - iStockphoto **66** mg blackdovfx - iStockphoto **66** md © imageBROKER/christophe vandercam - www.agefotostock.com **67** a Nomad_Soul - stock.adobe.com **67** b Halfpoint - stock.adobe.com **67** d Rawf8 - stock.adobe.com **67** e serhiibobyk - stock.adobe.com **67** c Richard Villalon - stock.adobe.com **67** bd Nicola Katie - iStockphoto **68** freeograph - stock.adobe.com **69** a MoiraM - stock.adobe.com **69** b WavebreakMediaMicro - stock.adobe.com **69** c Feel The Images - stock.adobe.com **69** d imaginima - iStockphoto **69** e TommL - iStockphoto **70** a juliko77 - stock.adobe.com **70** d nirutft - stock.adobe.com **70** e irenastar - stock.adobe.com **70** c Unclesam - stock.adobe.com **70** hg Directphoto - www.agefotostock.com **70** b Richard Brown - GettyImages **71** Pavel Losevsky - stock.adobe.com **72** NLshop - stock.adobe.com **73** NLshop - stock.adobe.com **78** hm gearstd - stock.adobe.com **78** 4 phonlamaiphoto - stock.adobe.com **78** 3 Ivan Bajic - iStockphoto **78** 2 MF3d - iStockphoto **78** 1 EThamPhoto/Alamy Stock Photo/hemis.fr **79** mg kate_sept2004 - iStockphoto **79** bg kumikomini - iStockphoto **80** d metamorworks - stock.adobe.com **80** hd Monkey Business - stock.adobe.com **80** c rupbilder - stock.adobe.com **80** b ekostsov - stock.adobe.com **80** a kbwills - iStockphoto **81** 1 ryzhi - stock.adobe.com **81** 5 jayzynism - stock.adobe.com **81** 2 metamorworks - stock.adobe.com **81** 3 Timstock - stock.adobe.com **81** 4 Verwendung weltweit !/DPA/Photononstop **82** b4 vetal1983 - stock.adobe.com **82** b3 ra2 studio - stock.adobe.com **82** b2 ohishiftl - stock.adobe.com **82** b1 deagreez - stock.adobe.com **82** hd shurkin_son - stock.adobe.com **85** NLshop - stock.adobe.com **90** A. Karnholz - stock.adobe.com **91** bmg Guilherme - stock.adobe.com **91** bmd Dariu - stock.adobe.com **91** hd Look! - stock.adobe.com **91** bm oceanfishing - 123rf **92** hg Mike Horn, l'incroyable combat de l'Antarctique, auteur Devillard © Hachette, EPA **92** a M.studio - stock.adobe.com **92** d fudio - stock.adobe.com **92** e saiko3p - stock.adobe.com **92** c lukaszimilena - stock.adobe.com **92** b estivillml - stock.adobe.com **93** lesnewski - stock.adobe.com **94** 1 milkovasa - stock.adobe.com **94** 5 Andrey Popov - stock.adobe.com **94** mg Image Source - iStockphoto **94** 4 stock_colors - iStockphoto **94** 3 PeopleImages - iStockphoto **94** 2 PeopleImages - iStockphoto **94** hg BERTRAND GUAY / AFP **96** md NLshop - stock.adobe.com **96** 3 mokee81 - iStockphoto **96** 2 Georgijevic - iStockphoto **96** 1 Jozef Polc - 123rf **97** NLshop - stock.adobe.com **102** La Langue française dans le monde. Edition 2019 (Collection « La Bibliothèque Gallimard / Hors-série »). Coédition avec l'Organisation internationale de la Francophonie © Editions Gallimard **104** hg MaLija - Shutterstock **104** bd Julydfg - stock.adobe.com **105** Andy Dean - stock.adobe.com **106** hg TourMag Travel **106** mg © helenfield - www.agefotostock.com **106** a fergregory - stock.adobe.com **106** 3dsculptor - stock.adobe.com **106** c Buzz Aldrin by Neil Armstrong - NASA **106** d adimas - stock.adobe.com **106** e helen_f - stock.adobe.com **106** f Peter Jurik - stock.adobe.com **108** NLshop - stock.adobe.com **109** Artsiom Petrushenka - stock.adobe.com **114** d Romolo Tavani - stock.adobe.com **114** hg didecs - stock.adobe.com **114** a onurdongel - iStockphoto **114** b pinstock - iStockphoto **114** c pinstock - iStockphoto **115** otografixx - iStockphoto **116** Réseau E2C France **117** a Sergey Novikov - stock.adobe.com **117** d AntonioDiaz - stock.adobe.com **117** e WavebreakmediaMicro - stock.adobe.com **117** c contrastwerkstatt - stock.adobe.com **117** b skynesher - iStockphoto **118** bd BillionPhotos.com - stock.adobe.com **118** Arnd Wiegmann/Reuters **119** ink drop - stock.adobe.com **120** NLshop - stock.adobe.com

Références des textes

4 No et moi, Delphine de Vigan, Editions Lattès, Le livre de poche, 2007, p.237-238. © Editions Jean-Claude Lattès, 2007, **34** À quoi nous sert le sourire ?, https://www.psychologies.com/Moi/Moi-et-les-autres/Relationnel/Articles-et-Dossiers/A-quoi-nous-sert-le-sourire/5Le-sourire-seducteur#7, **42** Le Green Friday, c'est quoi ? © Fédération ENVIE, **52** La consommation des plus riches est la moins écoresponsable - Odile Plicho – 14/03/2019 - Le Parisien, **53** Gaspillage alimentaire : un gros coût économique et écologique, Par Priscille Tremblais Publié le 24/05/2019 - www.lanutrition.fr, **68** https://www.20minutes.fr/societe/2665455-20191203-marseille-retraite-placarde-affiches-retrouver-portable-perdu-twitter-mele / Adrien Max - 03/12/2019., **76** La confiance des Français dans les médias est-elle à son plus bas historique?, Par Service Checknews 26 juin 2019, **92** Mike Horn, l'incroyable combat de l'Antarctique, auteur Devillard © Hachette, EPA, **94** Phobie des animaux : pourquoi les bêtes nous font-elles peur ?, Flavie Flament, le 9 octobre 2019 © RTL, **100** Phobies: comment les surmonter?, le 14 octobre 2019, par Magali Quent © Notre Temps - Bayard Presse, **101** La « micro-aventure », pour continuer à voyager après les vacances, par Julien Duriez, le 25/08/2019 © La Croix - Bayard Presse, **102** Un demi-milliard de francophones dans le monde avant la fin du siècle, par Emma Couffin • Journaliste • 2 octobre 2019 © L'express.ca, **106** Nomade Aventure propose un trek lunaire pour 2029, Rédigé par La Rédaction le Lundi 1 Avril 2019 © TourMag Travel, **116** Pourquoi intégrer une E2C ? En quoi consiste une formation en E2C ? © Réseau E2C France 2017, **124** Boutique pour enfants « engagée, unisexe et non-genrée » : à Strasbourg, JOY affiche la couleur Lundi 23 décembre 2019 - Par Solène de Larquier, © France Bleu Alsace, France Bleu Elsass, France Bleu, **125** Nouvelle-Aquitaine: Expérimenter le jeu vidéo pour lutter contre le décrochage scolaire, M.B. avec AFP, Publié le 05/02/19 © AFP

Référence de l'audio

piste 142 U10 Suisse: mobilisation des femmes pour défendre l'égalité salariale, Publié le : 14/06/2019 © RFI

DR : Malgré nos efforts, il nous a été impossible de joindre certains photographes ou leurs ayants droit, ainsi que les éditeurs ou leurs ayants droit pour certains documents, afin de solliciter l'autorisation de reproduction, mais nous avons naturellement réservé en notre comptabilité des droits usuels.